社会保障法における連帯概念

伊奈川　秀和

社会保障法における連帯概念
―フランスと日本の比較分析―

学術選書
144
社会保障法

信 山 社

はしがき

　本書のモティーフ（motif）を一言で表すと，「連帯（solidarité）」である。1984年に渡仏し，この言葉に最初に接して以来，私は，通奏低音のように社会保障に流れるこの連帯の意義にこだわりをもってきた。社会保障に関わる実務の傍ら，フランス社会保障法の重要概念である連帯の研究を始めて，気がつけば30年余が経過した。この間，社会保障法は改正を重ねることで複雑化し，制度全体を鳥瞰し理解することが難しくなっている。この生成発展する社会保障制度にあって，連帯は，制度全体を横串で理解し領導する概念として，フランスのみならず我が国でも，依然として重要性を失っていないように思われる。今回，これまでの研究を基礎としつつ，連帯概念の規範的意義を日仏の比較法のアプローチでまとめてみることにした。

　我が国は，時あたかも戦後70年を迎え，生存権保障としての社会保障の持続可能性が改めて問われている。特に2008年以降人口減少局面に入ったと言われる我が国にとって，人口構造の変化の社会・経済的影響は大きい。そのような中で社会保障も，これまで以上に変革を迫られ，制度設計に関する選択と集中をせざるを得ない場面もあるであろう。ただ，改革がもたらす変化には，安定的な変化と不安定な変化があるはずである。

　かつて，モンテスキューは，「民主政には，避けるべき二つの極端がある。（La démocratie a deux excès à éviter.）」と述べて，不平等と極端な平等がその両極端の例であることを指摘している。確かに極端を求めるとき，社会は利害対立から不安定化しがちである。その点で，連帯は，極端より中庸，そして社会対立より社会融和を志向する概念である。

　やり直しが利かない人々の人生設計に組み込まれた社会保障にとって，安定性は制度への信頼にも関わる問題である。今後，我が国が直面するであろう困難な状況に鑑みるなら，今ほど，セーフティネット（安全網）としての社会保障の安定化に寄与するバランス棒が求められている時代はない。連帯が社会の結束を強め，社会保障の安定化に寄与するか否かは，後世の評価に委ねるしか

はしがき

ない。私としては，連帯の意義を問う本書が社会保障制度の変革の中での安定化にいささかなりとも寄与することを願ってやまない。

なお，本書は，九州大学への学位申請の際の主論文である前著『フランス社会保障法の権利構造』（信山社，2010年）と併せて提出した参考論文「社会保障法における連帯概念の発展と展開――フランスと日本の連帯概念の比較分析」に加筆修正を施すとともに，一章（第6章）を加えた上で公刊するものである。

学位申請に当たっては，主査の笠木映里准教授，副査の野田進教授及び山下昇准教授には，多くの時間と労力を割いていただき，研究及び論文の御指導をいただいた。また，九州の社会法研究会，関西社会保障法研究会及び東京社会保障法研究会の諸先生からも，研究会での報告等の際に有益な御指摘や御示唆をいただいた。本書の刊行に当たり，これまでお世話になった先生方に心より感謝申し上げたい。浅学非才の身であるが，引き続き社会保障法研究を続けていくことが，これまで御指導・御支援いただいた先生方へのお礼になると考えている。

最後に，本書の刊行に当たっての信山社出版の御厚意にも，この場を借りて感謝申し上げたい。

　　2015年6月

　　　　　　　　　　　　　　　　　　　　　　　　　　　伊奈川　秀和

〈目　次〉

◆ 第1章　はじめに ——————————————————————— 3

　　1　社会保障が直面する状況………（3）
　　2　問題の所在………（3）
　　3　検討の進め方・手法………（5）

◆ 第2章　基本概念としての連帯の意義 ——————————— 7

　　1　社会保障の原点としての連帯………（7）
　　2　現代の社会保障の先端に位置する連帯………（12）
　　3　連帯概念の整理………（16）
　　（1）連帯の語義　（16）
　　（2）連帯の社会性と集団性　（17）
　　（3）連帯の類型　（19）
　　（4）友愛との関係　（20）
　　4　小　活………（21）

◆ 第3章　連帯概念の歴史的な生成発展 ——————————— 23

　　1　フランスにおける連帯概念………（23）
　　（1）政治的・哲学的概念　（23）
　　（2）法的概念への昇華　（24）
　　（3）実定法上の概念としての連帯の確立　（28）
　　2　連帯概念の我が国への影響………（30）
　　（1）戦前の影響　（30）
　　（2）戦後における連帯概念の発展　（32）

vii

　　　　（3）裁判規範としての連帯　(35)

　　3　小　活………(40)

◆第4章　社会保障法の基礎としての連帯 ────── 43

　　1　分析の視座・アプローチ………(43)
　　　　（1）制度体系に関する本書の立場　(43)
　　　　（2）本書が依拠する連帯原理の類型　(45)
　　2　フランスに関する分析………(54)
　　　　（1）社会保険法の場合　(54)
　　　　（2）社会扶助法の場合　(70)
　　　　（3）日本の分析に向けての予備的整理　(89)
　　3　日本に関する分析………(91)
　　　　（1）社会保険法の場合　(92)
　　　　（2）社会扶助法の場合　(107)
　　　　（3）社会扶助の権利性　(115)
　　4　小　活………(120)
　　　　（1）連帯類型と社会保障各制度との関係　(120)
　　　　（2）社会保障の権利義務関係における連帯の機能　(126)

◆第5章　社会保障の権利義務に関する論点の検討 ────── 133

　　1　社会保障の基礎としての連帯………(134)
　　　　（1）我が国における連帯と生存権保障のこれまでの理解　(134)
　　　　（2）フランス法を踏まえた連帯と生存権との関係の整理　(136)
　　　　（3）社会保障の水準設定における連帯の意義　(139)
　　2　社会扶助の権利性………(148)
　　　　（1）社会扶助の権利義務関係　(148)
　　　　（2）個人給付化による権利性の強化　(154)
　　　　（3）社会扶助のパラダイム転換　(157)

3　社会保険の権利性………(159)
　　　（1）社会保険の権利義務関係　(159)
　　　（2）保険料拠出を巡る連帯の射程と限界　(160)
　　　（3）財政調整を巡る連帯の射程と限界　(162)
　　　（4）給付を巡る連帯の射程と限界　(167)
　　4　連帯による平等権保障………(173)
　　　（1）連帯と平等権の関係　(173)
　　　（2）連帯と平等の規範的意義　(177)
　　5　小　活………(179)

◆第6章　社会保障の主体に関する論点の検討 ── 181

　　1　連帯の根底にある集団性………(181)
　　2　連帯による多様な当事者関係の形成………(185)
　　　（1）社会保険の場合　(186)
　　　（2）社会扶助の場合　(190)
　　3　小　活………(194)

◆第7章　日仏の比較分析の総括と我が国への示唆 ── 199

　　1　比較分析の総括………(199)
　　　（1）総括の進め方　(199)
　　　（2）集団性から見た連帯の作用　(203)
　　　（3）まとめ　(213)
　　2　我が国への示唆等………(214)
　　　（1）持続可能な制度構築に向けた重層的な支え合い　(215)
　　　（2）多様な主体の参画と協働　(217)
　　　（3）連帯による権利性の強化　(218)
　　　（4）基本的な方向としての国民連帯の強化　(220)
　　　（5）まとめ　(222)
　　3　おわりに………(223)

社会保障法における連帯概念

第1章　はじめに

◆1◆　社会保障が直面する状況

　これまでの社会保障は，国家に関する2つの命題を基礎に構築されてきたように思われる。すなわち，①国家は破産しないこと，及び②国家は継続することである。そして，社会保障の法律関係は，この強固な国家像の下での国家対国民という二当事者関係を基軸として議論されることが多かった。

　確かに，高度成長期までの時代に対応する社会保障の黎明期・発展期において，このパラダイムは現実妥当性を持っていた。また，現在においても，社会保障の最終的責任が国に帰属することに変わりはない。しかしながら，少子化の帰結として我が国が人口減少社会に突入すると同時に，社会保障給付費の増大や貧困・格差等の問題が顕在化した現在，社会保障の基盤が不安定化している。そうした中で，将来に向けて持続可能な社会保障を構築するためには，新たなパラダイムが求められているのではないだろうか。とりわけ，法学においては，給付のみならず負担も含めた議論が展開できる法理論が必要となっているように思われる。

◆2◆　問題の所在

　本書は，かかる状況認識に立ち，社会保障のための，より強固な基盤を構築する観点から，歴史の中でこれまで生成発展し，実定法上も登場する連帯概念に着目し，その日仏比較を通じて，連帯の今日的意義を再確認するとともに，でき得るならば我が国の社会保障に対する示唆を得ようとするものである。

第1章　はじめに

　本書がフランスに焦点を当てる最大の理由は，フランスが連帯の母国であり，以下に述べるように我が国の社会保障法にも影響を与えてきたにもかかわらず，そのような視点からの法学的考察は，一部を除きこれまで十分展開されてこなかったことにある[1]。かつ，現代においても，フランスの社会保障を基礎付ける最重要概念が連帯であり，その点でも研究価値を有することにある。その上で第二の理由としては，生存権という本来強固な基盤に立脚する我が国の社会保障に揺らぎが生じている現下の状況において，これを補完・補強する法学的教義が必要になってきており，連帯にそれを期待できるのではないかという思いがある。さらに第三の理由としては，生存権が憲法規範であると同時に，連帯も社会保障に関する実定法上の用語である以上は，それを無視することができないこと（そこには規範的な意義があるはずという確信）が挙げられる。また，それとの関連での第四の理由としては，連帯概念に対する理解の仕方が論者によって区々というのが我が国の現状であり，その点でもフランス法に依拠しながら概念整理を試みる意義があることである。もちろん，このような試みは，社会保障法に関する過去の蓄積の上に構築されるべきものであり，連帯という側面から社会保障法をより強固にしようとするものであるのは，当然である。

　以上の検討に当たっての問題意識を換言するなら，

① 思想面で影響のあったフランスの連帯思想が，我が国の実定法にも影響しているのか（法的側面での影響），
② もし影響があるなら，フランスの連帯概念は，現代の我が国にとって如何なる意義があるのか（連帯の現代的意義）

という点に集約される。

　なお，本書は，拙著『フランス社会保障法の権利構造』（信山社，2010 年）で展開したフランス社会保障法の考察を基礎に，日仏の比較法の形でそれを補完・総括するという意図も有している。さらに，社会保険のみならず社会扶助に関しても，その後の研究の成果も反映させ，日仏比較研究の深化を図っている。

---

[1] フランスの連帯概念と自律性原則等について，加藤智章『医療保険と年金保険』（北海道大学図書刊行会，1995 年）等が存在するほか，近年は若手研究者のフランス研究が進んでいる。

◆3◆ 検討の進め方・手法

　検討に当たっては，連帯という広がりと深さを持った概念を多面的に分析し，その上で我が国の社会保障への示唆を得る必要がある[2]。更に言えば，生成発展的な性格を有する社会保障法にあっては，これまでの歴史や法が置かれた社会経済状況も意識しつつ，目配りの効いたアプローチが求められる。それは，比較法においても同じであろう。

　本書の検討は，かかる認識から，以下の流れで展開される。

　「第2章：基本概念としての連帯の意義」では，社会保障の黎明期に登場した連帯概念が，社会の変貌にも関わらず，現代においても意義を有することを確認する。その上で，連帯の本質の一端が集団性にあることに着目して，連帯を類型化することで概念を整理する。いわば次章以降の分析のプロローグである。

　「第3章：連帯概念の歴史的な生成発展」では，フランスにおける連帯概念の歴史を概観した上で，それが如何に我が国の社会保障法に受容されてきたのかを分析する。いわば歴史的分析である。

　「第4章：社会保障法の基礎としての連帯」では，日仏両国の実定法の中で連帯が如何に機能しているかについて，社会保険及び社会扶助との関係で分析する。いわば規範としての連帯の叙述的分析である。

　「第5章：社会保障の権利義務に関する論点の検討」では，第4章までの分析を踏まえ，我が国から見て重要と思われる権利義務に関する論点を連帯の観

---

(2) 連帯が我が国に広く定着していることは，「連帯責任」や民法の「連帯保証」さえも日常用語となっていることからも窺える。また，連帯という視点から見ると，民法の典型契約である「事務管理」は連帯の発現であろう。内田貴『民法Ⅱ〔第3版〕債権各論』（東京大学出版会，2011年）は，事務管理の考え方として社会的連帯と個人主義の対立があることを指摘している。また，フランス近代法において，事務管理に関して社会連帯が強調されるようになったことを山口俊夫『フランス債権法』（東京大学出版会，1986年）177頁は言及している。なお，民間保険（私保険）も，保険共同体としての共同性を有するが，それは契約に基づく関係（自助）である。連帯に関連して，民法から社会保険を考察した論稿として，嵩さやか「新しい社会保険へのアプローチ」菊池馨実編『社会保険の法原理』（法律文化社，2012年）27頁以下がある。

5

点から論じる。これは，連帯が有する規範的意義を明らかにする作業である。

「第6章：社会保障の主体に関する論点の検討」では，社会保障の主体としての集団を連帯の観点から論じる。これは，連帯が有する組織法的な意義を明らかにする作業である。

最後の「第7章：日仏比較の総括と我が国への示唆」では，本稿の日仏比較の総括として，変容する社会経済環境を意識しながら，第6章までの総括を行うとともに，比較分析から得られる我が国への示唆を提示することで，本書のまとめとする。

第2章　基本概念としての連帯の意義

◆1◆　社会保障の原点としての連帯

　「連帯（solidarité）」という概念の歴史的な考察［次章参照］を始めるための前段階（プロローグ）として，社会保障を取り巻く社会経済状況の変化の中で，連帯が持つ現代的な重要性を確認しておきたい。つまり，連帯には，単に過ぎ去った時を求める歴史的な価値だけではなく，社会保障の原点回帰的な意味での現代的な価値があることの確認である。

　この点でまず挙げるべきは，1980年代以降「新たな貧困者（nouveaux pauvres）」という言葉とともにフランスに登場したソーシャル・エクスルージョン（exclusion sociale），つまり「社会的排除」の問題である。この従来の貧困概念とは異なる社会学的な概念は，連帯のみならず，それとも関連性を有しながら，時として対峙してきた概念である「友愛（fraternité）」の価値を再認識させる契機となり，新たな潮流となってヨーロッパを席巻し，我が国でも格差・貧困問題という形で近年注目を集めるようになってきている。

　なるほど，ロビンソン・クルーソー的な孤立状況でない限り，我々の日々の生活は人間同士の相互依存関係ないし社会関係の中で展開される。現代社会が重視する自由でさえも，本当の孤立状態では，それを謳歌することはできない。その一方，自然に任せているだけでは，人が直面する疾病，障害，死亡，老齢，失業等の「社会的リスク（risque social）」に対応することはできない。全ては，人々の相互依存関係の中で発生すると同時に，その中でしか解決しないのである。

　現代の社会的発明ともいうべき社会保障は，こうした社会的リスクに対して，自助のみならず共助・公助を織り交ぜることで対応するための社会装置である。

第2章 基本概念としての連帯の意義

今や存在が当然視される社会保障であるが、その意義は、社会保障のない社会を想定することで再確認することができる。

社会保障なかりせば、如何に人は対処するかについて示唆を与えてくれるのが、19世紀末フランスに起きた「メナール事件」の判決（シャトー・ティエリ裁判所1898年3月4日）である[3]。事案は、母親と2歳の子を養うメナール女史（寡婦）は、町の慈善事務所からの支給品で飢えを凌いでいたが、36時間もの間何も口に出来ない状況の中で、ついにパン屋でパンを盗んでしまったというものである[4]。判決では、本緊急窃盗に対して無罪を言いわたすことになる。そして、担当のマニョー判事は、この判決をきっかけに「善人裁判官（bon juge）」と呼ばれ有名となる。本判決自体は、緊急窃盗の不可罰性に関する刑事判決であるが、同時に未だ社会扶助制度が整わない19世紀末の時代状況の中での貧困という社会問題への対応という論点が潜む[5]。その観点からは、本判決は、

---

(3) H. Leyret, *Les jugements du Président Magnaud*, P.-V. Stock, 1900, pp. 14-29
(4) 判決は、以下のとおりである。
「裁判所は、以下のとおり判決する。
・（中略）良く組織された社会にあって、この『社会』の一員である人間、しかも家族の母親が、自分の過失ではなくパンを得られないのは、嘆かわしい。同様の状況が生じた場合、それはルイーズ・メナールの場合に端的に当てはまるが、裁判官は、法律の厳格な規定を人道的に解釈できるし、そうすべきである。
・飢えは、全ての人間からその自由な意思の一部を剥奪し、相当程度まで善悪の観念を弱体化させる傾向がある。
・通常なら罰すべき行為でも、それを犯した者が必需品である食料を得るという絶対的必要性に迫られて行動した場合には、我々の特性として、それなしでは肉体の維持を確保することができないことから、当該行為の悪質性が大幅に減ぜられる。
・さらに、長期わたる食料の欠乏に起因する激しい苦しみが、本件のように母親がその扶養する乳幼児がそのような苦しみに合わないようにするという極めて自然な欲求と結びつく場合には、悪質な意図は大幅に軽減される。
・その結果、自由かつ意識的が貫徹するような悪質な心情が持つ全ての特徴は、ルイーズ・メナールが犯した行為には見出せず、彼女は得られるだろう最初の仕事からピエール・パン店に賠償をする旨申し出ている。
・病的な状態、とりわけ妊娠状態は、必要性なしに犯した窃盗の行為者を責任ないものとして放免することを頻繁に認めているならば、そのような免責は、空腹という抗しがたい本能の下で行動した者に対して、より強い理由で認められるべきである。（後略）」
(5) 緊急窃盗に関しては、森下忠『緊急避難の比較法的考察』（有信堂、1962年）3頁以下を参照。

① 社会から排斥された貧困者を罰する以前に，緊急避難（état de nécessité）という極限状況で貧困者が社会に対して権利を有して然るべきであること，

② それは社会が個人を罰する権利があると同時に社会には義務があることを承認したとも解釈する余地がありそうである[6]。言ってみれば，ニーズ原則に則した権利・義務関係の萌芽である。

実際，連帯主義の主唱者であるブルジョワ氏（L. Bourgeois）は，1901年に「マニョー判事のための動議に心を動かされた。この集会の場でもって，その議論を展開するのは無益である。会議は，シャトー・ティエリで構築された正義に関する行いを評価し，その職歴と人生を正義に関する行いに捧げた，この勇気ある裁判官に感謝することで一致している。」と発言している[7]。

メナール事件のような極限状況（緊急避難）を生じさせる背景には，以下のような自助努力（自己責任原則）に依拠した対応のみでは解決し得ない社会的リスク，そして，それに起因する必要状態（état de besoin）の存在がある[8]。そして，このことこそが社会保障法の登場・発展の立法事実ともなる。

① 貯蓄……貯蓄の費消，経済変動のリスク等の問題があり，マクロ的には過大な貯蓄（過剰貯蓄論）を招くことになる。

---

[6] M. Sadoun, *Paul Magnaud ou le bon juge au service du pot de terre*, Riveneuve, 2011, pp. 23-25

[7] *ibid.*, p. 109

[8] E. Alfandari et F. Tourette, *Action et aide sociale*, Dalloz, 2011, pp. 74-75 は，緊急窃盗のような極限状況での「緊急避難（état de nécessité）」とニーズ原則に基づき扶養債権としての扶助に対する権利が発生するような「必要状態（état de besoin）」を使い分けている。「生きなければならない」という緊急避難は扶養債権の基礎となるが，緊急避難は社会扶助に限らずあらゆる法規範に対する宥恕事由となる点において一般的射程を有するのに対して，必要状態は個別的・個人的な状態に着目する権利の発生事由であるなど，両者には差があるということである（E. Alafandari, *Le droit aux aliments en droit privé et en droit public: unification des notions et des contentieux de l'obligation alimentaire et de l'aide sociale*, Thèse Poitiers, 1958, Tome II, pp. 32-34）。なお，我が国の場合も，社会保障の不可避性を認識させる歴史的事実として，昭和恐慌（農業恐慌等）の時代に娘の身売りや結核の蔓延のような社会事象が起きており，これが1938年の国民健康保険法制定につながっていることが指摘できよう。

第2章　基本概念としての連帯の意義

② 親族扶養……核家族化や単身世帯の増加により扶養力が減少しており，個人に過大な負担を負わせることになる。
③ 損害賠償……業務外傷病，老齢等のように第三者の責任とは無関係なリスクに対応できず，過失責任主義との関係でも立証に困難を伴う。
④ 慈善……自発的・任意的なものであって，全てに対応することは難しい。
⑤ 民間保険……民間保険に馴染まないリスク（失業，家族の扶養費）があるほか，保険者による選別や過大な保険料負担が発生する。

　これら①から⑤を必要とする事象・状況，すなわち危険（insécurité）に対して，社会保障は，社会的リスクという切り口でもって，集団的にこれらを代替・補完する制度である[9]。一般的な表現で言えば，リスクヘッジのための社会的な制度ということになる。しからば，その社会的リスクであるが，社会保険の場合であれば，保険給付をなすべき偶発的事象としての保険事故が社会的リスクであり，社会扶助の場合であれば，ニーズに応じた給付をなすべき事象が社会的リスクとなる。

　いずれの場合であっても，社会的リスクは，個人や家族を超えて集団の中で対処すべき社会的事象であるが故に，一定の類型化を伴うことが必然である[10]。また，現代の福祉国家において社会的リスクへの対処は，法令による社会保障制度の整備を通じて実現することから，一定の法関係がそこに発生することに

---

[9] リスク（保険事故）の概念は，歴史的には民間保険に始まるが，その後，保険の技術が労働者保険にも応用された結果，労働者の稼得能力の喪失（傷病，老齢，失業）や生活水準の低下を招く負担の増大（家族）のような労働者及びその家族の経済的安定を脅かす事象が「社会的リスク」として捉えられるようになった（J.-J. Dupeyroux *et al.*, *Droit de la sécurité sociale*, Dalloz, 17ᵉ édition, 2011, pp. 204-205）。我が国の介護保険の例にも見られるように，社会的リスクの射程は時代によっても変化する。ここでは，社会的リスクを保険技術をとり得る偶発的事故（我が国の保険法第2条第6号の損害保険契約の定義にある「一定の偶然の事故」が典型）には限定せず，国民の経済的安定を脅かす事象を包含する意味で使用している。このような捉え方は，国家を大きな保険装置と捉えることも可能であることに照らせば，あながち見当違いとも言えないであろう（*ibid.*）。ただし，リスク概念は，どちらかと言えば，社会保障を必要とする原因事実（要保障事由）に着目しており，社会保障が対処すべきニーズの側面が軽視される嫌いがあることには留意する必要がある。その点が典型的に表れるのがフランスの社会扶助の専門性の原則であり，何れの扶助類型にも該当しない貧困が社会的リスクとして認識されない事態（欠缺状態）が生じることになる（D. Roman, *Le droit public face à la pauvreté*, LGDJ, 2002, pp. 200-204）。

もなる。さらに，集団的な対処ということとも関係するが，社会保障にとっては，保障を行うべき保障者集団の存在が不可欠となる。

　本書が取り上げる連帯も，以下で述べるように，一定の集団を前提とする社会関係の中で形成されることからして，社会保険や社会扶助のような社会保障は，本質的に連帯概念との親和性を有すると言える。例えば，年金であれば，個人の貯蓄や親族扶養を世代間の連帯に置き換えたものであるし，社会福祉は，慈善や親族扶養を地域・国民連帯に基づき制度化したものとも捉えられる[11]。この点を歴史的に捉えるならば，連帯は，慈善，親族扶養，損害賠償等からの発展形態としての社会保障の原動力ということにもなる。また，前述のメナール事件に照らすなら，社会保障による連帯の実現は，社会正義の理念にも適合することになる。

---

(10) 社会保障が対処すべき事象の中には，私傷病のように人類に普遍的に存在するリスクと，失業のように資本主義経済の発展とともに顕在化したリスクとがある。また，老齢や介護は，それ自体は人類普遍的であるが，現代の家族や経済社会の変化に伴い社会的対応が必要になったリスクと言える（年金については，穂積陳重『隠居論』［復刻版］（日本経済評論社，1978年）622頁以下）。

(11) 1972年版厚生白書は，「年金制度は，老齢，障害，死亡など国民が個々人では事前に十分に備えておくことが困難な事故によって生活の安定がそこなわれるのを社会連帯の考え方に立って公的に救済し，国民生活の安定を図ろうとする制度である。いいかえれば，従来，個人の力や家族の共同意識によって支えられていた老後等の私的扶養を社会連帯の思想に基づく公的な扶養に切り替えるための仕組みといってよい。」と述べている（http://www.mhlw.go.jp/tokei_hakusho/hakusho/kousei/1972/dl/03.pdf〈最終アクセス2014年12月2日〉）。また，フランスの場合には，2003年8月21日の年金改革に関する法律の第1条が「国民は，各世代を結び付ける社会的合意（pacte social）の核心である賦課方式による年金の選択を厳粛に再確認する」と規定している。当該規定（元老院で若干の修正）の趣旨について，政府の提案理由は，「社会保障法典L.111-1条によって規定された国民連帯の原則と整合性を有する」賦課方式の年金を再確認するものであると述べており（Document mis en distribution, le 2 juin 2003, N° 885, Assemblée nationale, Projet de loi），世代間扶養とも言うべき賦課方式の年金が国民連帯と結び付いていることを示している。また，この世代間の「社会的合意」は，2001年12月6日付の年金政策評議会（COR）の報告書「年金：世代間の社会契約（contrat social）の革新」が正にルソー的であるのに比べると慎重な表現になっている（Document mis en distribution le 10 juin 2003, N° 898, Assemblée nationale, Rapport）。なお，江口隆裕氏は，「社会的合意」を「社会契約」と訳した上で，連帯の原則と比べて「社会契約概念の方が，保険料拠出者たる国民相互の関係をより拘束的に捉えており，規範的意味合いがより強いように思われる」と述べている（江口隆裕『変貌する世界と日本の年金』（法律文化社，2008年）70頁）。

第 2 章　基本概念としての連帯の意義

◆ 2 ◆　現代の社会保障の先端に位置する連帯

　連帯の意義は，決して限られた国における過去のものではない。現代社会においても，国際的な流れとして連帯の重要性が高まってきていることを確認することができる。

　連帯概念については，フランスのほかドイツの社会連帯が我が国では有名である[12]。しかしながら，連帯概念は，フランスやドイツの専売特許ではない。例えば，ポルトガルの憲法は，共和国建設の基礎が「自由，正義及び連帯」にあることを謳い（第1条），国民の社会保障関係の義務及び権利を「社会保障及び連帯」として規定と規定しており（第63条），より端的に「連帯」を打ち出している。

　ヨーロッパに関する限り，連帯概念は，欧州共同体（EU）を通じて伝播・拡大する傾向が見て取れる。そもそも欧州共同体の原点の一つである欧州経済共同体（EEC）は，1957年のローマ条約により創設されたが，その中に連帯という文言が登場することはなかった。条約上，連帯が最初に登場するのは，1992年のマーストリヒト条約であった。その「連帯」は，今や欧州憲法条約上も第4編の名称ともなっており，そこでは労働権，社会保障や社会扶助のみならず環境保護及び消費者保護も含め規定されている。

　実際の政策で連帯概念が登場する場面は多様であるが，経済・社会的な連帯という点では，地域間格差の是正及び社会階層間格差の是正が連帯を鍵概念と

---

[12] ドイツの場合には，労使自治に根差した社会保険（特に疾病保険）金庫における自治的な運営，被保険者集団内部での所得再分配（ギブ・アンド・テイクの助け合い）といった形で（社会）連帯が理解されている（倉田聡『医療保険の基本構造』（北海道大学図書刊行会，1997年）310頁，315-319頁；松本勝明『ドイツ社会保障論2（年金保険）』（信山社，2004年）2頁，61頁；ドイツ連邦労働社会省『ドイツ社会保障総覧』（ぎょうせい，1993年）2-6頁）。フランスにおいても，社会保障金庫の自律的運営は重要であるが，連帯の射程は社会扶助，更に関連分野にも及んでおり，国民連帯レベルの連帯も含め議論が展開される。なお，倉田聡『社会保険の構造分析』（北海道大学出版会，2009年）273-274頁は，ドイツの場合には，職域・職域間・国民連帯という位相の異なる連帯が併存するフランスと異なり，国民連帯はナチス・ドイツの反省に立つドイツではかなり難しいと述べている。

して各種施策が講じられている⁽¹³⁾。換言するなら，EU の競争政策により発生する歪みを社会政策の観点から是正するための概念として連帯が機能していることになる。

さらに，法的により重要なのは，連帯が EU の競争政策規制（保険等）の例外を構成するメルクマールとなることである。例えば，1993 年の「プセ及びピストル事件（Poucet et Pistre）」の判決では，疾病保険制度が「企業（entreprise）」としての性格を有しない理由として，連帯の原則等に則り社会的目的（objectif social）を追求する組織であり，資力や健康状態に関係なく疾病リスクをカバーするために全ての人が加入すること（強制加入）を挙げている（CJCE, 17 février 1993, aff. C-159/91 et C-160/91）【図 1 参照】。逆に，基礎制度の保険者であっても，任意的・補完的な積立方式による年金部分の運営に関する限り，当該給付部分は EU の競争政策規制に服することを，「COREVA 事件」の判決は判示している（CJCE , 16 novembre 1995 , aff. C-244/94）。これら判例に照らすと，EU は，営利性の有無や法人の公私の別のような主体に着目するのではなく，むしろ主体が果たしている役割・機能に着目し，それが連帯の原則等によるのか否かをメルクマールに EU の競争政策適用の有無を判断しているものと思料する。

これと同様に，連帯概念は，EU の保険規制との関係でも，その適用範囲を画するメルクマールとなる⁽¹⁴⁾。例えば，一連の EU の非生命保険関係の指令（1973 年 7 月 24 日付指令（73/239/CEE），1988 年 6 月 22 日付指令（88/357/CEE）及び 1992 年 11 月 18 日付指令（92/49/CEE）の三段階）の適用関係をみると，医療保険が専ら社会的な事業を行う場合には，指令の適用対象外となるが，そうでない場合には，非営利か否かにかかわらず規制が及ぶことになる⁽¹⁵⁾。

しからば，何をもって「専ら社会的」と言えるかであるが，それは詰まるところ「連帯」の有無にある。すなわち，社会保障及びその関連制度が EU の

---

(13) A.-M. Oliva, « Solidarité et construction européenne », *in* J.-C. Beguin *et al., La solidarité en droit public*, L'Harmattan, 2005, pp. 80-81

(14) EU の保険指令と補足的医療保険に関しては，笠木映里『社会保障と私保険』（有斐閣，2012 年）103-121 頁が詳しい。

(15) M. Del Sol, « La contribution juridique du marché de l'assurance santé en Europe », *RDSS*, N° 2 /2011, p. 197 et s.

第2章　基本概念としての連帯の意義

図1　EUにおける競争法の適用のメルクマール

> 「国家の統制（contrôle d'État）」と並んで「連帯の原則（principe de solidarité）」の具備が「専ら社会的（exclusivement sociale）」な活動やサービスとして競争法の適用対象外となるメルクマールとして機能している。判例において示された競争法の適用除外のメルクマールは，以下のとおりである。

(1) 疾病・年金（CJCE, 17 février 1993, *Poucet et Pistre*, aff. C-159/91 et C-160/91）

負担	給付
（疾病保険） ① 原則として稼得収入等に比例して保険料が算定されていること （年金） ① 退職者のために現役労働者が保険料を負担していること	① 給付が全ての受給者に対して同一であること ① 保険料の対価としてではなく，また，拠出した保険料に比例する形ではなく権利が付与されること

(2) 労災（CJCE, 22 janvier 2002, *Cisali*, aff. C-218/00）

① 保険料が機械的なリスク別保険料でないこと ・保険料に上限があり，高いリスクの事業による超過負担が同種類の事業者によって分担されていること ・保険料が事業のリスクのみならず，被保険者の所得に応じて算定されていること	① 給付額が必ずしも被保険者の所得に比例しないこと ・年金の算定に当たっては，上下限の範囲内の所得のみが考慮されること

(3) 労災（CJCE, 5 mars 2009, *Kattner Stahlbau GmbH*, aff. C-350/07）

① 保険料がリスク別でないこと ② 保険料が上下限の範囲内で応能負担であること ③ 保険料水準が保険集団全体で配分されるように設定されていること ④ 保険料水準設定が各業種のリスクに応じて設定されていること ⑤ 金庫に支出超過が発生した場合に金庫同士の調整の仕組みがあること	① 現物給付が報酬比例でないこと ② 現金給付について，上下限付の賃金を基に保障が行われること

2　現代の社会保障の先端に位置する連帯

「企業」概念と区別されるメルクマールが連帯原理であり，それは，

① リスクによる選別の禁止（例えば，強制加入）
② 給付・反対給付均等の原則の排除（例えば，リスク別保険料の排除，賦課方式による財政運営）

が充足されることにある[16]。この点は，前述の「プセ及びピストル事件」の

---

(16) S. Saunier, « Solidarité et services publics », in (dir.) M. Hecquard-Théron, *IFR Actes de colloques n° 6, Solidarité(s), Perspectives Juridiques*, Presses de l'Université des sciences sociales de Toulouse, 2009, pp. 278-279. なお，EU 司法裁判所は，労働協約等に基づき創設され，連帯原理に即して強制加入とされる補足的制度が企業に該当するとしても，また，国家が法令等により制度を義務付け独占的な地位を付与したとしても，競争法に違反しないと判示している（CJCE, 21 septembre 1999, *Albany c/ Stichting Bedrijfspensioenfonds Textielindustrie*, aff. C-67/96 ; CJCE, 3 mars 2011, *AG2R c/ Beaudout*, aff. C-437/09）。これに対して，フランスの憲法院は，補足制度が連帯原理に依拠するとしても，その加入を義務付けることが，目的に照らして過重な場合には，契約及び経済活動の自由を侵害するとの立場に立っている。このように EU と異なる対応を憲法院が示す契機となったのは，企業の競争力並びに雇用及び被用者の職業人生の安定化に資する新経済・社会モデルのための 2013 年 1 月 11 日付全国職際間協約（ANI）第 1 条が規定する医療費自己負担を補填する補足的制度の一般化に関する規定であった。この全国協約自体は，労使が企業に対して付保先を選択する余地を残していた。これを受けて，政府は医療費自己負担をカバーする補足制度一般化するため，雇用の安定化に関する法律（loi n° 2013-504 du 14 juin 2013）を提出する。ところが，改正案では，業種部門別の労使協議を通じて労働協約等により補足給付の付保先を指定するという指定条項（clauses de désignation）のほか，既に企業が同一のリスクに対して同等の給付を行う契約に加入している場合にも労働協約等により指定された補足給付への加入義務が生ずるという移行条項（clauses de migration）が盛り込まれていた。これらは，事業主が労働協約等による補足給付以外の付保先を選択する自由を制限するものであった。このため，同法案のうち業種部門ごとの補足制度創設のための労働協約の締結及び協約に基づく付保先の指定に関する社会保障法典の改正規定（L.912-1）について，憲法院（Décision n° 2013-672 DC du 13 juin 2013）は，それが既に契約締結済みの場合にも適用されることなどから，リスクの付保という目的を過度に超えるとの理由で経済活動及び契約の自由を侵害すると判示した。つまり，労働協約等を通じて，付保先を指定する指定条項及び指定された付保先への強制移行を義務付ける移行条項は，高度の連帯（degré élevé de solidarité）を具備する限り，EU の判例上も許容されているが，フランスの憲法院は，これを認めなかったことになる（J.-P. Chauchard, « La prévoyance sociale complémentaire selon le Conseil constitutionnel », *RDSS*, N° 4 / 2014, p. 601 et s.; F. Kessler, « L'émergence (trop tardive ?) de la notion de régime de protection sociale complémentaire », *RDSS*, N°2 / 2015, p. 352 et s.）。このような判断は，補足制度の一般化に関して，競争当局（Autorité de la concurrence）が 2013 年 3 月 29 日に示した意見（Avis n° 13-A-11）と軌を一にするものである。

判決が挙げているメルクマールにも一致している[17]。

以上のように，EU において，連帯は欧州憲法条約に取り込まれる一方で，競争政策の例外としての社会保障を画する概念でもあり，政策的・理念的側面に止まらず，法的にも重要な概念となっていると評価できよう。

それでは，この現行の社会保障制度の鍵となる連帯が如何なる概念なのかを確認することから検討に入りたい。

◆3◆　連帯概念の整理

(1)　連帯の語義

ロベール大辞典によれば，「連帯（solidarité）」は 1693 年以降登場する用語であるが，その意義の一つは，「連帯状態にあること，すなわち，利益共同体の意識を有する者同士の関係であって，他の構成員を損なわず，そして支援する義務が団体構成員に生じる関係」とされる[18]。

我が国では，明治時代に民法制定に当たり連帯と訳されて以来，法律上の概念としても定着しているが，そもそもは，ラテン語起源の法律用語である[19]。それと同時に，連帯は，19 世紀末に至り，連帯債務（obligation solidaire）のような個人同士の関係性（私法領域）を離れ，社会問題との関連で独自の発展を遂げることになった概念（社会法の概念）でもある。それだけに，社会問題との関連で連帯を理解するためには，歴史的発展を踏まえた検討が重要となってくる。

---

[17] 拙著『フランス社会保障法の権利構造』（信山社，2010 年）472-473 頁。なお，連帯を世に広めたブルジョワ氏の場合，「義務としての連帯（solidarité de devoir）」の根拠として「社会的準契約（quasi-contrat social）」という概念を援用している。それは，確かに「準契約（quasi-contrat）」との類似性を窺わせるものの，契約に拠らない債務を説明するための概念の借用という面が強く，社会保障の法関係は，日仏それぞれの制度に即して別途検討する必要がある［第 4 章参照］。

[18] *Le grand Robert de la langue française*, 2ᵉ édition, 1992, Dictionnaire de Robert

[19] 連帯の語義の詳細については，拙著・前掲注(17)47-51 頁

（2） 連帯の社会性と集団性
1）連帯の社会性

　連帯に関しては，「社会連帯（solidarité sociale）」と呼ばれることがある[20]。とりわけ，我が国においては，フランスと比べても，連帯ではなく社会連帯が頻出する印象を受ける。もちろん，フランスにおいても，19世紀末の連帯概念の登場以来，産業革命後の労働問題等の社会問題の発生を端緒とする社会法（droit social）の登場，その生成発展と軌を一にしながら，社会連帯は人口に膾炙するようになった用語法である[21]。

　ところで，フランスにおいて，この社会法は，労働法と社会保障法を二本柱とする法分野と捉えられるのが一般的である[22]。その点で「社会（société 又は social）」という言葉は，連帯のみならず社会保障との関係でも本源的な重要性を想起させる。

　考えるに，社会法は，部分（個人）と全体（社会）との間に生じる具体的な社会関係を重視し，単に国家に還元することができない固有の意義を有する社会（société）の存在を前提に法を構築する点に固有性がある[23]。この社会的現実を重視する社会法にあって，法主体としての個人は抽象的な存在ではなく，社会関係の中で働き・生活する労働者（被用者）や生活者（国民）であり，それとの関係での使用者（事業主）や国家等である。また，社会保障が対象とすべき社会的リスクも，社会経済環境及びその変化の中で労働者や生活者が直面する現実的なニーズである。従って，社会法の固有性との関係で言えば，私（個人）と公（国家）との間に「社会（social）」の存在を措定する点に，社会法の特質を見出すことになる[24]。

---

[20] M. Borgetto et R. Lafore, *Droit de l'aide et de l'action sociales*, Montchrestien, 2009, p. 30

[21] 社会連帯に言及するものとしては，L. Bourgeois, *Solidarité*, Presse universitaire de Septentrion, 1998, p. 31 et s.。また，議会の発言（M. E. Vaillant）では，*Journal officiel du 30 mai 1903*, Chambre des députés, Séance du 29 mai 1903, p. 1780。このほか，1904年からは，社会連帯という名称の雑誌（Revue de la solidarité sociale）も発刊されている。

[22] 例えば，G. Lyon-Caen, *Droit social*, L.G.D.J., 1995, pp. 7-9（労働法と社会保障法は，歴史的に分化しながらも，そこには一体性があることを指摘する。）

[23] M. Borgetto et R. Lafore, *La république sociale, contribution à l'étude de la question démocratique en france*, PUF, 2000, pp. 132-133

第 2 章 基本概念としての連帯の意義

かかる「社会」の存在に着目するなら，社会連帯とは，社会（société）の全ての構成員を結び付ける依存関係又は紐帯ということになろう[25]。また，連帯概念が有する現実的で実証的な性格に鑑みるなら，それを直截に表現する「連帯」は，「社会（sociale）」的な思想以外の何物でもないことになる[26]。

いずれにせよ，連帯は，

① 個人及びその権利から社会的事象を説明するのではなく，社会的事象から個人及びその権利を説明するものであり，また，
② 人類及び国家のアプリオリな本質から社会的作用を説明するのではなく，社会の実態から政治的意思を導出し・正当化する

点で，「社会」という存在が重要性を帯びることになる[27]。

2) 連帯の集団性

次に，連帯の「集団性」である。まず連帯は，その定義にもあるように「共同体」を媒介として，その内部又はその相互間で発生する依存関係又は紐帯と理解できる。そして，連帯にとって本質的な集団性こそが，共同体内部において連帯から規範性が発生する契機である（連帯の強制性［第4章参照］等）と同時に，共同体外部との関係で連帯の規範性を限界付ける（財政調整の限界［第5章参照］等）契機でもある[28]。

---

[24] J.-J. Dupeyroux *et al.*, *Droit de la sécurité sociale*, *op.cit.*, pp. 172-173
[25] L. Bourgeois, *Solidarité*, *op.cit.*, pp. 40-42
[26] J. Ribet, « La philosophie de la solidarité », *Revue de la solidarité sociale*, N° 4 - 1904, p. 49.
[27] M. Borgetto et R. Lafore, *La république sociale...*, *op.cit.*, p. 81
[28] 集団性が規範性にとって重要なのは，民間保険においても然りである。最大判1959年7月8日民集13巻7号911頁は，既存契約の保険料増額に関する主務大臣の処分の適法性に関連して，「保険契約関係は，……いわゆる危険団体的性質を有するものであり，従って保険契約関係は，……危険団体的性質を有するものであることを前提としてその法律的性質を考えなければならないものである」と述べている。また，連帯は，その集団性故に，帰属集団とそれ以外との関係で緊張・軋轢を生む可能性がある。例えば国民連帯の場合には，国籍要件のように外国人を排除する根拠にもなり得る（最一小判2002年2月6日民集58巻1号226頁は，国民健康保険の適用を適法滞在外国人に限定する理由として社会連帯の理念を援用している）。この点は，第3章2(3)で改めて考察する。

18

この点は，社会連帯にも当てはまる。社会連帯にとって，「社会」に包摂される個人同士の依存・相互関係に起因する権利・義務を媒介すべき集団の存在が不可欠である[29]。敷衍するなら，社会保障が社会的リスクに対して集団的方法でもって対処するための制度である［第6章参照］以上，社会保障は，社会的リスクへの対応を媒介する何らかの保障集団を措定することが不可欠となる[30]。とりわけ社会保険においては，保険事業を運営する主体としての保険者が不可欠である。そして，如何なる保険集団をその単位として保険関係を構築するかによって，そこに発生する連帯の有り様も影響を受けることになる点で，集団性は制度の重要な要素である。

(3) 連帯の類型

そこで，連帯の集団性に着目して，共同体を切り口に連帯を整理すると，連帯が展開する空間的・時間的な場に応じて，以下のような類型（以下「連帯類型」という。）に分類することができる[31]。

〈共時的（空間的）な連帯〉

① 国民全体にわたる「国民連帯（solidarité nationale）」
② 職域又は職域間といった集団内部での「職域連帯（solidarité professionnelle）」又は「職域間連帯（solidarité interprofessionnelle）」

---

(29) M. Borgetto et R. Lafore, *La république sociale...*, *op.cit.*, p. 134 ; A. Supiot, « Les mésaventures de la solidarité civile (pacte civile de la solidarité et systèmes d'echanges locaux) », *Droit social* , N° 1-Janvier 1999, p. 64 et s.（集団を基礎付ける法的な拠り所としては，民法の債権法と家族法があるが，その点，社会法は，債権法に根差した連帯と家族法に由来する共同体の価値を統合することにより構築されているとの趣旨の指摘が論文中に見られる。）
(30) 集団性を別の視点から捉えると，全体社会に対する部分社会である。第6章で論じるように，多様な主体が保障集団として社会保障制度に組み込まれたとき，当該主体は生存権保障の担い手として特別な地位に立つことになる。
(31) 分類は，拙著・前掲注(17)の特に175-181頁を基に再整理したものである。なお，本稿では，職域連帯を被用者保険のみならず同業同種を単位とする自営業者制度における連帯にも使用している。この点で，一般には地域保険と言われる国民健康保険のうちでも国民健康保険組合は，同業同種の自営業者によって設立されることから，地域保険というよりも職域保険の性格が強いことになる。

③ 地域共同体内部での「地域連帯（solidarité locale）」[32]
④ 家族共同体内部での「家族連帯（solidarité familiale）」
⑤ （社会保障には必ずしも当てはまらないが）国際的なレベルでの「国際連帯（solidarité internationale）」

〈通時的(時間的)な連帯〉
① 同一世代内の「世代内連帯（solidarité intergénérationnelle）」
② 世代をまたがる「世代間連帯（solidarité entre les générations）」

　以上の連帯類型のうち共時的連帯（空間的連帯）の①から③は，社会法の射程であるのに対して，④と⑤は，社会法との関係性で登場する連帯である。すなわち，④は社会扶助を巡る親族扶養との関係，⑤は社会保障の外国人・域外適用との関係で問題となる[33]。なお，社会連帯との関係で言えば，①から③の連帯類型は，上位概念としての社会連帯を構成する要素ということにもなる[34]。

（4）　友愛との関係

　これに対して「友愛（fraternité）」は，一般には家族構成員の間に芽生える

---

[32] 地域連帯は，我が国の国民健康保険に典型的に見られる。その点に関して，川村秀文他『国民健康保険法詳解』（厳松堂，1939 年）44-45 頁は，任意主義の国民健康保険組合（保険者）が市町村又は同業組合等の「郷土団結」又は職能的団結を基礎として設立されると述べている。フランスにおいても，最低所得保障制度（RMI）を「地域連帯」に関連させて説明するものがある（M. Badel, *Le droit social à l'épreuve du revenu minimum d'insertion*, Presse universitaire de Bordeaux, 1996, pp. 440-443）。

[33] このうち④の家族連帯は，社会保障と代替関係があり，社会保障の発展の過程で克服すべき連帯という捉え方もできる。

[34] 20 世紀の初めには，職域連帯，家族連帯及び国民連帯の概念が登場しており，これらを社会連帯と関係付けている。例えば，1905 年の高齢者等の社会扶助法に関する議会審議の中で，ドゥ・ガヤール・バンセル（de Gaillard-Bancel）議員は，ボンクール（P. Boncour）氏の経済連邦主義（Fédéralisme économique）に依拠しながら，「職域連帯は，実は皆さんが御存知の家族連帯と皆さんが要求し法律の基礎となる国民連帯とをつなぐ橋渡し役のように自分には思われる」と述べている（Chambre de députés, Séance du 30 mai 1903, *Journal officiel du 31 mai 1903*, p. 1800）。また，現代においても，Les documents de travail du Sénat, Série Législation comparée, *Les obligations alimentaires envers les ascendants*, 2008, p. 5 は，親族扶養が家族連帯の法的翻訳であると述べている。

のと同じような人間同士の絆であり、そこから生まれる親密な感情、さらには政治的・社会的な関係性を基礎付ける徳や価値を意味する[35]。また、友愛はキリスト教とも密接に関わる概念であるが、連帯が登場するよりもいち早く、既にフランス革命期から頻繁に登場しており、革命の標語ととして使用されるようになった。そして、1948年の憲法の前文（Ⅳ）において、共和国の原理として友愛が位置付けられた後、現行の第五共和制憲法でも、友愛は、自由・平等と並ぶ共和国の標語と明記されるなど、連帯以上に歴史に深く根差した概念と言えよう。

ただし、連帯が登場してブームとなった19世紀末から20世紀にかけて、連帯が有する権利・義務の相互性や社会的準契約という法的装いを重視した連帯主義者にとって、友愛は曖昧な概念であり、過度に人道的で不明確な概念である慈善と同様、放擲されるべき対象であったことには留意する必要がある[36]。つまり、友愛は連帯と近接概念でありながらも、時代や論者によって、むしろ違いが強調されてきた面があることになる。

◆ 4 ◆ 小　活

以上、集団性を本質の一つとする社会保障にとっての議論の出発点となる連帯について、その集団性に着目して、連帯類型（職域連帯、地域連帯、国民連帯等）という形で概念を整理した。社会的リスクへの集団的対応という社会保障にとって、この集団性こそが不可欠の要素であり、その表れとしての連帯類型もまた社会保障を構築する上で重要性を帯びることになる。また、社会的排除等の社会問題に照らすなら、この連帯に依拠する社会保障は、社会的リスクへの集団的対処を通じて、人々の自由を確保し、社会正義を実現することになる。

次に章を改め、日仏両国の連帯を巡る歴史的発展過程を確認的に振り返ると

---

[35] G. Cornu, *Vocabulaire juridique*, Quadrige/PUF, 2001, pp. 400-401によれば、友愛とは、「兄弟のようにお互いを扱う、又は扱うべき者同士の親愛の絆又は理念」である。概念の詳細については、拙著・前掲注(17)38-45頁。また、政治思想の側面からの連帯及び福祉国家の分析としては、田中拓道『貧困と共和国』（人文書院、2006年）が詳しい。

[36] J. Ribet, « La philosophie de la solidarité », *op.cit.*, p. 49

第2章 基本概念としての連帯の意義

ともに,必要な範囲で友愛との関係にも触れることにより,両国そして友愛との比較を通じて連帯の意義を再確認した上で,その後の社会保障法(特に連帯の規範的意義)の考察を進めることとしたい[37]。

---

(37) 歴史的発展の詳細は,拙著・前掲注(17)6-184頁参照

◆第3章◆ 連帯概念の歴史的な生成発展

◆1◆ フランスにおける連帯概念

　社会保障は，人々の弛まぬ営為により歴史的に構築されてきた法制度である。その発展過程には，連帯が深く関わることから，本章では，歴史的側面から連帯に光を当てることにしたい。

（1）　政治的・哲学的概念

　フランスにおいて連帯は，第三共和制期にブルジョワ（L. Bourgeois）氏等が唱えた「連帯主義（solidarisme）」によって大いに発展を見ることになる。その一つの理由は，産業革命以来の資本主義の発達により社会問題が顕在化した19世紀末にあって，連帯（主義）が自由主義と社会主義の中庸を得た政治思想として，新時代を切り開く礎に適していたことにある[38]。また，同氏が「社会的債務（dette sociale）」という概念を用いて，人が過去の人類の蓄積の上に現在を生きている点で社会に債務を負っているが故に「債務としての連帯（solidarité de devoir）」を履行する義務を負うという法的装いを帯びた概念操作をしたことも理由として挙げられる[39]。

---

[38] フランス革命後の極端な自由・個人主義の表れがル・シャプリエ法（中間団体の禁止）であったが，現実には，1884年に労働組合が認められるより以前においても共済組合が登場するなど，極端な自由・個人主義は，社会主義に対抗する上でも現実適合的でなくなっていた。ブルジョワ氏が属した急進社会党が第三共和制の下で勢力を伸ばした背景には，19世紀末フランスが直面した極端な個人主義モデルからの転換の必要性があったと言えよう（拙著・前掲注(17)51-75頁）。

第3章　連帯概念の歴史的な生成発展

　もちろん彼より以前においても，連帯は，サン・シモン主義者であるルルー氏（P. Leroux）によって宗教色の強い友愛に代わる概念として，既に1840年代から唱えられていた[40]。また，理論面でも，社会学者のコント氏（Comte）やデュルケム氏（Durkheim），経済学者のジード氏（C. Gide）によって深化が図られたほか，政治哲学の分野でもルヌヴィエ氏（Ch. Renouvier）やフイェ氏（A. Fouillée）が連帯を唱えている[41]。その点では，連帯主義の発展にとって，ブルジョワ氏の貢献が大きいとはいえ，社会問題が顕在化するという第三共和制が置かれた時代状況において，多くの先駆者や同時代の理論家の存在を前提として彼の理論は開花したと言える[42]。

（2）　法的概念への昇華

　法学の分野に目を向けると，社会法が未成熟であった第三共和制の時代において，公法学者が連帯概念の発展に果たした役割は大きかった。例えば，法実証主義の立場から社会の相互依存関係に着目したデュギー氏（L. Duguit）は，政治思想としての連帯主義と一線を画する形で連帯を法的概念に発展させ，その実現手段としての公役務（service public）とともに公法の基礎的枠組みを構築した。とりわけ，個人の権利よりも国家の義務を前面に出し（優先し），連帯の実現のために国家が公役務を遂行するという枠組みは，社会保障のような

---

[39] 拙著・前掲注(17)51-75頁。なお，連帯概念は，キリスト教の慈善（charité）との関係性を想起させるが，ブルジョワ氏は社会的準契約（quasi-contrat social）等の概念を駆使することで，道徳的義務に止まる慈善との違いを際立たせようとする。その点でブルジョワ氏の連帯概念は，「社会（Société）」の準契約的な関係性に着目し，そこから個人が社会的債務を履行することにより社会の調和を実現しようとするのに対し，慈善の場合には，慈善を受ける側と与える側の一方的な関係性に止まることになる（Ch. Brunot, « Solidarité et charité », *Revue politique et parlementaire*, Tome ⅩⅩⅧ, 1901, p. 54）。

[40] M. Borgetto, *La notion de fraternité en droit public français*, LCDJ, 1993, p. 350 et s.；J. Poumarède, « Quelques gloses en forme de conclusion », *in*（dir.）M. Hecquard-Théon, *IFR Actes de colloques no 6, Solidarité(s), Perspectives Juridiques*, Presses de l'Université des sciences sociales de Toulouse, 2009, p. 366

[41] J. Poumarède, *op.cit.*

[42] ナポレオン三世が1844年に著した『貧困の撲滅』（Louis-Napoléopn Bonaparte, *Extention du paupérisme*, M. Ch.-Ed. Templblaire, 1848）という小冊子の中で，貧困からの救済を願いつつ，民主主義による貧困の打倒を主張していることが注目される。

給付行政には適合的であった。その後，連帯は公役務概念と絡み合いながら，20世紀的な福祉国家の建設に必要な積極施策の理論的な礎となる。とりわけ，第2次世界大戦後の社会保障制度の骨格を構築した1944-1945年のラロック・プランを通じて，連帯は，社会保障分野の基礎的概念として現在まで機能している[43]。

他方，連帯とともに重要な概念を形成する「友愛（fraternité）」を重視したのは，オーリウ氏（M. Hauriou）であった。同氏は，友愛を国家制度の構成員である人間同士をつなげる紐帯の一種であり，人々に財や救済の形で公的な便益を保障することを目的とするものと位置付けることで，「制度理論（théorie de l'institution）」を構築している[44]。また，友愛と連帯の関係については，友愛も国家という制度の構成員である人間同士をつなぐ連帯又は相互扶助の一類型であるが，個人的・自発的なものではなく，集団的・行政的・公的な性格を有する（その表れが公的救済制度である）としている[45]。

社会法が確立した現代から振り返れば，社会問題への国家の介入は自然なことかもしれないが，行政国家というよりは立法権優位の第三共和制の時代にあっては，社会保障の概念すら存在しなかった。この点，連帯や友愛は，法学の教義を基礎付けること以上に国家による積極的介入の基礎を付与するという

---

[43] 拙著『フランスに学ぶ社会保障改革』（中央法規，2000年）参照。公法においてデュギーの継承者はまれで，連帯概念及びフランス流の公役務概念の衰退が顕著なのに対して，社会保障法に関する限り，連帯は引き続き重要な鍵概念である。その背景には，通常の公法分野では，もはや声高に連帯を唱える必要がなく，むしろ公役務自体も欧州統合の影響を受けて変貌を遂げてきたのに対して，国内施策として生成発展する社会保障法にあっては，両概念が制度構築の原動力になっている面がある（以上は拙著・前掲注[17]115頁）。また，戦後の社会保障制度設計の責任者であったラロック氏（P. Laroque）が学生時代の行政法研究を通じてデュギー氏やオーリウ氏の学説の影響を受けたことや，その後の国務院勤務を通じてコーポラティズム的な団体交渉制度のような社会政策に関与していたことが，戦後の連帯重視の社会保障制度の構築に影響していることが指摘されている（E. Jabbari, *Pierre Laroque and the welfare state in post war France*, Oxford, 2012）。これに対して，第二次世界大戦後の第四共和制憲法は，社会権が登場する点で重要であるが，その下院審議において影響力のあった憲法学者のルネ・キャピタン（René Capitant）議員は，権力国家（Etat-puissance）から共和制国家（Etat-République）への転換や給付行政の論理を認めていたが，デュギー氏のような連帯の原理に依拠することには否定的であったとされる（F. Rangeon, « Droit-liberté et droit-créance : les contradiction du préambule de la constitution de 1946 », *in Le préambule de la constitution de* 1946, PUF, 1996, p. 178）。

実践面で影響があったとも言える[46]。実際，第三共和制の下で，社会扶助

---

(44) M. Hauriou, *Précis de droit administratif et de droit public*, 12ᵉ édition, Sirey, 1933, p. 699 ; M. Hauriou, *Principes de droit public*, Recueil Sirey, 1916, pp. 545-546 ; F. Tourette, *Extrême pauvreté et droit de l'homme*, Presses universitaires de la faculté de droit de Clermont-Ferrand, 2001, p. 10; M. Hauriou, « La théorie de limitation et de la fondation », *Cahiers de la nouvelle journée, n° 23, Aux sources du droit, le pouvoir, L'ordre et la liberté*, 1933, p. 88-128（制度には，人的制度（institutions-personnes）と物的制度（institutions-choses）があることを指摘する。このうちの人的制度は，人又は国家，社団，組合等の集団により構成される。そして，制度は，営為及び事業の理念（イデ）が社会環境の中で実現し永続するものであると定義されている）。なお，制度論自体については，水波朗『トマス主義の憲法学』（九州大学出版会，1987年）11頁以下を始めとして邦語文献は多い。そうした中にあって本稿は，社会法の立場から捉えている。

(45) M. Hauriou, *Précis de droit constitutionnel*, Sirey, 1923, p. 108

(46) O. Dutheillet de Lamothe, *Les « droits-créances » constitutionnels*, Bruylant, 2007, p. 84. なお，社会扶助立法の成立に社会連帯の影響があったことは，立法過程からも明らかである。例えば，1905年7月14日法の上院での報告者であったストラウス議員は，1893年7月15日法が最初の本格的医療扶助立法であり，1905年法もその流れに沿った社会連帯に基づく制度であると述べている（Sénat, Séance du 8 juin, *Journal officiel du 9 juin* 1905, p. 972）。また，当時のモノ公的扶助・公衆衛生局長は，1905年7月14日法の審議の際に「救済は公役務，すなわち一般利益に寄与するための共通の経費で実施される仕組みである。この利益とは，科学的根拠を有し，連帯という言葉で表現される正義の思想の実現であ」り，「社会連帯の一つの帰結を実現するための公役務」であると述べている（Sénat, Séance du 6 juillet, *journal officiel du 6 juillet* 1905, pp. 1150-1151）。社会扶助を巡っては，それが自由主義と社会連帯主義との対立であると同時に，議会での上院と下院との対立という側面がある。下院が権利性の明確化を図ろうとしたのに対して，上院の方は，逆に社会連帯に依拠とした権利性の強い表現を嫌った。例えば，上院のルルティ議員は，社会扶助が「社会的な義務（devoir social）」であっても「社会的な債務（dette sociale）」や「個人の社会に対する債権（créance de l'individu sur la société）」ではないと述べている（Sénat, Séance du 9 juin 1905, Journal officiel du 10 juin 1905, p. 990）と述べている。このため，上院では，規定の義務性を弱める方向での修正が行われた。具体的には，下院では，条文に登場する「貧困者（indigent）」，「救済を請求した（ont réclamé l'assistance）」及び「救済を受ける（recoit l'assistance）」がそれぞれ「受給権者（ayant-droit）」・「所得のない（privé de ressources）」，「その権利を実現した（ont fait valoir leur droit）」，「救済に対する権利を有する（a droit à l'assistance）」という権利性の強い表現に修正され，かつ，それが連帯に由来することが明確化された（主張者のミルマン議員に関して Chambre de deputés, Séance du 6 juin 1901, Journal officiel du 7 juin 1901, p. 1260）。これに対して上院では，逆方向での修正が行われることになった。その典型が法律の名称であり，下院の「高齢者，障害者及び廃疾者に対する義務的救済の形式による社会連帯の公役務（service public de solidarité sociale）の創設に関する法律案」にあった「社会連帯」等の文字が削除された（Sénat, Séance du 16 juin, *Journal officiel du 17 juin* 1905, p. 1029）。

（1893 年の医療扶助，1904 年の児童扶助，1905 年の高齢者・障害者等扶助）や社会保険（1898 年の労災補償，1910 年の労働者等年金）等の社会立法が数多く登場している。

　フランス革命以降の歴史の中で連帯と友愛は，対立的というよりも，むしろ相互補完的な形で社会・政治のみならず法学の分野に影響を及ぼしてきた。しかし，2 つの概念の勢力関係は，歴史において変遷がある。一つの捉え方として，次のような時代区分が参考となる[47]。

① 友愛が革命を通じて登場する一方で，連帯が登場する前の時代（特に 1789〜1799 年，1848〜1851 年）
② 友愛に代わり連帯が優越した時代（1880 年代〜1970 年代）[48]
③ 友愛が再評価されるようになった時代（1980 年代〜）

　いずれにせよ，拠出と給付の牽連関係に依拠する社会保険と連帯は適合的であり，社会保障を核とする福祉国家の建設にとって，連帯は理論面でも大きな役割を果たした[49]。第二次世界大戦後の現行制度に即して言えば，フランスの社会保障計画は，全ての者が危険に対して連帯するという国民連帯（solidarité nationale）に立脚して再出発することになった[50]。

　これに対して，キリスト教的淵源を有し，連帯に比べれば曖昧とも言える友愛は，逆にそのモラル・精神性故に最低所得保障制度（RMI）が 1988 年に創設された際の理念として，制度化の原動力となるなど，連帯を補完する役割を演じている[51]。つまり，社会的排除問題を契機とする友愛の再発見である。

---

[47] M. David, « Solidarité et fraternité en droit public français », in J.-C. Béguin et al., La solidarité en droit public, L'Harmattan, 2005, pp. 15-16
[48] とりわけ，2 月革命を経た 1848 年憲法の人権宣言（前文）では，自由・平等と並んで友愛が共和国の原理とされ，友愛に対する志向が強く出ている（M. Borgetto, La notion ...., op.cit., p. 248 et s.）。
[49] F. Ewald, L'État providence, Drasset, 1986；C. Bec, La sécurité sociale, une institution de la démocratie, Gallimard, 2014（社会保障の発展過程を論じている。連帯に関しては，それが自由主義と社会主義の中庸を得た概念として，初期の社会法の整備に果たした役割や，制度の整備に伴い個人の権利が強化されていくことなども言及している。）
[50] P. Laroque, « Le plan français de sécurité sociale », Revue française du travail, avril 1946, p. 15

第 3 章　連帯概念の歴史的な生成発展

（3）　実定法上の概念としての連帯の確立

現在，連帯については，社会保障法典（Code de la sécurité sociale。以下「CSS」という。）が社会保障制度の基礎を「国民連帯」に置くことを明言する（L.111-1）。さらに，疾病保険に関しては，それが普遍的・義務的であるとともに連帯的（solidaire）な性格を有することを規定している（L.111-2-1）ように，連帯は実定法上の概念として定着している。また，司法の場でも 1980 年代に入ると，連帯が憲法院の判決の判断理由として援用されるようになった[52]。言ってみれば，社会保障制度が確立するより前の 19 世紀末に描かれた連帯のパラダイムが，ようやく第二次世界大戦後になり，ラロック氏等を通じて現実の制度として結実することになったのである。

このことは，各制度の法的規範の説明のための叙述的原理（principe-description）のみならず，裁判規範としての普遍性を備え，法解釈を導く規範的原理（principe-règle）としても，連帯が機能するようになったことを意味する[53]。実際のところ，憲法院のみならず破毀院も判決において連帯に言及しており，その裁判規範性を承認している。これに対して，国務院は，このような場合でも憲法規範ではなく，法の一般原則等を援用することで問題を処理する傾向にあるが，近年になり法律に規定された連帯を援用する事例が登場してきている（CE, 8 juillet 1994, *Société Moore Paragon*, n° 96257）。

ところで，裁判規範性を有する憲法規範（憲法ブロック）としては，1958 年憲法が確認した 1946 年憲法前文があるが，その最大の特徴は自由権のみならず社会権に関係する経済的・社会的事項にも言及している点である[54]。なかんずく生存活手段の保障等（第 10 項，11 項）が謳われ，これが「現代に特に必要なものとして」の家族政策等の社会保障施策の実施を含意していることが

---

[51]　M. Borgetto, *La notion de fraternité ...* , *op.cit.*, pp. 2-9, pp. 612-628
[52]　年金における現役と退職者等との連帯に関して 1986 年 1 月 16 日の判決（Décision n° 85-200 du 16 janvier 1986），災害等に起因する負担に係る連帯に関して 1986 年 6 月 25・26 日の判決（Décision n° 86-207 DC des 25 et 26 juin 1986）がある。いずれにせよ，社会法に係る憲法の規範性は，戦後の制定段階から強固に確立していたというより，法律に対する憲法統制が進展するにつれて強化されてきたことが指摘されている（R. Lafore, « L'égalité en matière de sécurité sociale », *RDSS*, N° 3/2013, p. 385）。
[53]　各裁判所系統の傾向については，拙著・前掲注(17)147-145 頁

重要である。

　そして、1946年憲法前文の例えば第11項が規定するところの生存手段の保障、すなわち国家又は公共団体による高齢、傷病又は経済状況のために労務不能状態にある者に対する生活保障を説明し得る理論上の拠り所として、（国民）連帯は重要な役割を果たしている。さらに、第12項では、国民的災厄に起因する損害の補償が「連帯及び平等（la solidarité et l'égalité）」に基づくことを明確に謳っている。

　これらは、終戦直後という特殊な時代状況にあって、地震のような天変地異のみならず戦災補償も意識した上で、戦後解放後の新たな社会構築を目指して登場してきた規定である。実際、レジスタンス全国委員会（CNL）が1944年3月5日に出した憲章（Charte）において、社会的事項として、①全ての市民に生活手段を保障する完全な社会保障計画、②被災者の補償及びファシストの暴挙の犠牲者に対する手当・年金が盛り込まれている。つまり、ここにおいて、全国民を巻き込むような各種リスクに対する「連帯」が憲法上も真正面から規定されることになったのである[55]。

　さらに最近では、憲法的価値を有する1946年憲法前文との関係で、憲法院は、家族手当への所得制限導入に関して、国民連帯を援用した上で、その実施方法に関して立法府の裁量が認められるものの、当該権能は憲法的性格を有する要請の法的保証を奪うことはできないと判示している（Décision n° 97-393 DC du 18 décembre 1997）。

　以上、現在、連帯は、歴史的深化の中で、実定法上の概念として位置付けられるとともに、争訟解決のための裁判規範としても機能していることを確認し

---

[54] 前文第2項では、我々の時代に最も必要なものとしての「社会的及び経済的な原理（principes sociaux et économiques）」を謳っており、これは社会権と密接に関係する規定である。それに加え、1945年から翌年にかけての憲法制定議会での審議では、フランス人民が1789年の人権宣言を承認することを規定している第1項について、「共和国の法律によって承認された基本的原理（principes fondamentaux）」を追加すべきことが提案され、採決の結果、賛成272、反対263の僅差で可決された経緯がある（*Journal officiel, Débats de l'assemblée nationale constituante, Séance du 28 août 1946*, p. 3368）。この修正案が念頭に置く法律とは、審議の際のゲラン（Guérin）議員の発言を見る限り、家族手当、年金等の社会保障立法であった（*ibid.*, p. 3363）。

第3章　連帯概念の歴史的な生成発展

ておきたい［規範としての連帯が如何に作用するか（規範的意義）については，第5章参照］。

◆2◆　連帯概念の我が国への影響

(1)　戦前の影響

　戦前において，社会保険立法は，ドイツのビスマルクによる労働保険やイギリスの友愛組合のような欧米諸国の制度，あるいは我が国も原加盟国として参加した国際労働機関（ILO）の社会保険条約といった国際的潮流を意識しながら立案されてきた。このことは，健康保険法が政府と並ぶ保険者として健康保険組合（以下「健保組合」という）を位置付け，国民健康保険（以下「国保」という）も市町村とは別の法人格を有する国民健康保険組合（以下「国保組合」という）を保険者とするなど，組合主義を前面に出していたことからも推認される[56]。その証に，国民健康保険法（1938年）は，ILO で採択された疾病保険に関する条約を重視し，1934年に未定稿である国民健康保険制度要綱案を非公式に公表したことが記録されている[57]。

---

(55) 憲法の人権宣言案が5月の国民投票で否決されたのを受けて，人権宣言案を大幅に簡素化した前文案が8月の憲法制定議会で審議されることになる。審議では，社会保障に関連の深い第10・11項が特段の意見なく可決されたのに対して，第12項に関しては，被害の補償が全面的であるべきか否かを巡って修正案が出されるなど，活発な議論が展開された（*Journal official*, Débats de l'assemblée nationale consitituante, Séance du 28 août 1946, pp. 3408-3412）。また，それに先立つ3月12日の人権宣言案の審議の際には，原案の「公共的災厄（calamités publiques）」が「国民的災厄（calamités nationales）」に修正された経緯があるが，その理由について委員会報告者は，国民的とは「国民全体に影響する事象」を意味すると発言している（*Journal official*, Débats de l'assemblée nationale consitituante, Séance du 21 mars 1946, p. 952）。なお，1946年の人権宣言の中には，社会保障と連帯を明示的に関係付ける文言は登場しない。しかし，第二次世界大戦中の1941年3月14日にペタン元帥（Maréchal Pétain）が発出したメッセージの中で，老齢労働者に対する年金（Retraite des vieux travailleurs）が若年者の生み出す富でもって高齢者を扶養する制度であり，それが国民の連帯（solidarité de la nation）に依拠する旨を述べており（http://www.marechal-petain.com/page-message.htn. 最終アクセス2014年12月2日），これも連帯が戦後突如登場したものでないことの例証である。

(56) 拙著・前掲注(17)3-60頁；国保組合については，新田秀樹『国民健康保険の保険者』（信山社，2009年）

とりわけ，1922年制定の健康保険法が労働者保険（Arbeiterversicherung）としてドイツの労働者保険を参考（モデル）に立案され，政府と並列的に健保組合が保険者として位置付けられるなど，初期の社会保険が，健保組合に代表されるように仕組みの面でドイツの影響を受けたことは夙に知られているところである[58]。それに対して，社会保険の理念面においては，ドイツのみならずフランスの影響も受けつつ制度が設計されてきていることは，現在意外と意識されていない。当時の政策立案者が，我が国の制度がドイツの社会保険の伝統の支配下にあることを指摘しつつも，社会保険をいわゆる社会連帯の思想を基調とする制度として位置付けているにもかかわらずである[59]。

このことは社会扶助においても同様であり，救護法（1929年）の制定に当たっては，英仏独等の救貧法を調査・参考にしている[60]。そうした中で社会連帯思想は，当時の学者のみならず行政官にも認識されており，政策立案にも影響を与えてきた[61]。実際，社会局長も務めた山崎巌氏は，救護法が「我が邦古来の美風たる隣保相扶の情誼を重んじつつも其の根本思想は社会連帯に基くものなることは改めて多言を要しない」と述べている[62]。

総じて言えば，我が国の初期の社会保障が設計面でドイツの影響を強く受けつつ立案されながらも，地域保険である国保のように我が国の独自性が前面に出る場合もあるなど，日本風のアレンジが施された制度となっていた。そうした全体状況の中で，社会連帯思想も行政官を通じて理念面で制度設計に影響を

---

[57] 厚生省五十年史編集委員会『厚生省五十年史（記述篇）』（財団法人厚生問題研究会，1988年）330頁；黒木利克『社会保障法概論』（福祉新聞社，1967年）54頁（我が国の社会保険が明瞭にドイツ社会保険の伝統の支配下にあると記述している。）

[58] 厚生省五十年史編集委員会編・前掲注(57) 313-321頁；熊谷憲一『健康保険法詳解』（巌松堂，1927年）158-159頁

[59] 清水玄「健康保険法」末広厳太郎編『現代法律学全集第21巻』（日本評論社，1937年）13頁；同『社会保険論』（有光社，1940年）5頁；同『労働保険と社会保障』（河出書房，1950年）7頁。このほか，フランスの社会保険創設が一つの契機となり，我が国でも，「労働保険」ではなく「社会保険」という用語が用いられるようになった（前掲『社会保障論』の「緒言」）ことも，例証の一つである。なお，国民健康保険法等の立案に携わった清水玄氏は，社会保障制度審議会の委員を創設当初から1963年まで務めている。

[60] 厚生省社会局『社会局三十年』（東京，1950年）22頁，37頁

[61] 厚生省社会局・前掲注(60) 29頁

[62] 山崎巌『救貧法要義』（良書普及会，1931年）169頁

第3章　連帯概念の歴史的な生成発展

与えていた。とはいえ，戦前においては，連帯は理念に止まっており，実定法上の用語とはなっていなかったのも事実である。

なお，太平洋戦争の時代を如何に捉えるかは，難しい問題である。この点，1944年の厚生年金保険法が典型であるが，西洋の思想がすんなりと受け入れられない時代状況もあり，連帯というよりも，戦力増強や国力の高揚と結び付けて制度改革が実施されたことには留意する必要がある[63]。

（2）　戦後における連帯概念の発展

戦後において，生存権保障という位置付けを与えられた社会保障の制度設計に当たっても，連帯は制度設計を領導する理念としてのみならず，実定法の規定上も重要な役割を果たすようになった。

まず理念面では，国民年金（以下「国年」という）の創設を直前に控えた1958年に社会保障制度審議会が，拠出制のみならず無拠出制年金の国年を導入する理由として社会連帯を援用している[64]。この戦後社会保障の理念を牽引した社会保障制度審議会について言えば，その後1962年の「社会保障制度の総合調整に関する基本方針についての答申および社会保障制度に関する勧告」や1995年の「社会保障体制の再構築に関する勧告」でも，社会保障が個々人の連帯によって成立するものであることや社会連帯の思想の必要性などが指摘されている[65]。

次に法令の規定の面においても，連帯又は類似の概念（例えば，相扶共済）が各種社会保障立法の目的規定に掲げられるなど，制度設計を領導する概念

---

[63] 花澤武夫『厚生年金保険法大要』（教学館，1944年）53頁，89頁（労働者年金保険法，厚生年金保険法等に携わった著者が，反省も込めて，日本の社会保険がドイツ社会保険を日本に焼き直したと述べている。その上で，厚生年金保険法が制定された戦時下の時代状況を反映して，「元来，厚生年金保険の本質は保険ではない。保険の精神の基礎をなす『デモクラシー的社会連帯思想』や『相互扶助』の精神如きは，その思想の善悪は別として，少なくとも厚生年金保険法に於いては，一向に考慮されてをらないのである。」と述べている。）。労働者年金保険法の立法趣旨については，堀勝洋『年金保険法（第3版）』（法律文化社，2013年）97-99頁

[64] 社会保障制度審議会の「国民年金制度に関する基本方策について」の答申（1958年6月14日）

[65] この他の事例も含め，拙著・前掲注(17)175-177頁

2　連帯概念の我が国への影響

（理念）としての連帯は，実定法上の位置付けも付与されることになった[66]。そのことが端的に表れるのが国民年金法で，目的規定（第1条）において「国民生活の安定がそこなわれることを国民の共同連帯によって防止」することを掲げている[67]。比較的最近の立法では，旧老人保健法（1982年）が基本的理念の規定（第2条）の中で「国民は，自助と連帯の精神に基づき，…老人の医療に要する費用を公平に負担するものとする」ことを規定していた。さらに，同法の国会審議の中でも，政府は，例えば老人医療に関して，各保険者からの拠出金による共同事業としての本質を連帯に結びつけて説明しているなど，戦前からの連帯の潮流は行政官の中で脈々と息づいていると言えよう[68]。

この根底には，連帯が，自助（自己責任）を基本とし共助・公助がそれを補

図2　国会質疑の政府答弁における連帯の射程

国会における法案等の審議において，自己責任・自立・自助との対比で社会連帯，地域社会の連帯，国家の連帯，共同連帯等に言及する答弁が数多く見られる。

①自己責任・自立・自助と社会連帯： 　S53.2.9（衆・社労委），S53.2.9（参・社労委），S55.2.19（衆・社労委）， 　S55.2.21（参・社労委），H3.9.17（参・厚生委），H12.4.12（衆・厚生委）
②社会保険： 　S36.5.24（衆・社労委），S38.2.13（衆・社労委），H7.3.28（参・厚生委），

---

[66] 1948年改正後の旧・国民健康保険法の目的規定（第1条）に掲げられた「相扶共済の精神」について，小山進次郎編『社会保障関係法〔Ⅰ〕』（日本評論新社，1953年）207頁は，それが「社会連帯或いは相互扶助の思想を現したものである」と述べている。また，目的規定に明示されているわけではないが，戦後の失業保険法の制定に当たり，1947年8月付の職業安定局「失業保険予想質疑資料」の中で，失業保険が「社会保険の本質をなす社会連帯の思想に基づいて，…労働者が相互扶助しようとする制度」であることが記述されている（寺脇隆夫編『生活保障基本資料第1巻』（柏書房，2013年）34頁）。

[67] 野田卯一『国民年金法と解説』（宝文館，1959年）32頁は，国民年金が「一家の子女が個人的に行う老齢者の扶養を社会連帯の立場における扶養に漸次切換え発展させようというのである。」と述べている。

[68] 1982年4月13日参議院社会労働委員会等での政府委員答弁；土佐和男『高齢者医療の確保に関する法律の解説』（法研，2008年）391頁（後期高齢者支援金に関連して，「この国保及び被用者保険からの支援は，…国民全体で支え合うべきという『社会連帯』の精神に基づくものである」と記述している。）

33

H9.3・21（衆・厚生委），H9.6.10（参・厚生委），H11.11.24（衆・厚生委），H17.10.12（衆・厚労委）
③年金： S34.3.10（衆・社労委），S34.4.7（参・社労委），S44.6.19（衆・社労委），S48.4.12（衆・社労委），S55.10.16（衆・社労委）
④失業保険・雇用保険： S24.4.25（衆・労働委），S25.7.19（衆・労働委），H14.11.1（衆・厚労委）
⑤医療保険： S41.4.6（衆・社労委）
⑥老人保健制度： H3.9.17（参・厚生委），H9.5.29（参・厚生委）
⑦介護保険： H10.9.17（参・国福委）
⑧高齢者医療制度： H10.4.3（衆・厚生委），H10.5.7（参・国福委），H15.4.1（参・厚労委），H18.4.21（衆・厚労委），H19.5.8（参・厚労委），H20.3.26（衆・厚労委）
⑨児童手当： S56.5.12（参・社労委），S60.6.18（参・社労委），H11.2.10（衆・厚生委）
⑩社会福祉： H12.4.21（衆・厚生委），H12.5.10（衆・厚生委）
⑪生活保護： S36.10.5（衆・社労委）
⑫ボランティア： S63.4.13（衆・社労委），H1.6.21（衆・社労委），H2.6.19（参・社労委）
⑬障害者雇用（納付金制度，雇用義務等）： S50.12.16（衆・社労委），S56.3.3（参・社労委），S56.2.24（衆・社労委），H4.4.16（参・労働委），H25.5.28（参・厚労委），H25.6.12（衆・厚労委）
⑭雇用保険3（2）事業・雇用調整助成金： H12.3.9（参・厚労委），H23.4.13（衆・厚労委），H23.4.22（衆・厚労委）
⑮港湾労働法： S48.11.15（参・社労委），S54.4.10（衆・社労委）
⑯国家の連帯・地域の連帯： S38.3.29（衆・社労委），S38.3.30（参・社労委）
⑰財政的な援助調整： S47.4.12（衆・社労委）

（注）「衆」は衆議院，「参」は参議院，「委」は委員会，「厚労」は厚生労働，「社労」は社会労働を意味する。

完するという社会の基本構造とも適合的であることがある。実際，上記の旧老人保健法の理念規定も「自助」と並べて「連帯」を位置付け，老人医療費の配分のみならず健康増進という自助努力にも依存する制度の骨格が設計されているところである。

　さらに，老人医療費の配分にも言えることであるが，連帯が援用されるのは，社会保険等の必須要件である保険料による財源調達（負担関係）の設計に当たっても，給付のみならず負担も射程に置き両者を結び付ける連帯が強力な説明力を有していることに理由があると考える。その証に，戦後における各種制度（とりわけ社会保険制度）の整備に当たり，政府の国会答弁においても，社会保険や労働保険，更には児童手当や社会福祉，障害者雇用や港湾労働法のような労働政策に関連して連帯が援用されているところである【図2参照】。もちろん，それぞれの場面における連帯の意味合いは異なっている。例えば，相互扶助のような意味合いで拠出を伴う社会保険・労働保険に関して連帯が援用されるのみならず，児童手当や社会福祉のような社会保険方式でない制度創設の拠り所としても，連帯が援用されている。総じて言えば，自己責任や自立・自助に対する概念として社会連帯（共同連帯）が援用されていることになる。このような用語の使い方は，見方によっては，制度の正当化のための便宜として連帯が使用されている面は否定できないが，ここでは連帯概念が歴史を生き抜いている事実に注目したい。要するに，自己責任や自立・自助という社会の在り方に関する基本原理に対する修正原理が連帯であることを一連の国会答弁は示唆しているのである。

　確かに，国会での答弁を見る限り，答弁者の口から社会連帯（共同連帯）が何であるのか，突っ込んだ説明があるわけでない。しかし，連帯を援用することで，自己責任原則で対応し得ない社会保障を正当化する原理が連帯であることを暗黙の前提とした答弁であることは間違い。この点は，制度に即して連帯の意義について，以下で更に論じることになる。

（3）　裁判規範としての連帯
　社会保障法関連の訴訟の場において，連帯が登場する事案は，管見によれば限定的である。これまでのところ，

第 3 章　連帯概念の歴史的な生成発展

① 社会保障の外国人適用・域外適用，
② 国民健康保険の保険料賦課（所得割の算定方法，遡及賦課），
③ 国民年金の併給調整

等に概ね集約できよう。ここでは，連帯が訴訟に如何に作用しているのか，それぞれの側面から概観する。

1) 外国人適用・域外適用

　これまで外国人適用・域外適用が争点となってきたのは，原爆医療，国保，国籍要件撤廃前の国年等に関する訴訟である。

　例えば，1995 年改正前の原爆 2 法（原子爆弾被爆者の医療等に関する法律，原子爆弾被爆者に対する特別措置に関する法律）及びその後の被爆者援護法（原子爆弾被爆者に対する援護に関する法律）では，外国人を特に明示的に除外していなかったが，適用に当たっては適法な国内居住を前提としてきた。このため，国内に現在する不法入国外国人や在外被爆者への法の適用が訴訟を通じて問題となった。そして，裁判では，原爆 2 法や被爆者援護法が純然たる社会保障法であるのか，国家補償法的性格を併有するのかという論点に関連して，法律が純然たる社会保障法であれば，社会の構成員間の連帯としての性格故に不法滞在外国人や在外被爆者への不適用が是認される余地があった。

　このような観点から連帯に言及した判決としては，

① 純然たる社会保障法であれば，国内居住に限定することも首肯し得るとするもの（福岡高判 1975 年 7 月 17 日民集 32 巻 2 号 471 頁），
② 一般の社会保障法について，そのよって立つ社会連帯の理念から適法滞在外国人のみを対象とすることが一応の原則である（が，原爆医療法の複合的性格から，同法の原則が前提とされるものと解すべき根拠はない）とするもの（前記判決の上告審判決である最一小判 1978 年 3 月 30 日民集 32 巻 2 号 435 頁）[69]，

---

(69) 現在では，在外からの被爆者健康手帳の交付申請，原爆認定申請等が可能になっている。

③ 拠出制の社会保障が連帯の観念を基礎としていることから，適用を我が国の構成員に限定する解釈も一応妥当するとするもの（大阪地判 2001 年 6 月 1 日訟月 49 巻 7 号 1983 頁，その控訴審判決である大阪高判 2002 年 12 月 5 日訟月 49 巻 7 号 1954 頁）

等がある。

その他，外国人適用の関係では，国保の住所要件との関係で不法滞在外国人への適用が問題となってきた[70]。この点を説示した判例としては，2004 年 1 月 15 日の最高裁判所第一小法廷判決（民集 58 巻 1 号 226 頁）がある。判決の中で，最高裁は，「一般的には，社会保障制度を外国人に適用する場合には，そのよって立つ社会連帯と相互扶助の理念から国内に適法に居住関係を有する者のみを対象とするのが一応の原則である」としている。なお，判決自体では，国保の住所要件について不法滞在外国人を一律に排除するものではなく，外国人登録をし，在留特別許可を求め約 22 年間にわたり残留し続けたといった特殊事情を考慮して，住所要件に該当するものとされた（ただし，損害賠償請求については棄却）。

また，外国人適用を巡っては，国籍要件撤廃前の国年の適用に関する訴訟があるが，裁判所は，これまで国籍要件が憲法第 13 条，第 14 条，第 25 条等に違反するとの主張を退けてきている[71]。その際，判断の前提となる公的年金等の社会保障の性格について，裁判所は「社会連帯の考え方に基づき公的に救済を与え，もつて国民生活の安定を図ろうとする制度である」（大阪高判 1984

---

(70) 例えば，他人名義の旅券を所持する不法滞在外国人が住所要件に該当しないとした①東京地判 1995 年 9 月 27 日（行集 46 巻 8・9 号 777 頁），逆に，②日本人と婚姻した不法滞在外国人が住所要件に該当するとした東京地判 1998 年 7 月 16 日（判時 1649 号 3 頁）や③事実上の在留期間が長期間にわたり，生活の場所にある程度の持続性が認められるとしても，不法滞在外国人の場合には住所要件に該当しないとした東京高判 2002 年 2 月 6 日（民集 58 巻 1 号 302 頁）などがあり，国民健康保険制度が「相互扶助」と「社会連帯の精神」を基盤とする制度であるとしている。なお，最一小判 2004 年 1 月 15 日（民集 58 巻 1 号 226 頁）は，③の上告審判決であり，国民健康保険の外国人適用に関して，「そのよって立つ社会連帯と相互扶助の理念から」適法滞在外国人のみを対象とするのが「一応の原則」としている点が注目される。

年12月19日行集35巻12号2220頁）といった認識を示している。

これら判決の傾向からすれば，社会保障の本質は構成員間の連帯にあり，当該連帯の環から外れる外国人の場合には，外国人適用や域外適用が認められないことがあり得ることになる。

2）国保の保険料賦課

国保の保険料賦課を巡る訴訟は，社会保険制度の中の負担面における連帯に関わる。これまでの訴訟では，

① 所得割について市県民税額方式から旧ただし書方式への変更が違法・違憲か否か（神戸地判2004年6月29日判例地方自治265号54頁）
② 所得割の変更賦課を規定する国民健康保険条例の規定が憲法第14条・第25条に違反するか否か（神戸地判2001年10月17日判例地方自治227号71頁）
③ 失業者の場合も含め前年所得（住民税額等）を基に算定される所得割が憲法第14条に違反するか否か（東京地判1999年2月24日判例地方自治192号82頁）

が争点となってきた。何れの場合も，裁判所は，保険料の賦課方法は立法裁量に委ねられていることを理由に訴えを退けている。その際，連帯に関しては，国保が「相互扶助と社会連帯の精神に根差した社会保障と国民健康保健の向上を目的とする社会保険制度」であるといった形で言及されている。つまり，国保も立法裁量に委ねられる社会保障の一類型であるというための徴表として連帯が援用されていることになる。

---

(71) 例えば，①国年の国籍要件撤廃の際の遡及規定の欠如に関する大阪地判1980年10月29日（行集31巻10号2274頁），②（①の控訴審判決である）大阪高判1984年12月19日（行集35巻12号2220頁），③国民年金の国籍要件及び撤廃の際の経過措置・救済措置の欠如に関する京都地判2007年2月23日（判時1993号104頁），③旧・国年（障害福祉年金）の国籍要件及び国籍要件撤廃後の国年（障害基礎年金）の救済措置に関する立法の不作為が問題となった大阪高判2005年10月27日（第一法規法情報総合データベース判例ID28131976）である。

3) 国年の併給調整

国年の併給調整を巡る訴訟は，社会保険法の無拠出制給付に特徴的に見られる給付制限に関わる。これまでの訴訟では，

① 恩給法の増加非公死扶助料と老齢福祉年金との併給調整による支給停止が憲法第 14 条に違反するか否か（札幌地判 1975 年 4 月 22 日行集 26 巻 4 号 530 頁），
② 障害福祉年金と児童扶養手当との併給の禁止が憲法第 13 条前段，第 14 条，第 25 条に違反するか否か（大阪高判 1975 年 11 月 10 日民集 36 巻 7 号 1452 頁（堀木訴訟控訴審判決）），
③ 公的年金給付を受けることができる場合の老齢福祉年金の支給停止が憲法第 14 条，第 25 条に違反するか否か（東京高判 1981 年 4 月 22 日行集 32 巻 4 号 1705 号（宮訴訟控訴審判決））

が争点となってきた。そして何れの場合も，判決は併給調整規定の合憲性を認めている[72]。その際，連帯は，公的年金が社会連帯の思想に基づくものであるといった形で言及されるに止まっており，判決の結論との関連性は希薄である。ただし，上記②の判決では，「老齢福祉年金の給付財源を全額国庫負担としたのは，国民皆年金の理念と社会連帯の思想に基づく社会保障推進のための政策的配慮による特別の措置にすぎない」と述べており，連帯と国庫負担を関連づけている点は注目される。

4) 我が国おける連帯の裁判規範性

上記判決に照らすなら，我が国の訴訟の場面でも，連帯には一定の規範性が付与されていることが確認できる。しかし，連帯が裁判規範として果たしている役割としては，社会保障の性格付け（社会保障が連帯に基礎を置く制度である

---

[72] 憲法第 25 条適合性が問題となる場合の裁判所の判断枠組みは，朝日訴訟以来の立法裁量論に依拠しており，①の上告審判決（最大判 1982 年 7 月 7 日民集 36 巻 7 号 1235 頁）も「著しく合理性を欠き明らかに裁量の逸脱・濫用と見ざるをえないような場合を除き，裁判所が審査判断するのに適しない事柄であるといわなければならない」と述べている。

こと）という総論的な範囲に止まっており，具体的な権利・義務関係により踏み込んで論理を展開するには至っていない。しかも，その性格付けから導き出される結論は，外国人適用・域外適用，保険料賦課及び併給調整の何れの場合にも，連帯を理由に権利を否定（法の適用除外，保険料の遡及賦課，給付制限）するための論拠として援用されており，権利を基礎付けたり，権利性を付与するという連帯の積極的な役割のためではない。

◆3◆ 小　活

以上のような日仏の連帯概念の生成発展の過程を踏まえ，差し当たり，そこから抽出される連帯の歴史的意義を確認することで，本章のまとめとしたい。

① フランスで生まれた連帯概念は，フランスにおいて政治的な理念から法的概念に昇華し裁判規範としても機能するようになった。我が国においても戦前から連帯が制度設計を領導する理念として受容されてきた。第二次世界大戦後になると，連帯は，理念のみならず，社会保障を基礎付ける実定法上の概念にもなっていった。つまり，思想面のみならず，実定法の規定も含めた法的側面でも，我が国への連帯概念の影響があったことになる。ただし，我が国における連帯概念の使われ方や理解は区々であり，説明のための便宜的必要性という面も否定できない印象を受ける。

② 憲法との関係では，フランスの1946年憲法前文の生存手段の保障，そして我が国の憲法第25条等による生存権保障という憲法規範の下にあっても，連帯概念は，社会保障の発展とも軌を一にしながら生き残ってきたことになる。つまり，憲法規範との関係でも，実定法上の位置付けを得た連帯は矛盾する存在ではなく，独自の意義を有するが概念と捉えるべきことになる。

③ 裁判規範という点では，フランスにおいて連帯が憲法訴訟レベルで重要な役割を果たしているのに対して，我が国の訴訟面での連帯の影響は，外国人・域外適用や国民健康保険の保険料賦課といった問題に止まっており，その役割は限定的である。とりわけ，社会保障の制度設計や権利・

義務関係に関して，連帯が裁判規範として，その機能を十分に発揮しているとは言えない［この点は，生存権との関係も含め，連帯の規範的意義については，第5章で改めて論じる］。

　このような認識から，以下での連帯概念の法的側面及び法学的な意義（特に現代的意義）の検討は，判例の分析よりも，実定法（現行法）との関係での理論的な側面からの比較分析が中心となる。また，これまで使用してきた連帯という概念であるが，フランスと我が国では規範的意義が異なる可能性もある（特に社会扶助の場合である）。その点も含め，以下で検討を深めることとしたい。

◆第 4 章◆　社会保障法の基礎としての連帯

◆ 1 ◆　分析の視座・アプローチ

　日仏両国の比較分析には，一定の視座（物差し）が必要となる。そこで，まず本書の分析の前提となる社会保障の制度体系論を提示した上で，制度分析の道具となる連帯原理を類型化することにしたい。

（1）　制度体系に関する本書の立場
　本章は，日仏両国を通じて，歴史的にも実定法上の概念として定着してきた連帯が，現行の社会保障制度の中で連帯類型ごとに如何に表れ機能するのか，また，日仏で連帯の表れ方に如何なる違いがあるのかといった観点からの考察である。考察に当たっては，次のとおり社会保障をその二本柱である「社会保険」と「社会扶助」に大きく分類した上で，連帯が果たす役割（規範性）に特に注目し，日仏比較を試みることにする[73]。その際，無拠出制年金等の無拠出制給付は，社会保険法の中に規定されているとしても，保険料拠出を欠くなどの特徴から，社会扶助に分類されることになる[74]。また，社会扶助についても，公的扶助（生活保護）のみならず，社会福祉法の措置に関する制度（措置制度）も包含する形で分析することになる[75]。

　従って，本書では，社会保険に結び付けて理解されることの多い連帯について，社会保険のみならず社会扶助も射程に取り込み，根拠規定となる法令の規定（社会保険法，社会扶助法）よりも，その根底にある原理に着目した分類に依拠しながら検討を加えることになる[76][77]。このように，現実には多様な社会保障について，理念型を設けるアプローチは，民法が多様な契約類型の中から

第4章　社会保障法の基礎としての連帯

典型契約を抽出し，このことが非典型契約や混合契約を考える上でも有用なのと似た面があると考える。

　本書が依拠する社会保険及び社会扶助の概念は，とりあえず次のとおりであ

---

(73) フランスの社会保障は，社会保険とほぼ同義の社会保障（sécurité sociale）と社会扶助（aide sociale）及び社会事業（action sociale）に大きく分かれる。法典も，これに対応して社会保障法典（Code de la sécurité sociale）と社会事業・家族法典（Code de l'action sociale et des familles）に分かれており，社会事業・家族法典の二本柱が社会扶助と社会事業である。従って，フランスの場合には，社会保障には広義（我が国の社会保障）と狭義（社会保険）の両方が存在することになる。誤解を避けるため，本稿では，狭義の社会保障を社会保険と呼ぶことにする。何れにせよ，社会保障は，社会保険と社会扶助に二分される。我が国でも，小山進次郎編・前掲注(66) 5 頁が，社会保障法を社会保険法と公的扶助法に分類している（ただし，無拠出制年金は社会保険法に包含されている）。なお，フランスの社会保障法典との関係で言えば，第9編「被用者及び非被用者の補足的及び付加的社会的保護並びに労使制度に関する規定」（L.911-1 et s.）が規定する補足制度等も重要であるが，本書は基礎制度に焦点を当てていることから取り上げていない。

(74) L. Cytermann, « L'inclassable RSA », *Droit social*, N° 3 Mars 2009, p. 308 は，各種最低所得保障制度（minima sociaux）が法令上位置付けられた社会保障制度を法制度の場として借用していると述べている。

(75) 本書では，社会扶助に措置制度を包含する。これは，フランスにおいて社会扶助のメルクマールとして，①個人の状況の評価に基づく主観法（権利）であること，②給付に当たって，行政機関によるニーズの調査が必要となること，③親族扶養等との関係で補足性があること，④不支給決定に対して，訴訟による救済の途があることが挙げられており（J.-P. Hardy *et al.*, *L'aide sociale aujourd'hui*, ESF, 2010, p. 34），権利性，ニーズ原則，補足性等の措置制度を巡る論点に照らしても，公的扶助のみならず措置制度も含めて比較分析することが適当であることによる。なお，小山進次郎編・前掲注(66) 7 頁でも，公的扶助に生活保護のみならず児童福祉法の措置制度を含めている。

(76) 連帯が社会保険との関係で言及されることが多いとの認識は，嵩さやか・前掲注(2) 27 頁も指摘する。

(77) 本書では，日仏比較の観点から，社会保険について年金，医療（疾病）保険を中心に考察している。フランスの場合には，失業保険は労使協約に基礎を置く制度であり，社会保障（社会保険）には含まれない。社会保障法典でも，一般制度の社会保険がカバーするリスク・負担を疾病，障害，老齢，死亡，遺族及び母性としており（CSS.L.311-1），失業は含まれていない。これに対して，労災は社会保険に包含されるが，業務災害に対する使用者責任を前提として事業主保険料により賄われている点で，他の社会保険と異なる。介護については，我が国が社会保険方式であるのに対して，フランスでは，改革を経た現在も基本的に社会扶助の体系となっている。この他，家族給付については，フランスの家族手当が社会保障であるのに対して，我が国の児童手当は社会手当である。こうした点で，日仏比較に際しても，年金や医療保険と異なる配慮が必要となる。なお，家族手当は社会保障に含まれるが，社会保障法典の中で社会保険（疾病保険，労災，年金）とは別途規定が置かれている（CSS.L.511-1 et s.）が，本書では社会保険と位置付けている。

る。なお，本書においては，社会扶助は公的扶助のような低所得者対策のみを意味するわけではなく，社会福祉サービスを必要とする生活障害のようなリスクも包含する[78]。

① 社会保険…社会的リスク（保険事故）を対象として，保険料拠出に対して，ニーズを踏まえつつも定型的な給付がなされる制度
② 社会扶助…社会的リスク（保険事故以外も含む）を対象として，保険料拠出を前提とせず，ニーズに応じて給付がなされる制度（資産調査・所得調査を伴う場合が多い。また，応能原則による利用者負担も見られる。）[79]

（2） 本書が依拠する連帯原理の類型

また，検討に当たっては，連帯をその実現手段や機序という側面から次の2つの原理（本書において「連帯原理」という。）に類型化した上で，それを具体的な制度に当てはめることで如何に説明できるかを軸に分析を始めることにしたい[80]。

---

[78] 荒木誠之『社会保障の法的構造』（有斐閣，1983年）29-40頁
[79] 日仏比較のための概念として「社会扶助」を用いているが，この語は，我が国において現行の実定法上の概念ではない。本書では，法律又はその委任に基づく社会福祉関係の無拠出制の現金・現物給付であって，ニーズに応じて行政処分により決定・支給されるものを一応社会扶助と捉えることとしたい。この場合に重要なメルクマールがニーズ（原則）であり，フランスでも社会扶助の特徴として給付によるニーズの充足を挙げる論者がいる（D. Roman, *op.cit.*, p. 205）。従って，社会扶助にとって利用者負担の有無やそれが応能負担か否かは，必須の判断要素ではないと考える。また，所得・資力要件（インカムテスト，ミーンズテスト）の有無は，ニーズの有無の判断要素として重要ではあるが，絶対的な基準ではない。なお，小山進次郎氏は，「国又は地方公共団体の公権力の発動による対価としての意味を持たない一方的な救済」を扶助と定義している（小山進次郎『改訂増補生活保護法の解釈と運用（復刻版）』（全国社会福祉協議会，2008年）122頁）。現実の制度に即してみると，生活保護は社会扶助の典型であるが，多様な給付や事業を含む各種社会福祉立法は，一律に社会扶助とは捉えることはできないものの，措置制度及びその類似制度による給付は社会扶助に当たると考える（要綱に基づく給付も社会扶助になり得ることについては，最一小判2003年9月4日民集210号385頁）。歴史的に見ると，救護法や生活保護法から分離発展していった制度は，傾向としては社会扶助としての性格を薄めてきている。また，社会手当も概念上は社会扶助に含まれるが，本書では，日仏比較の関係から積極的には取り上げない。

第 4 章　社会保障法の基礎としての連帯

① 貢献による連帯（solidarité de participation）
② 帰属による連帯（solidarité d'appartenance）

1）貢献による連帯
このうち①「貢献による連帯」とは，保険料拠出を前提とする報酬比例の給付が典型であるが，社会保険の保険集団の中で形成される拠出・給付関係に内在する連帯であり，拠出という貢献にその本質を見出すことができる。逆に言えば，貢献による連帯の場合には，拠出に対して某かの給付その他の受益が存在することになり，そこには受益性が存在していることになる。

また，貢献による連帯は，保険という技術を支える論理（ロジック）に着目するなら，「保険原理（logique d'assurance）」が対応することになる[81]。とはいえ，そもそも保険原理の「保険」という用語は多様であり，

　ａ．給付・反対給付均等の原則が成立する民間保険
　ｂ．収支相等の原則のみが成立する社会保険
　ｃ．何らかの相互扶助によるリスク分散

を包含する[82]。

このため，社会保障における保険原理の発現形態としては，社会保険が代表であり，拠出と給付を巡る多様な保険関係が発生する。保険である以上，事前拠出が必要となるのが原則であるが，拠出時と給付時の時間的ずれの程度・態様（保険期間の長短）によって，短期保険と長期保険のような違いが生じる。ただ，権利関係からみて，より重要なのは拠出者と受給者の関係であろう。実際のところ，拠出者と受給者を巡る保険関係は，現実の社会保険制度の種類によって異なっており，「保険」やその財源である保険料に関する議論には一定

---

(80) M. Borgetto et R. Lafore, *Droit de l'aide et de l'action sociale, op.cit.*, pp. 80-83 ; R. Lafore, « Réflexions sur la construction juridique de la contrepartie », *Revue française des affaires sociales*, N° 3 1996, p. 22

(81) J.-M. Belorgey, « Logique de l'assurance, logique de solidarité », Droit social, 1995, p. 731 ; D. Roman, *op.cit.*, p. 122（失業給付が保険原理と連帯原理の両方から成ることを指摘），pp. 201-202 ; E. Aubin, *Droit de l'aide et de l'action sociales*, Gualino, 2014, p. 47

(82) L.-E. Camaji, *La personne dans la protection sociale, Recherche sur la nature des droits des bénéficiaires de prestations sociales*, Dalloz, 2008, pp. 122-123

の幅が生じ得る。例えば，日仏の労災保険及びフランスの家族手当の場合には，労働者（被用者）の拠出（保険料）は存在せず，拠出者と受給者が一致していない。これに対して，他の被用者保険の場合には，労働者（被用者）とともに事業主拠出も存在することになる。何れの場合にも，事業主自身は受給者ではないことから，検討に当たって，事業主拠出の意義を整理する必要がある。

　この点，経済学的にどうかは兎も角として，法的には，事業主拠出は労働コストであっても賃金と捉えることはできない。もし事業主拠出も賃金であるなら，老齢年金，傷病手当等の現金給付の基礎となる賃金（報酬）にも事業主拠出分も上乗せし，給付水準に反映させるべきであるが，両国ともそうなっていない[83]。しからば，保険料のうちの事業主拠出分の性格は何かである。確かに保険料は，両国とも強制徴収規定があるなど，税に類似する面があるものの，保険料は税とは異なる特別な負担と理解されている。従って，論理的には，事業主拠出であっても，それは税ではないことになる。実際，フランスの憲法院（Décision n° 93-325 DC du 13 août 1993）は，「義務的社会保障制度への加入に基づき発生し，当該制度に拠出される保険料は，被保険者と同様に使用者にとっても強制的な性格を有する支払いであ」るが，「当該保険料は，当該制度によって支給される給付及び便益の権利に対する資格を付与するものである」と判示している。つまり，事業主拠出も，税とは違って給付等（受給権）との関係で牽連性を有することを示唆している。

　とは言え，事業主は被用者と異なり，受給者本人でないことから，この点をどう捉えるかが問題となる[84]。各種制度創設の経緯からすれば，直接的か間接的か，また，程度の違いはあるが，拠出を通じて，事業主も社会保障制度の

---

(83) J.-J. Dupeyroux et al., *Droit de la sécurité sociale, op.cit.*, p. 810; X. Prétot, *Les grands arrêts de la sécurité sociale*, Dalloz, 1998, p. 148. 事業主拠出に関して，それが賃金でないことを示唆する我が国の裁判例としては，日本液体運輸事件（東京高判1983年4月20日労民集34巻2号250頁）がある。同判決は，事業主負担分（1／2）を超えて事業主が保険料を負担する場合には，「その代替負担部分は実質上賃金の補給とみるべきであつて，労働基準法三七条所定の割増賃金算定の基礎となる賃金に含ましめるべきものといわなければならない」と判示している。これを逆に言えば，保険料の代替負担部分以外の事業主負担は，賃金（報酬）ではないことになる。なお，以下で述べる保険料の理解については，拙著・前掲注(43)178-183頁を参照されたい。

第 4 章　社会保障法の基礎としての連帯

利益を有するという意味での受益が存在していると理解したい[85]。

さらに、社会保険の場合には、業種別保険料やメリット制を採用する労災保険を別とすれば、保険料の拠出水準とリスクの多寡とが切断されていることが特徴であるが、財政調整に伴う拠出金まで視野に置くと、その拠出と給付の関係（受益性）は多様性に富んでいる。また、保険関係における当事者に着目すると、本書が対象とする医療や年金の場合には、上記事業主負担の問題はあるものの、拠出者と受給者は基本的に対応している。これに対して、労災や家族手当となると、拠出と給付の関係は単純ではない。要するに社会保険の保険関係は多様性に富んでおり、漫然と収支相等の原則が成立すると言うだけでは、社会保険の法的分析としては物足りないことになる。

そこで、本書では、「社会」「保険」がリスク別保険料ではなく応能保険料であることにより、給付・反対給付均等の原則が成立せず、収支相等の原則のみが成立することをもって、「保険」＝「保険原理」の「社会」＝「社会扶助原理」による修正とは捉えない。なるほど、社会保険の拠出には応能負担の要素が入ってはいるが、多額の拠出でも、それを上回る給付を受けることもあれば、

---

(84) 歴史的に見れば、いち早く導入された労災や家族手当は、事業主が労災の責任や家族給の負担を保険会社等に付保する仕組みであったことから、民間保険のような意味での被保険利益を有すると理解することも可能であったが、社会保険の部門が拡大し、契約関係でもない保険関係をそのように理解することは困難であり、税に類似した要素が見られるようになっているとの指摘がある (P. Durand, *La politique contemporaine de sécurite sociale*, 1953, Dalloz, pp. 288-291)。我が国の児童手当の場合には、事業主は保険料ではなく拠出金を厚生年金保険料とともに拠出しているが、その充当先は、被用者である受給者となっており、事業主にとっての利益との関連が維持されていると言える。

(85) 事業主拠出の性格については、諸説が存在する。厚生労働省「社会保障負担等の在り方に関する研究会」報告書（2002 年）は、事業主について、健康増進や疾病の治療による早期の職場復帰（医療保険）、高齢者の退職促進や人材確保（年金）など、社会保障制度の利益を有するという意味での保険料負担の責任があることを指摘している（15 頁）。これに対して、介護保険の第二号被保険者保険料の場合、事業主の利益としては、従業員が親の介護負担を軽減され職務に安んじて励むことができるといったことが考えられる。ただ、制度の創設過程でも、事業主拠出の根拠を巡る議論が存在した。最近では、例えば 1996 年 4 月 22 日の「高齢者介護保険制度の創設について」（老人保健福祉審議会）でも、事業主負担を折半ではなく、企業内福利厚生の一環として労使に委ねるべきといった意見が盛り込まれている。このほか、事業主負担の経緯や性格については、島崎謙治『日本の医療制度と政策』（東京大学出版会、2011 年）264-268 頁を参照。

逆に少額の拠出でも，それを下回る給付しか受けないこともある。ただし，保険料拠出という貢献に対して，確率論的に何らの受益も受けないような制度は，社会保険とは言え，もはや保険ではなくなることになる。

従って，保険事故の発生確率を加味した民間保険のような等価性ではないにせよ，応能保険料の場合も保険料拠出を通じた貢献が存在する。そして，応能負担であっても受益性が存在している以上は，貢献による連帯に基づく「保険原理」の範疇に入るものとして議論を進める。つまり，収支相等の原則のみが妥当する社会保険の場合も，民間保険とは異なる意味での保険原理に依拠すると捉えることになる（上記 b の理解）[86]。このことは，民間の団体保険でも，平均保険料方式が採用されることがあることからして，保険原理にとって，給付・反対給付均等の原則が及ぶか否かを過大視する必要がないことを示唆する。

また，社会保障には所得再分配効果があるが，それは，あくまでも社会保障の本質である社会的リスクへの対応，すなわち，生活危険，生活不能及び生活障害という要保障事由に係る給付の結果として発生するものである[87]。この点，所得再分配については，水平的所得再分配（例えば，傷病者と健常者，高齢者と若年者）と垂直的所得再分配（低所得者と高所得者）が言われることがあるが，傷病，老齢等は貧困の原因でもあり，実際には両者は関係している。

従って，連帯を所得再分配（所得移転），とりわけ垂直的所得再分配，あるいは所得再分配に関連する財政の視点からのみ捉えるのも狭すぎる感がある。さらに，組織論や制度管理の面での連帯（例えば，保険者自治）もあることに留意する必要がある［第 6 章参照］[88]。

以上要するに，貢献による連帯の制度化に当たっては，多様な選択肢がある

---

[86] 社会保険においても，医療の現物給付が典型であるが，ニーズ原則は存在している。同様に年金のうちの障害年金や遺族年金の場合には，期間比例や報酬比例が貫徹していない点では，ニーズ原則への配慮が見られる。また，民間保険の場合にも，単純なカテゴリー化ができない多様性があることを，長沼建一郎『個人年金保険の研究』（法律文化社，2015 年）は指摘する。
[87] 荒木誠之・前掲注(78)
[88] 保険者論については，拙著・前掲注(43)で論じている。また，所得再分配には，①リスク分散としての水平的所得再分配と②所得格差是正としての垂直的所得再分配があるが，本稿では，何れも貢献による連帯との理解に立っている。

が，如何なる保険料設定方式にせよ，保険料拠出という貢献の存在が権利性の重要かつ不可欠な要素となる。

2）帰属による連帯

これに対して②「帰属による連帯」とは，特定の集団への帰属という事実をもって権利が発生する連帯である。この場合には，何らかの集団への帰属（例えば，住民としての居住の事実等），すなわち集団の構成員であることに着目し，税財源からニーズに応じて給付（例えば，定型化されたニーズに応じた定額給付）が行われることになる。従って，保険料等の拠出は存在しておらず，収支相等の原則さえも成立する余地はないことになる。

帰属による連帯が典型的に表れるのは，社会扶助である。その点では，帰属による連帯に対応するロジックを「扶助原理（logique d'assistance）」と呼ぶことができる[89]。なお，社会保険における「社会」の側面は，等価交換原則に基づく給付・反対給付均等の原則に対する修正原理であるとしても，収支相等の原則の下での貢献による連帯という枠内での修正である。その点では，拠出を前提としない社会扶助における帰属による連帯とは異なる[90]。仮に社会扶助の受給者に対して自立等の義務が課せられることがあっても，権利発生の対価（給付・反対給付）とは捉えるべきではない。さもなければ，人権侵害（我が国の場合であれば，憲法13条の個人の尊重，憲法18条の意に反する苦役の禁止，憲法27条の勤労の権利等）を招来する可能性もある。

3）分析の切り口

いずれにせよ，強制加入による社会保険の場合の保険料拠出も，捉え方によっては，財産権への（正当な）侵害である以上，権利義務関係の発生の契機

---

(89) F. Tourette, *op.cit.*, p. 209 は，社会扶助を扶助原理（logique assistantielle）として捉えている。このほか，E. Aubin, *op.cit.*, pp. 48-49。別の用語法としては，「連帯原理（logique de la solidarité）」もある（J.-M. Belorgey, *op.cit.*, p. 731; D. Roman, *op.cit.*, pp. 201-202）が，広義の連帯との混乱を招くことから，本稿では使用しない。
(90) フランスの社会扶助のメルクマールとして，①無拠出，②公権力による給付，③公権力の監督を挙げる論者（F. Kessler, *Droit de la protection sociale*, Dalloz, 2012, pp. 6640-645）もあるように，拠出か無拠出かが重要である。

や機序に着目する法学において，拠出の有無は類型化のメルクマールとして重要である。本書は，そのような観点から連帯を区分することになる[91]。

　また，「負担は能力に応じて，給付はニーズに応じて（de chacun selon ses moyens, à chacun selon ses besoins）」の観点からは，連帯のうち

① 「貢献による連帯」は貢献原則（貢献に応じて分配されるべきとの考え方であり，社会保険の報酬比例給付が典型）と，
② 「帰属による連帯」はニーズ原則（ニーズに応じて分配されるべきとの考え方であり，ミーンズ・テストの下でニーズに応じて給付がなされる社会扶助が典型）と

それぞれ親和的である[92]。ただし，社会保険の場合にも，保険事故・保険給付という形で類型化されているものの，ニーズへの対応という点では社会扶助と同様である。他方，社会扶助の場合であっても，多様な個人のニーズに制度的に対応するため，一定の基準の設定や類型化がなされる点で，社会保険と共通する。両者の違いで重要なのは，社会扶助の場合には，必要状態にあることが権利発生の直接的な契機となる点である。

　従って，以下の分析では，制度の根底にある冒頭の「連帯類型」という軸と，それを制度を通じて法的に実現する手段や機序に着目した「連帯原理」（社会保険を典型とする「貢献による連帯」及び社会扶助を典型とする「帰属による連帯」）

---

(91) 我が国の場合，国保の強制適用及び保険料の強制徴収が思想・信条の自由や財産権の侵害に当たらないことについて，最大判 1958 年 2 月 12 日民集 12 巻 2 号 190 頁（小城町事件）がある。
(92) このように社会保険の「社会」的要素を本書が扶助原理と捉えないのは，「社会」的要素（応能負担等）が入ったとしても，それを「保険原理」と捉えないなら，拠出を前提としない「社会扶助」との「原理」としての境界が不明確になることも考慮にある。例えば，厚生年金の保険料には，基礎年金拠出金部分を含んでおり，定額給付である基礎年金を介して所得再分配効果が発生するが，拠出者の受益が存在しており，貢献による連帯の範疇にあると言えよう。また，民間保険の場合の等価交換も，保険事故発生率という形で修正が加えられており，確率論を介することで初めて等価性が成立する。それとのアナロジーで言えば，社会保険は連帯という形で等価交換関係に修正が加えられていることになる。何れの場合であっても，拠出と給付の間で権利・義務は均衡していると捉えられる。さもなければ，社会保険の場合には，過大な拠出義務を被保険者に課すことになり，それこそ不当な権利侵害となる。

第4章　社会保障法の基礎としての連帯

という軸が縦横に絡み合いながら議論が展開されることになる。敷衍するなら，社会保障制度の設計に当たって，如何なる集団に依拠するかという点で連帯類型が重要となるにしても，法的にそれを実現するためには何らかの法的な仕掛けが必要であり，それが連帯原理ということになる。

　なお，理念型としての社会保険及び社会扶助は，それぞれ貢献による連帯と帰属による連帯と概ね対応関係を有する【図3参照】が，以下［本章2・3参照］で分析するように，社会保険の保険料と国庫負担をはじめ，同一制度内に2つの連帯原理（ロジック）が混在することもある。従って，ある一つの制度に着目した場合，貢献による連帯と帰属による連帯とは相互乗り入れすることもあり，2つの連帯原理は必ずしも排除し合うものではないことになる［第6章1参照］。

　また，本書が依拠する法体系は，考察を進める上での便宜も考慮し，制度別体系論というよりは，連帯の実現手段である連帯原理に即して社会保険法と社会扶助法に二分している。そのため，社会保険法の中の無拠出制給付は，その拠って立つ連帯原理（帰属による連帯）から，社会保険ではなく社会扶助に分類されることになる[93]。さらに，社会保険については，民間保険と社会扶助及び社会扶助以外の福祉との中間に位置する制度として分類している[94]。この場合，社会保険は，連帯に根差した制度であるが，同時に保険料拠出を伴うという点で，自己責任・自助努力の要素も否定できないからである［第4章3（1）参照］。

　そして，このような連帯類型に加え連帯原理から現実の制度を考察するという分析枠組みから，日仏の社会保障法において，連帯が如何なる規範的意義を有するかが検討されることになる[95]。これを以下の議論の流れで言えば，まず本章では，連帯でもってフランスと日本の制度を如何に基礎付け・説明できるか考察する。その上で，次章では，連帯が有する規範的意義について，具体的な論点との関係で論じることになる。

---

(93) 塩野谷九十九訳『ILO・社会保障への途』（東京大学出版会，1972年）4頁は，「非拠出制の老齢・廃疾年金，母親年金，失業扶助，医療扶助，ならびに，ごく最近の制度である身体障害者のリハビリテーション」を社会扶助に位置付けている。

(94) 塩野谷九十九訳・前掲注(93) 4頁

1 分析の視座・アプローチ

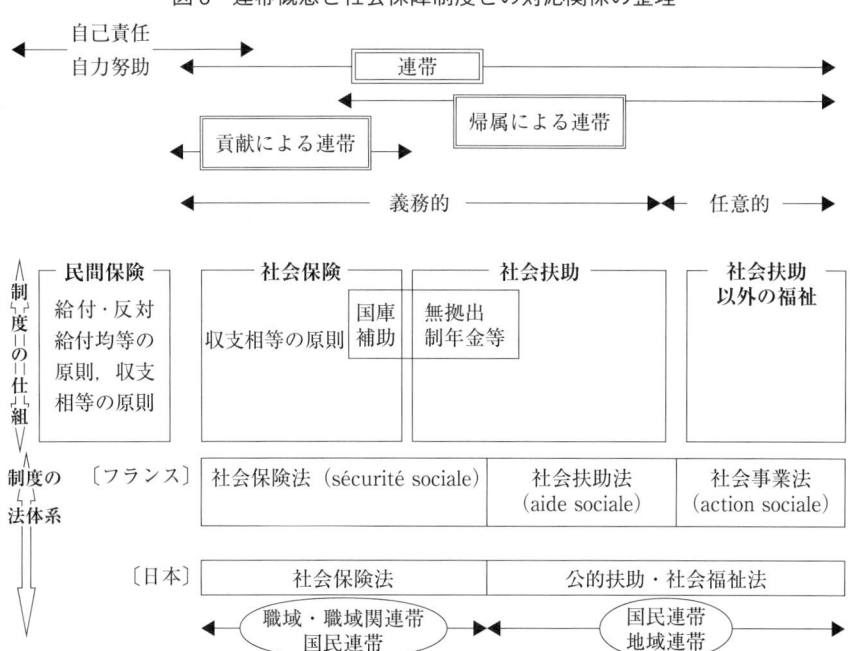

図3 連帯概念と社会保障制度との対応関係の整理

```
←自己責任──────────────────────────────────→
 自力扶助  ←─────────── 連帯 ──────────────→
              ←─貢献による連帯─→ ←─帰属による連帯─→
                  ←──── 義務的 ─────→ ←─ 任意的 ─→
```

制度の仕組	民間保険	社会保険	社会扶助	社会扶助以外の福祉
	給付・反対給付均等の原則、収支相等の原則	収支相等の原則	国庫補助 ／ 無拠出制年金等	

制度の法体系

〔フランス〕 社会保険法（sécurité sociale） ／ 社会扶助法（aide sociale） ／ 社会事業法（action sociale）

〔日本〕 社会保険法 ／ 公的扶助・社会福祉法

←─ 職域・職域間連帯 国民連帯 ─→ ←─ 国民連帯 地域連帯 ─→

（注）フランスの社会保険は、職域・職域間連帯を基礎に構築されているが、家族手当や無拠出制年金は、就労を要件としないことから国民連帯の性格が強い（J.-J. Dupeyroux et al., Droit de la sécurité sociale, Dalloz, 17ᵉ édition, 2011, pp. 228-229）。社会扶助は国民連帯の性格が強いが、フランスの最低所得保障制度や我が国の社会福祉には地域連帯の性格もある。フランスの社会事業は、社会扶助と同様に国民連帯に根差しており、両制度は相互に補完的である（F. Tourette, Extême pauvreté et droits de l'homme, Presses universitaire de la faculté de droit de Clermont-Ferrand, 2001, p. 209）。さらに、社会保険の場合には、拠出という点で自助の要素が、また、国庫負担等の公費財源という点で帰属による連帯の要素があるが、ここでは単純化して貢献による連帯のみ記述している。逆に、無拠出制年金等の給付にも、保険料財源が投入される場合がある（例えば、我が国の20歳前障害基礎年金）ことから、社会保険にもまたがる制度である。

　付言するなら、様々な連帯を「社会連帯」と一括りにしたり、「社会保険」＝「保険原理」、「社会扶助」＝「扶助原理」として捉えるのと比べて、本書が重視する連帯に軸足を置いた多角的な分析は、入り組んだ現実の制度の特質を連帯という視点から解きほぐすことになると考える。

第4章 社会保障法の基礎としての連帯

◆2◆ フランスに関する分析

まず，フランスの制度を社会保険法と社会扶助法に分けて検討を始めることにしたい。

(1) 社会保険法の場合[96]
1) 社会保険の組織・構造
フランスの社会保険は，基本的に「社会保障法典（Code de la sécurité sociale。以下「CSS」という。）」によって規律されている。

まず，本書の問題意識との関係で，フランスの社会保険の組織的・構造的な特徴を挙げることにしたい。なお，社会保険法（社会保障法典）の中には，無拠出制給付や普遍的疾病給付（CMU）のような社会扶助の色彩を帯びた制度も規定されているが，給付の大部分は社会保険であり，ここでは単に「社会保険の組織・構造」としている。

① ビスマルク型の制度設計
各国の社会保障制度の構造は区々であるが，負担と給付の関係に着目すると，それらは大きくベヴァリッジ型（均一拠出・均一給付）とビスマルク型（報酬・所得比例）の二つの理念型に分けることができる【図4参照】。いずれも拠出制

---

(95) この他，社会手当等についても，連帯との関係で検討を要するが，本稿では触れることができていない。代表的な社会的当である児童手当について，中央児童福祉審議会の「児童手当制度の基本的あり方について（意見具申）」（1980年9月10日）は，同制度が世代間の連帯や国民の連帯に根差したものであると述べている。このことからしても，社会手当は連帯に関係する制度と言える。その場合，社会手当が依拠する連帯原理が問題となる。社会保険立法においても，拠出を前提とせず保険集団への帰属という点に着目して支給される無拠出制の年金等の給付が存在しており，社会手当の場合には，児童手当の事業主拠出金の性格付けの問題はあるが，帰属による連帯に依拠する社会扶助としての性格が強いと考える（そのため，本稿では，社会扶助に分類している）。なお，本稿の定義とは異なるかもしれないが，「社会保険」と「社会扶助」の類型分けは，堀勝洋『社会保障法総論〔第2版〕』（東京大学出版会，2004年）39-40頁，44-47頁も使用している。

(96) フランスで我が国の社会保険に相当する制度が「社会保障（sécurité sociale）」と呼ばれるのは，戦後社会保険の拡大により社会保障の一般化（généralisation）を実現しようとしたためである［注(71)参照］。

54

2 フランスに関する分析

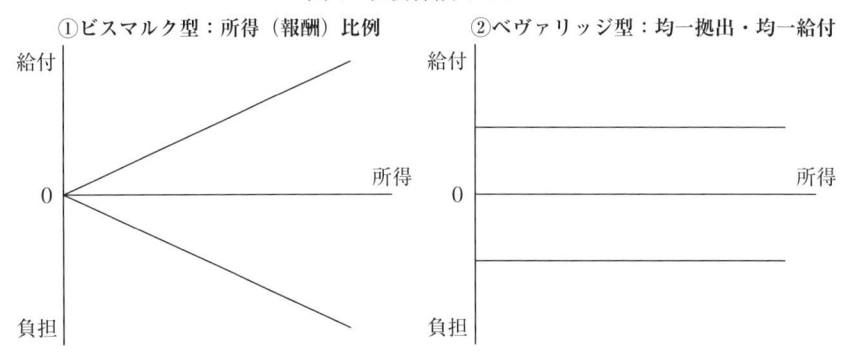

図4 社会保険のモデル

①ビスマルク型：所得（報酬）比例　　②ベヴァリッジ型：均一拠出・均一給付

を前提とする限りにおいて，貢献による連帯であることに変わりはない。

フランスの制度は，1928-1930年の社会保険法を基礎にしており，基本的にビスマルク型で出発したものが，第二次世界大戦後の改革によりベヴァリッジの影響も受け現在に至っている[97]。つまり，戦後の社会保障計画に基づく適用拡大等により，全国民に社会保険を均霑し，もって社会保障の一般化（généralisation）を実現しようとしたのである。この点は，現行社会保障法典（L.111-1）が，社会保障組織の基礎が国民連帯の原則にあることを謳っていることにも反映されている。

しかし，実際の制度の基本骨格は，医療の現物給付を別とすれば，現在でも報酬比例給付による従前所得保障的な色彩が強い。その点では，戦後のラロック・プランによる制度設計は，ベヴァリッジ報告に盛り込まれた制度の姿とは異なっている。連帯に即して言えば，国民連帯というよりも，基本的に職域連帯と貢献による連帯を基礎に実際の制度は構築されている。このため，十分な拠出額と拠出期間を有しない場合には，低（無）年金や無保険のような問題が発生する余地もあり，その対応という点で国民連帯や帰属による連帯による補完の必要性が生じることになる。つまりは，社会保障の基本原則である国民連帯の実現には，職域連帯以外の仕掛けが必要となることに繋がるわけである。

---

[97] 社会保険制度の類型については，ブリュノ・パリエ（伊奈川秀和訳）「1945年以降のフランス社会保障改革」『海外社会保障研究』No.134（2001年）74頁以下

第4章　社会保障法の基礎としての連帯

② 制度の分立

　第二次世界大戦後の一般化の理念にもかかわらず，被用者制度の大宗を占める一般制度（régime général）以外の被用者制度（特別制度，農業被用者制度）や各種自営業者（農業，自由業，商工業等）の制度が存在しており，モザイク状の様相を呈している。かかる制度の分立は，制度が職域連帯を基礎に職域や同業同種を単位に構築されていることに関係する。

③ 自律的な運営

　全国から地方・地域レベルまで存在する金庫（caisse）が保険者として，当事者自治を基本に制度を運営するという意味での自律性（autonomie）を建前としており，政府管掌保険ではない。例えば一般制度の場合，政府とは独立の法人格を有する金庫においては，共済組合の伝統に則った労使分担管理（gestion paritaire）を旨として運営されており，労使の代表が理事会等を通じて制度の運営に関与することになっている[98]。従って，このような組織面でも職域連帯の特徴が強く出ていることになる。

　しかしながら，制度の基本的事項は法律（社会保障法典）に規定されており（第五共和制憲法第34条），国家の監督権（tutelle）や公費投入の増大とも軌を一にして，国家による関与（étatisation）の増大や租税化（fiscalisation）の動きが見られるようになっている[99]。このため，制度の基礎にある職域連帯との関係で国民連帯の関わりが不可避的に強まることになっている。

　さらに，このような社会保険として体系化された基礎制度（régimes de base）以外に，上乗せとしての医療や年金給付を行う制度が存在しており，重層的な構造となっている。このため，フランスの社会保険制度は複雑であり，そこに様々な連帯類型が絡み合うことにある。そこで，以下では，フランスの社会保険の構造を連帯の視点から考察していくことになる。

2) 社会保険の法律関係

---

[98] J.-J. Dupeyroux et al., Droit de la sécurité sociale, op.cit., pp. 220-222. 社会的民主主義（démocratie sociale）の伝統に根差した仕組みであり，労使同数制（paritarisme）とも言われるが，実際には同数ではない場合もあることから，「労使分担（paritaire）」と訳した。

[99] ibid., pp. 224-226, pp. 232-236

19世紀の共済組合の流れをくむ社会保険は，職域や同業同種からなる集団を単位として制度が構築されており，その点で職域連帯が典型的に妥当する分野であろう。また，社会保険は，基本的に保険料拠出を前提とする制度であることから，貢献による連帯が制度の基底をなしていることになる。実際のところ，保険料の拠出を前提に給付が行われることから，民間保険のような意味での対価性（給付・反対給付均等の原則）が成立しないとしても，拠出と給付の間には，牽連性といった程度での「対価性（contrepartie）」が認められそうである[100]。この点に関して，判例は，保険料と給付との間に対価性の存在を認めつつも，それが連帯原理の原則に従って保険料が現役労働者によって分配されるに立つことから民間保険とは異なるものであるという判断に立っている[101]。

　これに対して，学説の中には，拠出を給付に対する要件の一つと捉え，対価性を否定する説も少数ながら存在する[102]。このような説の場合には，拠出が義務付けられるという点では，社会保険は拠出制原理に依拠しながらも，受給権の発生は拠出に対する対価ではなく，むしろ保険集団への帰属という事実によって発生するとも捉えられることになる[103]。ただ，フランスの判例は，これまで保険料の対価性の存在を認めてきており，全く対価性が存在しなければ，憲法第34条の「あらゆる性質の租税」として性格を帯び，法律事項として租税法律主義の適用が及ぶという現実にそぐわない事態が発生することにもなる[104]。

　そこで本書では，一般的な学説及び判例に従い，貢献原則に基づき拠出される保険料には某かの対価性が存在するとの立場に立って検討進めることにする。ただし，フランスの社会保険の場合の拠出と給付の関係は，民間保険のような等価交換とは異なることから，日本語のニュアンスとして，対価性よりも牽連

---

(100) 詳細は，拙著・前掲注(17)200-215頁を参照されたい。なお，対価性については，本書で更に論じるが，一般には給付に対する反対給付という有償関係に端的に表れる。社会保障の場合には，等価交換関係とまでは言えない緩やかな有償関係も含んで議論されることが多い。
(101) 例えば，Cass. soc., 19 decembre 1996, n° 95-13915
(102) L.-E.Camaji, *La personne dans la protection sociale, op.cit.*, Dalloz, 2008, pp. 239-262
(103) J.-J. Dupeyroux et al., *Droit de la sécurité sociale, op.cit.*, pp. 204-205
(104) 拙著・前掲注(43)203-206頁

第4章 社会保障法の基礎としての連帯

性の方が適当と言える。また、報酬・所得比例年金のように拠出と給付の牽連性が明確な給付がある一方で、家族手当や医療の現物給付のように報酬・所得比例の意味での牽連性を欠く制度も存在することに留意する必要がある[105]。

重要なのは、社会保険の法律関係は、等価交換の意味での対価性が貫徹する民間保険のような意味での契約関係とは理解されていないことである。そこで、社会保険の契約関係とは異なる法律関係の本質、そして法律関係の中での連帯の意義を明らかにするためには、公役務を手始めに社会保険の法律関係をより詳細に検討する必要がある。

3) 公役務の遂行

民間被用者を主たる対象者とする一般制度の場合、その実施を担う全国金庫等は公施設法人であるのに対して、地方の金庫等は私法人であるとされる[106]。歴史的には共済組合から出発した金庫制度であるが、何れの法人形態であっても、社会保険の実施は公役務の遂行と解されており、私法人も含め公権力の行使に関する普通法外特権（prérogatives）として強制加入や保険料徴収に関する各種特権が付与されている[107]。

一般制度の場合、被用者は強制加入となっているが、それは公序（ordre public）であることから、要件に該当すれば、その時点に遡及して資格が発生するのが原則である[108]。また、保険料の場合には、徴収監察官（inspecteur

---

[105] J.-J. Dupeyroux et al., *Droit de la sécurité sociale, op.cit.*, p. 228
[106] 拙著・前掲注(43)63-65頁
[107] CE, 13 mai 1938, *Caisse primaire « Aide et protection »*, D. 1939. 3. 65. 以下の記述は、拙著・前掲注(17)187頁以下を参照。なお、1910年4月5日の労働者・農民年金法（ROP）成立に至るまでの10年以上の議論の中で、強制適用か否かが争点となった。連帯の主唱者であるブルジョワ氏においても、共済のような自由な制度の促進を主張していた（H. Hatzfeld, *Du paupérisme à la sécurité sociale*, 1850-1940, Presse universitaire du Nancy, 2004, p. 58）ことからすれば、強制加入の根拠としての連帯は、必要条件であっても十分条件ではなく、強制加入等の特徴を有する現代の社会保険にとって公役務性が重要な要素ということになる。また、フランスも含め社会保険の歴史は、鉱山や鉄道のような国家の関与の強い分野から発達してきており、国家の産業面での関与が社会問題への国家の介入を正当化する契機にもなっており、その点でも公役務性は社会保険と密接な関連を有することになる（*ibid.*, pp. 126-128）。

du recouvrement）という名称の徴収機関（URSSAF）の担当官がおり，税と同様に強制徴収に関する普通法外特権が付与されている[109]。

　これらの点からも，現行の社会保障制度の保険関係を契約と捉えることは困難であって，社会保険争訟が歴史的経緯（関係者が国家による介入の印象が強い国務院の管轄を嫌ったこと）もあって司法裁判所の管轄に属するにもかかわらず，その法的性格は法規的（statutaire）であるとされる[110]。確かに共済制度に原点をもつフランスの社会保険法は，労働契約と保険という共に双務契約である法的関係から出発したものの，現在では，国民のニーズに応えるため財政的にも公費が部分的とはいえ投入されるなど，国民連帯の観点から国の関与が強まり，公役務遂行としての性格を一層強めるようになっている[111]。言い換えれば，社会保険法は，第二次世界大戦後，国家の関与の下で制度の一般化（généralisation）という政策目標を掲げることで，一般利益（intérêt général），つまり公益の実現を目指そうとした瞬間から公法的な性格を強めることになったとも捉えることができる。

　この他，連帯との関係では，社会保険に特徴的な所得再分配機能を実効あらしめるためには，意思主義に依拠する契約では不十分であった点も重要である。すなわち，独占的な保険者の下で強制加入により確実に拠出と給付を実施するためには，公権力の行使としての普通法外特権が不可欠であり，それは連帯によって是認されることになる。

　このような連帯の規範性は，社会保障の様々な局面で表れる（例えば，上記の強制加入や強制徴収）。本書では，貢献による連帯及び連帯の集団性という点で重要な財政調整と，その連帯が及ぶ射程という点で重要な無拠出制給付（給付面）及び保険料の上下限（負担面）に特に焦点を当てることにしたい。

---

(108) J.-J. Dupeyroux *et al.*, *Droit de la sécurité sociale, op.cit.*, p. 455
(109) *ibid.*, pp. 874-875
(110) X. Prétot, *Les grands arrêts du droit de la sécurité sociale*, Dalloz, 1998, p. 245. なお，このような社会保障法は，公法と私法の両方の性格を有する自律的な分野と理解できるとされる（P. Laroque, « Contentieux social et juridiction sociale », *Droit social*, 1954, pp. 274-277）。
(111) R. Savy, « Sécurité sociale et droit public », *Droit social*, 1966, pp. 303-378

第4章　社会保障法の基礎としての連帯

4）連帯の発現としての財政調整

社会保険における連帯の連環は，通常は保険集団内部において，加入者の拠出と給付の関係で展開される。ところが，財政調整の場合には，次のとおり保険集団を越えて連帯が展開することになる。以下では，この点を財政調整の仕組みを概観することで明らかにしたい。

① 一般化された財政調整

フランスの社会保険制度の特徴は，戦後改革における社会保障の一般化の理念にもかかわらず，制度の一体化・一本化は実現しておらず，制度がモザイク状に分立していることにある。このため，制度間の財政力格差が存在しており，窮迫制度存続の必要性から被用者制度で登場した個別制度間の財政調整の積み重ねの上に，1974年12月24日法により，自営業者も含めた「一般化された財政調整（compensation généralisée）」が1975年以降導入されることになった。

この一般化された財政調整は，そもそもは制度間の人口構成（年齢構成）の不均衡及び拠出能力（所得）の格差を是正するための制度である（上記1974年法第2条）。とはいえ，制度間には給付条件の差があることから，財政調整に当たっては，調整の基準となる仮想的な単一の制度（最も条件の悪い制度）を想定した上で，その給付水準を前提にして，被保険者と受給者の人口構成の不均衡を是正する仕組みである。従って，一般化された財政調整は，所得格差に起因する財政力の格差まで是正するものとはなっていない。つまり，一般化された財政調整は，保険集団を跨ぐという点では，職域間連帯や国民連帯の性格を有するが，それと同時に，同一世代内の所得再分配という意味での世代内連帯よりも，被保険者や受給者の年齢構成に歪みを是正する世代間連帯の性格が強いことになる。

② 財政調整の仕組み

具体的な仕組みは，疾病保険と年金でも異なるが，基本的には，仮想制度の給付水準を基準に必要な保険料水準を算出し，さらに各制度の被保険者と受給者に応じた給付額（支出）と保険料額（収入）を算定し，その差が要調整額となり，調整が行われる[112]。その際，被用者と自営業者の制度間の調整は，人口構成の不均衡の是正に限定されている。この点，上記1974年法も，「自営業者の拠出能力が被用者と同一条件であると規定される限りにおいて，被用者制

度全体と自営業者制度との間の財政調整は，人口構成の不均衡の是正のみを目的とすることになる」と規定しているところである（上記1974年法第2条）。

ところで，疾病保険に係る財政調整については，2011年社会保障財政法により制度が廃止された。廃止前の仕組みでは，調整対象を現物給付に限定した上で，非農業自営業者制度を仮想制度とし，人口要因のみに着目した調整を被用者グループ全体と自営業者各制度との間で行った上で，被用者グループ内では，保険料の拠出能力（総報酬）の差に応じて負担が配分されていた。これに対して現在も調整制度が残っている年金の場合には，二段階調整が行われることが特徴である[113]。まず，第一段階が被用者制度間の調整で，給付水準が最も低い制度（農業被用者制度）を仮想制度として，全制度が仮想制度と同じ給付条件であると仮定した場合の負担水準を求め，それを制度ごとの総報酬で按分することになっており，被用者グループ内では拠出能力に応じた調整が行われることになる。これに対して，第二段階の調整では，自営業者も含めた調整が行われる。その場合の仮想制度は，商工業関係の自営業者制度（RSI-AVIC）となっており，被用者制度全体と自営業者各制度との間で人口要因のみに着目した調整が行われ，その上で被用者制度内で総報酬に応じて負担が按分されることになっている[114]。

なお，疾病保険に関しては，別途，一般制度と特定の特別制度（1971年に国鉄，1972年に鉱山，船員等の6制度）との間で個別財政調整が存在しており，保険料及び給付が一般制度と同一条件という前提に立って，拠出能力の格差も含めた調整が行われている。しかし，自らの制度が赤字であるにもかかわらず他の制度の黒字化を支援しなければならないという制度内在的な問題から，2012年社会保障財政法により調整に上限が設けられるようになった。

また，年金関係の特別制度（公務員，国営電気・ガス，鉱山，船員，国鉄等）の場合には，報酬水準も加味した制度間の付加的財政調整（surcompensation）

---

[112] 財政調整については，拙著・前掲注[17]131-133頁及び加藤智章・前掲注[1]339頁以下参照。
[113] J.-J. Dupeyroux et al., Droit de la sécurité sociale, op.cit., pp. 299-300
[114] 2003年10月29日政令により，2003年から高齢連帯基金（FSV）が財源を負担する失業者等も財政調整上は保険料を負担する被保険者に算入されることになっている。

第4章　社会保障法の基礎としての連帯

が1985年以来行われてきたが，調整割合に上限（頭打ち）が設けられた後，段階的に制度が廃止されることになった（2012年以降廃止）。この廃止の背景には，税による豊かな制度への補助であるとの批判があったことも影響している。つまり，特別制度という比較的恵まれた制度同士の財政調整において，恒常的な出し側となっているのは，地方公務員・病院職員制度と文官制度であり，これら公務員制度の事業主負担は税であることから，結果的に税による豊かな制度への国庫補助であるということである[115]。端的に言えば，連帯の名目で豊かな制度がますます豊かになるという問題が潜んでいたのである。

このように財政調整は，全体として縮小する方向での見直しが続いているものの，年金制度においては依然として重要な役割を果たしている。

③ **財政調整の性格**

財政調整は，財政的な連帯（solidarité financière）に基礎を置く制度であると理解されている[116]。すなわち，一定の保険集団を前提とする社会保険にとって，保険集団内部での連帯の存在は必須であるにしても，連帯は内部的調整に止まるものではなく，財政調整を通じて保険集団を跨ぐ（例えば，被用者保険であれば，職域連帯を超える）形で財政面での連帯が発生することになる。言わば，職域間連帯ないし国民連帯という保険集団を越える場での連帯である。このような理解は，1999年の年金白書が，社会保障における連帯原理が制度内のみならず制度間にも存在しており，その一例が1974年法に基づく基礎制度間の財政調整であると述べていることからも是認される[117]。

しかるに，この財政調整の実現手段（連帯原理）から見た連帯の性格は，ど

---

(115) P.-E. Du Cray, « La surcompensation : une dérive du modèle social français », *Droit social*, N° 12 Décembre 2006, p. 170 et s.

(116) EUのプセ・ピストル事件判決（CJCE, 17 février 1993, aff. C-159/91 et C-160/91）では，黒字の制度が構造的に財政窮迫制度を支援することで，異なる社会保険制度間で連帯が発生することを指摘している。これに対して，民間保険の再保険は，当事者の何れもが利益を有する点で財政調整と異なることが指摘されている（J.-F. Chadelat, « La compensation », *Droit social*, N° 9-10, 1978, p. 86）。ただ，この受益性は，特に我が国の財政調整の関係で論点となる［本章 3（1）3 参照］。なお，財政的な連帯という用語は，X. Prétot, « L'Etat et la sécurité sociale, Réflexion sur le service public », *Droit social*, N° 12 Décembre 1981, p. 802 でも，財政調整に関連して言及されている。

(117) J.-M. Carpin, *L'avenir de nos retraites*, La documentation française, 1999, p. 19 et p. 23

うであろうか。上記1974年法第1条が法の目的として，全ての国民に共通の社会保障制度の「創設は，社会的・職域的に異なる集団により確保される同一の拠出努力が代償として必要である」ことを規定している。このことに照らすなら，保険集団を跨ぐものの「拠出努力」を通じた「貢献による連帯」が発生していることになる。比喩的に言えば，保険集団を超えて財政調整が行われる集団を職域間連帯・国民連帯に根差した，より高次の疑似集団と捉えるならば，財政調整は当該仮想的集団への貢献による連帯ということになる。

　ただし，財政調整が国民連帯に依拠する場合には，保険料財源とのデマケーション，すなわち国の責任が問題になる。実際のところ，自営業者を含む財政調整においては，拠出能力の調整は行われず，調整幅にも制限があるなど，連帯とはいえ完全調整には至っていないなど，財政調整には構造的問題がある。

　ところで，前述のような財政調整の廃止・縮小に伴って必然的に生じる財政欠損であるが，一般制度を別とすれば，外部からの財源投入又は仮想保険料（cotisation fictive）という名称のみなし事業主拠出（保険料相当の負担を事業主が直接財源投入する場合に，それは保険料とみなすことができることから，仮想保険料と呼ばれる。）により補填されることになる。例えば，疾病保険の場合には，財政調整廃止後も，

　a．一般制度への財政の統合による赤字の補填（農業被用者，軍人，農業者，聖職者等の場合）

　b．特別制度の場合には，仮想的事業主保険料（cotisations patronales fictives）の形での事業主からの拠出による財源補填（公務員，フランス銀行，国鉄及び地下鉄の場合）

　c．会社連帯社会拠出金（CSSS）による財源補填（自営業者制度の場合）

が存在している。この他，国鉄及び地下鉄関係の制度の場合には，疾病・労災部門であれば，仮想保険料（事業主拠出）により補填され，年金部門であれば国庫補助により補填されている。なお，このように財源補填の方法は，制度や給付によってモザイク状に入り組むことになる点には留意する必要があろう[118]。

5) 連帯の射程としての無拠出制給付及び保険料の上下限

社会保険における連帯の射程と限界を考える上で重要なのが，無拠出制給付と保険料の上下限である[119]。何故なら，職域連帯及び貢献による連帯（保険原理）に基づくビスマルク型の拠出制給付を基本に制度が構築されているフランスの社会保険において，

・その貢献による連帯の負担面での限界が保険料の上下限問題であり，
・社会保険の基本である貢献による連帯ではカバーできない無年金・低年金等の問題への対応するための必要から登場し，帰属による連帯に依拠するのが無拠出制年金等の無拠出制給付である

からである[120]。視点を変えて言えば，保険料の上下限が保険集団内での連帯の限界を画するのに対して，無拠出制給付の方は，保険集団内部だけでなく集団を越える連帯が問題となってくる。

その点では，無拠出制給付については，社会扶助として論ずべきであるが，立法としては社会保険法に規定されることが一般的であることから，本書では便宜上社会保険の中で記述している。

まず，各種無拠出制給付等を概観する。

① 無拠出制給付等

社会保険法に規定された給付でありながら，拠出制年金等の拠出制によるのではなく無拠出制の給付，あるいは，拠出制年金でありながら拠出に対応しない最低保障部分として，次のようなものが存在している。これらのうちの高齢

---

(118) Le compte de la sécurité sociale, Résultat 2012, Prévision 2013 et 2014, Rapport septembre 2013, pp. 114-115

(119) ビスマルク型の社会保険を採用した場合には，無所得者・低所得者や非就労者等の扱いをどうするか課題として浮上することが不可避的である。この点を社会保険方式と税方式の観点から論じた論考として，笠木映里「医療・年金の財政方式－社会保険方式と税方式」日本社会保障法学会編『新・講座社会保障法1 これからの医療と年金』（法律文化社，2012年）11-30頁。本稿は，財政方式というよりも，その根底にある連帯という切り口で分析を行っている。

(120) このように社会保険において，無拠出制給付が登場する背景には，社会扶助が専門性の原則［後述］故に，貧困の類型・類型を問わない普遍的な給付（我が国の生活保護のような制度）が1988年の最低所得保障制度（RMI）の創設まで存在してこなかったこともある。

2 フランスに関する分析

者連帯手当,付加的障害手当及び寡婦手当の場合には,活動的連帯所得(RSA)等と同様に最低所得保障(minima sociaux)としての性格も有している[121]。

　ａ．拠出制最低保障年金(Minimum contributif)

　拠出制最低保障年金は,年金の支給開始年齢(出生年が1955年以降の場合には62歳,それより前の場合には60〜62歳)に到達し,かつ,一定の拠出期間(年齢に応じて160〜166四半期)を有する受給権者,又は満額年金の支給年齢(65〜67歳)に到達している受給権者に対して,所得制限なしで支給される年金の最低保障(拠出期間に関係しない最低保障額＋拠出期間が120四半期以上の場合の加算)である。

　また,障害年金の場合にも,報酬比例年金(最も給与の高かった10年間の平均報酬に対して,障害の程度に応じて30％,50％,90％)であるが,最低保障が設けられている(CSS.L.341-5)。

　ｂ．高齢者連帯手当(ASPA)

　高齢者連帯手当(ASPA)は,原則として65歳以上の高齢者のうち低年金・無年金者に支給される無拠出制の給付であって,拠出制年金の年金の補完的役割を担う[122]。本手当は,所得制限付の給付ではあるものの,社会扶助のような補足性は要求されない。ただし,本人死亡後に相続財産が一定額(39,000€)を超える場合には,当該相続財産からの回収措置(求償)の対象になる。

　ｃ．付加的障害手当(ASI)

　年金保険・労働衛生金庫(CARSAT)から障害年金等に付加的に支給される最低障害年金としての性格を有する給付である(CSS.L.815-24 et s.)。支給対象は,退職年齢前であるために高齢者連帯手当(ASPA)の対象外であるが,障

---

[121] 最低所得保障制度としては,高齢者関係の高齢者連帯手当(ASPA)及び経過的に支給されている高齢付加手当(ASV),疾病保険の付加的障害手当(ASI),家族手当金庫からの成人障害者手当(AAH),無拠出制の失業手当,寡婦手当(AV),活動的連帯所得(RSA),海外向けの最低所得保障(RSO)の8種類がある(J.-J. Dupeyroux et al., Droit de la sécurité sociale, op.cit., pp. 311-312)。このうち成人障害者手当は,社会事業・家族法典の規定(L.244-1)に基づき,社会保障法典(L.821-1 et s.)が具体的に内容を規定している。このことは,無拠出制給付が社会保険法の中に規定されながら,社会扶助としての性格を有している面があることを示している。なお,同様の立法例は,障害児扶養手当(AEEH)にも見られる(CASF.L.242-14 , CSS.L.541-1 et s.)。

65

第4章　社会保障法の基礎としての連帯

害年金等の受給資格を有する者であり，所得制限がある。本手当の場合にも，高齢者連帯手当と同様に本人死亡後の相続財産からの回収措置が存在する。

　d．寡婦手当（Allocation veuvage）

　寡婦手当は，被保険者の死亡後に年齢の関係で切替年金（遺族年金）の受給対象とならない寡婦（55歳未満）に一定期間支給される有期（原則2年間）の手当である（2010年11月9日法）。本手当の場合には，所得制限がある。

　e．子育て期間等の加算

　16歳までの最低9年間にわたり3人以上の子どもを育てた場合に年金の10％加算等を行う加算制度がある（CSS.L.351-12）ほか，

・被保険者である女性の妊娠・出産に当たり1四半期の加入期間を加算する制度，8四半期以上の被保険者期間を有する男女が4年間育児をした場合の父親又は母親に対して1四半期の加入期間を加算する制度等（CSS.L.351-4）や

・育児休暇を取得した被保険者（男女ともに適用があり，分割が可能。ただし，前記加算との併給は不可）を対象に，それと同一期間を加入期間に加算する制度（CSS.L.351-5）

が存在している。

　f．保険料補填制度

　年金の保険料については，非自発的失業期間，兵役・服役期間又は傷病手当等の受給期間等の保険料が一定の条件の下で免除されるとともに，当該期間も保険料の拠出期間とみなされ給付に反映されることになっている（CSS.L.351-

---

(122) 2004年6月24日オルドナンス（ordonnance）により，それまで拠出制年金の最低保障を受給できない定年金・無年金高齢者を対象に設けられていた各種無拠出制年金（被用者に係るAVTS，自営業者に係るAVTNS，主婦・夫に係るAMF・ASV等），更に一定水準以上の年金を保障するために基礎的な拠出制年金に付加して支給される付加手当（allocation supplémentaire）を統合・整理し，それらに代えて導入されたものである。なお，付加手当の場合には，所得制限（補足性はないが，扶養義務の履行による所得も含む）及び本人死亡後の相続財産からの回収措置が存在する。これらの給付の性格であるが，社会保険からの各種無拠出制年金の意図について，社会扶助の負担を軽減するとともに，退職者に対する現役からの連帯を示すことが指摘されている（M. Borgetto et R. Lafore, *Droit de l'aide et de l'action sociales, op.cit.*, p. 341）。

3）。このほかにも，次のような保険料軽減制度が存在している。
・低賃金労働者に係る保険料の軽減
・2007年8月21日法（労働・雇用・購買力の向上に関する法律）により，増大した労働時間に係る保険料の免除
・特定の制度目的（雇用対策や困難地域対策等）のための保険料の免除

　これら無拠出制給付等及び保険料軽減制度には，保険料以外の財源が投入される点に特徴がある。例えば，拠出制最低保障年金，高齢者連帯手当，子育て期間等の加算及び保険料補填制度については，公施設法人である老齢連帯基金（Fonds de solidarité vieillesse）がその財源を全部又は一部負担することになっている（CSS.L.135-2）[123]。この基金の任務について，社会保障法典は「国民連帯に属する無拠出制の老齢保険給付を負担すること」（L.135-1）と規定しており，この点でも無拠出制給付が国民連帯に基づくことがわかる[124]。また，付加的障害手当の場合には，私法人である障害特別基金（Fonds spécial d'invalidité）が財政を管理しており（一般制度以外は預託供託金庫），財源は国から交付されることになっており，財源面でも貢献による連帯ではなく帰属による連帯が作用していることがわかる。このほか，雇用等の各種政策目的のための保険料軽減制度の場合にも，保険料の減収分に対して国から財源が補填されることになっている。

　なお，高齢者連帯手当（ASPA）及び付加的障害手当（ASI）の場合には，扶養義務者との関係で補足性はないが，本人死亡後の相続財産（基準額超の財産に限定）からの回収措置（求償）の対象になっていることから，その限りでは扶養債権的な性格が残っていることになる[125]。

---

[123] 拠出制最低保障年金の財源は，2010年の改革までは全国老齢保険金庫（CNAV）が負担していたが，当該年金は連帯に係る措置であることから，改革により老齢連帯基金が一部財源を負担することになった（*Les comptes de la sécurité sociale, Rapport septembre 2013*, p. 195）。また，子供に係る加算の場合には，老齢連帯基金からの支出は家族手当の財源で補填されることになっている。
[124] 老齢連帯基金創設について，保険に属するものと連帯に属するものを区別したいという政府の意図があったことが指摘されている（M. Borgetto et R. Lafore, *Droit de l'aide et de l'action sociales, op.cit.*, p. 341）。

第4章　社会保障法の基礎としての連帯

　以上述べた無拠出関連の制度においては，拠出と給付の牽連性が遮断されており，何も財源を手当てしなければ，拠出段階（保険料軽減の場合）か給付段階（無拠出制給付）の何れかに財政欠損が発生することになる。その結果，各自の拠出により保険料財源全体として収支相償うという通常の意味での貢献による連帯がもはや機能しないことになる。このため，財源の欠損部分は，別途帰属による連帯により補填せざるを得ないことになる[126]。その場合にも，保険料を財源とすることで連帯が同一保険集団内に止まる職域連帯のケース（例えば，家族手当金庫を通じて財源が補填される子育て期間の加算等）と基金や国庫からの財源投入という形で保険集団を越えて展開される国民連帯のケース（例えば，高齢者連帯手当）があり，場合によれば保険料財源と基金・国庫財源の両方の財源が投入され連帯がまたがるケース（例えば，拠出制最低保障年金，保険料軽減制度）もあり得ることになる【図5参照】。なお，拠出制の給付の場合には，応能負担であったとしても，被保険者が負担をしていることに変わりはなく，その点では貢献による連帯が成立していることになる[127]。

　この点を整理すると，社会保険法は，その名称が示すように，本来，保険料拠出とそれに対する給付という貢献による連帯を同一保険集団内で自己完結的に制度化した制度，つまり社会保険制度のはずである。しかし，現実の社会保険法には，帰属による連帯に基づく無拠出制給付等が混じり合っている。同一法の中の各種給付は整合的であるという前提に立つならば，貢献による連帯と帰属による連帯は，必ずしも排除し合うものではないことになる。

② **保険料の上下限**

　ところで，貢献による連帯に不可欠な保険料拠出であるが，フランスの場合，保険料の労使折半は，社会保険の原則にはなっていない。実際の労使負担割合は，制度や給付部門によって異なっているが，全体として事業主の負担割合が

---

[125] E. Alfandari et F. Tourette, *Action et aide sociales*, Dalloz, 2011, pp. 546-547
[126] M. Borgetto et R. Lafore, *Droit de l'aide et de l'action sociales, op.cit.*, p. 85 は，保険原理に属する給付の中に連帯原理が表れる制度（例えば，無拠出期間の年金への反映，子供の数に応じた加算，一定期間の実期間見なし等）が増加していることを指摘する。
[127] フランスの保険料概念は論者によって差があるが，①保険料収入の制度への直入，②拠出と給付の牽連性，③職業活動からの所得への賦課をメルクマールとする（J.-J. Dupeyroux *et al.*, *Droit de la sécurité sociale, op.cit.*, p. 227）

2 フランスに関する分析

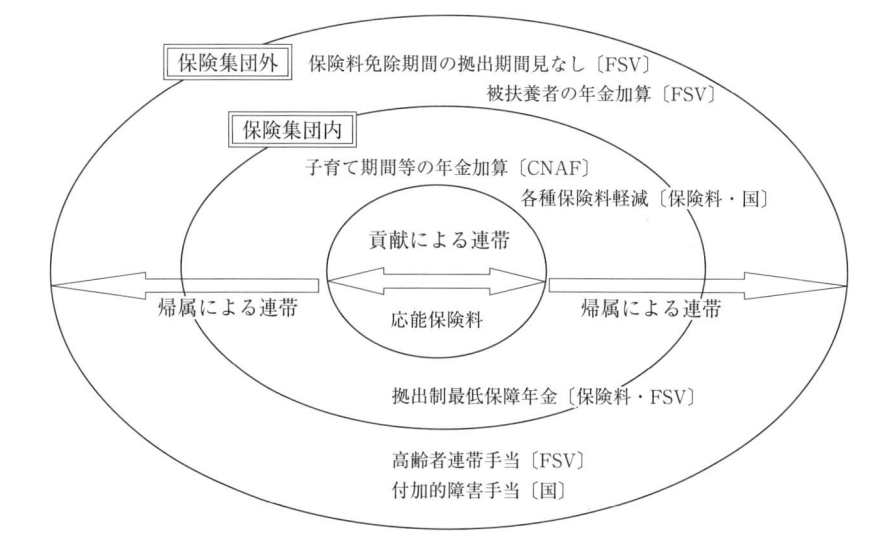

図5　フランスの社会保険法における連帯の射程

```
            ┌─────────────────────────────────────────┐
            │ 保険集団外   保険料免除期間の拠出期間見なし〔FSV〕  │
            │             被扶養者の年金加算〔FSV〕          │
            │   ┌─────────────────────────────────┐   │
            │   │ 保険集団内                        │   │
            │   │   子育て期間等の年金加算〔CNAF〕        │   │
            │   │        各種保険料軽減〔保険料・国〕      │   │
            │   │      ┌───────────┐              │   │
            │   │      │ 貢献による連帯 │              │   │
    ←──────┼───┼──────┤           ├──────┼───┼──────→
            │   │      │ 応能保険料   │              │   │
     帰属による連帯    └───────────┘      帰属による連帯
            │   │                               │   │
            │   │     拠出制最低保障年金〔保険料・FSV〕   │   │
            │   └─────────────────────────────────┘   │
            │       高齢者連帯手当〔FSV〕                │
            │       付加的障害手当〔国〕                 │
            └─────────────────────────────────────────┘
```

高くなっているのが現状である[128]。また，社会保険の保険料は報酬比例を基本とするが，保険料算定に当たっての報酬の上下限という形で，保険料算定対象となる最高金額及び最低金額が設けられることがある[129]。一般制度の場合，最低賃金（SMIC）相当額が原則的な下限（plancher）であるのに対して，上限（plafond）の方は年金についてのみ適用があり，上限（2014年で月3,129€）を超える賃金は保険料の算定対象外となる。

　傾向としては，1967年以降，この上限の適用対象は縮減される方向にある。例えば，疾病保険（労使とも上限なしで，それぞれ0.75%，12.80%），家族手当（事業主負担のみで上限なしで5.40%）及び労災保険（事業主負担のみで上限なし）

---

[128] フランスにおいても，1930年4月30日の社会保険法の時代には，保険料は労使折半になっていた（同法第2条）。労使関係の歴史の中で，結果として事業主負担割合が上がってきたが，労使折半の発想は，現在でもその残滓が見られる。例えば，2016年以降実施が義務付けられる医療費自己負担の補填を目的とする補足的制度について，実施に必要な労使合意が整わない場合に，事業主が代わりに実施すべき最低限の保障制度の財源として，事業主は少なくとも掛金の半分を負担すべきことが社会保障法典（L.911-7）に規定されている。我が国の場合には，労使折半が原則であるが，健康保険組合については，規約により事業主負担の割合を折半より引き上げることができる（健保法第162条）。

については，それぞれ 1984 年，1989 年，1990 年以降，報酬全体が保険料賦課のための算定基礎となっている。年金の場合にも，上限なしの保険料（労使それぞれ 6.65%，8.30%）に加え，一部が上限なし保険料（事業主について 1991 年から 1.60%，被用者について 2008 年から 0.10%）が創設されている。なお，疾病保険及び家族手当の場合に，被用者負担分がないか極端に少ないのは，財源が保険料から税である一般社会拠出金（CSG）に転換したことによる。

この上限の存在は，保険料を逆進的なものにすることから，純粋に連帯を目的とする給付（例えば家族手当）の財政方式としては望ましくないことが指摘されている(130)。換言すれば，保険料の上限は，社会保険の連帯を弱める点で，連帯の限界を画する制度でもあることになる。

（2） 社会扶助法の場合(131)
1） 社会扶助の組織

フランスの社会扶助は，1956 年に「家族及び社会扶助法典（Code de la famille et de l'aide sociale）」として法典化され，2000 年の改正を経て，現在の「社会事業及び家族法典（Code de l'action sociale et des familles。以下「CASF」

---

(129) 報酬の上限は，もともとブルカラー労働者を対象にするということで，適用対象となる低所得者を分ける基準としての意味を持っていた（1928-1930 年の社会保険法）が，第二次世界大戦後の改革により，全ての被用者に対象が拡大された結果，適用対象のメルクマールではなく，保険料賦課の範囲を画する基準に役割が変更した（A. Croizat, « La réalisation du plan de sécurité sociale », Revue française du travail, août-septembre, 1946, p. 396）。

(130) J.-J. Dupeyroux et al., Droit de la sécurité sociale, op.cit., p. 848

(131) フランスにおいて，我が国の社会福祉に相当する制度が「社会扶助（aide sociale）」及び「社会事業（action sociale）」である。本書では，日仏比較の観点から，補足性の原則等が妥当する無拠出制の制度である社会扶助のみを取り上げる。なお，社会事業の定義については，社会事業及び家族法典（L.116-1 条）が 2002 年の制度改革で規定を設けることになった。それによれば，「社会及び医療・社会事業は，関係省庁の官制の下で，人々の自律及び保護，社会的統合，市民権の行使を推進し，排除を是正し，並びにその影響を是正することを目的とする。」とされており，目的の形で社会事業が定義されている。これに対して，社会扶助の定義に関して，社会事業及び家族法典（L.111-1 条）は，「フランスに居住する全ての者は，法定の支給要件を満たせば，本法典に規定される社会扶助のとる様々な形態の給付を受ける。」と規定している。

2 フランスに関する分析

という。)」に至っている。現行制度は，基本的に同法典によって規律されるところ，その特徴として以下の点を挙げておきたい。

① 多様な扶助類型

フランスは，1988年の最低所得保障制度（RMI）の創設前において，我が国の生活保護法のような普遍的な社会扶助を有しておらず，「専門性の原則（principe de spécialité）」と言われるように貧困の原因別（ニーズ別）の制度体系を構築してきた。現行制度に即して言えば，家族，児童，高齢者，障害者，普遍的疾病給付（CMU）の受給者以外の者（医療），最低所得保障制度（RSA等）が社会扶助の柱となっている。

② 地方分権

フランスにおいては，1980年代前半以降，地方分権（décentralisation）が進められてきており，社会扶助の実施主体も国から県に委譲されてきている[132]。例えば，児童・家庭，高齢者等の社会扶助や最低所得保障制度（RSA）の関係では，現在，県が中心的な役割を担っている。この点，同じ地方分権でも，市町村の比重が高い我が国とは事情を異にする。これには，フランスの場合，市町村と県の規模が一般に我が国より小さいことが影響していると考える。ただし，市町村には，市町村社会事業センターが（CCAS）が設置されており，社会扶助申請の窓口・経由機関となるほか，県との協約により，県の権能の一部を執行することも可能である（CASF.L.121-6）。

③ 救済住所

ところで，社会扶助の受給権との関係では，救済住所（domicile de secours）が重要である。この救済住所は，そもそもフランス革命期まで遡る概念である。当時は，救済住所でもって貧困者が帰属する居住地（domicile d'attachement）を決定し，これにより社会の安寧秩序を維持しようという側面とともに，同郷意識に支えられた貧困者に対する連帯を具現化する側面もあったことが指摘されている[133]。なお，現在では，この救済住所については，むしろ社会扶助の費用負担者を決定するメルクマールとしての意義が大きい。

---

(132) 地方分権及び国・地方制度に関しては，拙稿「フランスの社会保障制度における国と地方の関係」『海外社会保障研究』No.180（2012年）18頁

第 4 章　社会保障法の基礎としての連帯

　救済住所は，通常は居住地の県（1935 年前は市町村）であるが，施設入所や在宅受入（placement familial）のように長期（3 月超）にわたる居住地の移動を伴う場合には，移動前の居住地の所在県が救済住所となる（CASF.L.122-2）[134]。この救済住所は，厳密には施設入所等によっても住所が異動しないという法律構成だが，効果としては，我が国の住所地特例と類似の結果となる。このような扱いの根底には，我が国の住所地特例と同様に，施設等の集中により所在地の地方公共団体の財政負担が増大するのを回避する意図が存在している[135]。

　このような社会扶助の特徴に着目するなら，社会扶助には，国民連帯とともに地域連帯の側面がありそうである。そこで，社会扶助の基礎が何かについて，以下で検討を深めることにしたい。

2）社会扶助の基礎としての連帯

　社会保険と異なり，拠出を前提としない社会扶助の場合には，そもそも対価は制度上存在し得ない[136]。仮に，ロベール大辞典の定義にもあるように，連帯について構成員同士での「支援する義務」を前面に出せば，連帯が想起させる相互性をもって，連帯を等価交換類似の対価関係であるが如く狭く解釈することで，社会扶助における連帯の存在自体を否定することもあり得よう。

　確かに，等価交換でないにせよ牽連性を有するが故に権利性を認識しやすい社会保険と異なり，社会扶助の場合には，対価性でもって権利性を説明することはできない。それだけに，社会扶助の権利性を検討する必要性は，社会保険

---

(133) J.-P. Hardy et al., L'aide sociale aujourd'hui, op.cit, pp. 356-359 ; M. Borgetto et R. Lafore, Droit de l'aide et de l'action sociales, op.cti., p. 205 ; E. Alfandari et F. Tourette, Action et aide sociales, op.cit., pp. 291-292

(134) 救済住所は，もともと市町村を基準に決定されていたが，1935 年 10 月 30 日の法律的政令（décret-loi）によって県に変更された。

(135) J.-P. Hardy et al., L'aide sociale aujourd'hui, op.cit, p. 357 ; E. Alfandari et F. Tourette, Action et aide sociales, op.cit., p. 293

(136) テヴネ氏等の概説書は，社会扶助の特徴として，①譲渡・差押・放棄が禁止される個人の権利，②個人の需要を充足するための扶養法，③個人が請求することができる権利（主観法），④時としてニーズに関連付けられた権利，⑤一定の類型（老齢，疾病，障害，家族扶養）に合致することを要件とする権利を挙げている（J.-P. Hardy et al., L'aide sociale aujourd'hui, op.cit., p. 54）。

2 フランスに関する分析

以上に高いことになる。その場合の権利性の理解は，論者により差がある。最大公約数的に言えば社会扶助における権利とは，法によって認められた特権であり，そこでは，必要状態にある困窮者は法令の規定する要件，手続等に従って，その権利の実現が可能であることが重視されている[137]。

然るに，この社会扶助の権利性の根拠や所以を巡っては，次のような説が存在する[138]。

① 公序説

社会扶助の根拠は，社会防衛や社会の存続に必要な秩序の維持としての公序（ordre public）にあるという考え方である[139]。確かに，フランス革命以降の立法を必要とする背景の一端が公序や公益に基づく貧困撲滅にあったとしても，それは動機や結果に止まるのであって，社会扶助の根拠とは言えない[140]。また，仮に公序説に立つなら，公序や公益が優先される結果，個人の地位が不安定になるなどの問題もあるほか，現実の制度発展にもそぐわないことから，これは過去の説となっている。

② 個人の利益説

アルファンダリ氏等の説で，社会扶助の基礎は個人の利益（intérêt de l'individu）にあるという考え方であるが，少数説である[141]。この個人の利益説を敷衍すると，社会扶助の本質は扶養にあり，それ故に補完性の原則に則り親族扶養に代わり国家が補完的に必要な扶養を提供するものであることから，その根底には個人とその利益があるという考え方である[142]。

同氏の博士論文は扶養法（droit alimentaire）に関するものであり，親族扶養との関係で扶養債権者である個人と扶養義務者である国家との関係で社会扶助を捉えようとする点に特徴がある[143]。また，社会扶助を基礎付ける個人の利益の根底には，個人の生存に対する権利（droit à la vie），つまり生存権（droit à l'existence）が存在することを指摘している。従って，全体としては，生存という必要状態に対する扶養法が社会扶助であり，それを生存権保障の一環として実現するという考え方に立っていることになる[144]。

③ 連帯説

フランスで広く承認されている説である[145]。最近ではボルジェ氏とラフォール氏の社会扶助の概説書が代表で，社会扶助の本質が連帯の原則にあり，

73

第4章　社会保障法の基礎としての連帯

社会は扶助を必要とする者に対して連帯に基づき給付等を支給するという説で，連帯が社会扶助の発展に果たしている役割からも現実に適合的であると主張す

---

(137) フランスにおいて，社会扶助に関する代表的な概説書は，社会扶助の権利（主観法）の意義について，以下のように述べている。

①アルファンダリ氏とトゥレト氏の概説書（É. Alfandari et F. Tourette, *op.cit.*, pp. 103-106）

ア．権利とは，個人に認められた特権であり，それにより
　・特定の債務者による特定の給付（又は特定の不作為）を請求すること（＝債権）
　・特定の物に対して直接的に権限を行使すること（＝物権）
　を可能にする。

イ．権利を客観法と混同してはならないが，客観法が権利の源泉であり，場合によれば，その実効性を担保する。

ウ．同様に権利を民事的自由（liberté civile）と混同してはならない。民事的自由は，全ての者に認められ，全ての者に対して行使することができ，訴訟により請求される必要はなく，自由の侵害の場合にのみ訴訟に訴えることになる。

エ．非財産権も今日では権利（物権又は債権）として認められる傾向にあり，生命に対する権利である社会扶助も権利であり，それは法律によって承認されている。

オ．社会扶助は，公共団体に対する権利である。国家が警察国家であった時代と異なり，福祉国家となった現代では，国家も契約により拘束されるが，扶養法としての社会扶助に関して，国家は家族と同じように法律により拘束される。従って，社会扶助の受給者が債権者ではなく，公役務を受ける地位（aptitude）を有するのみであると言うには及ばないことになる。

②ボルジェト氏とラフォール氏の概説書（M. Borgetto et R. Lafore, *Droit de l'aide et de l'action sociales, op.cit.*, pp. 98-99）

ア．権利は，「客観法」と呼ばれる法令全体によって人々に認められた個別的な特権である。
　・権利が法令に規定されるということは，法令が規定する受給要件を満たす必要があることになる（CASF.L.111-1）。従って，社会扶助の権利は，客観法が規定する条件，受給手続，訴訟等の権利保護などに従ってのみ行使することができる。

イ．権利は，権利主体がそれを尊重すべき第三者との関係で行使し，実現することができる点において，権利主体に固有の権利である。
　・社会扶助は，公権力に対して行使することができる権利であり，公権力はその権利を保証する義務がある。

ウ．権利の付与のために，その権利主体に固有の属性が考慮される限りにおいて，権利は存在する。
　・権利主体は，必要状態にあることを証明し，社会扶助の承認機関は，その必要性や代替手段の欠如を評価する権能を有する。逆に言えば，受給権の判断に当たっては，例えば申請者の行動の道徳性を考慮することは許されず，必要性や補足性を個別のケースに応じて判断することになる。

これら論者による権利性の理解について共通して言えることは，それが法（客観法）によって認められた特権であり，必要状態にある困窮者は法令の規定する要件，手続等に従って，その権利の実現が可能であることである。

(138) 社会扶助の権利性については，拙著・前掲注(43)271-273 頁。この他，P. Morvan, *Droit de la protection sociale*, Litec, 2011, p. 355 は，社会扶助の権利性について，人道，連帯及び友愛に加え，哲学的な上位概念である人間の尊厳（dignité humaine）を挙げている。
(139) 公序説については，E. Alfandari et F. Tourette, *Action et aide sociales, op.cit.*, pp. 106-108 ; E. Alfandari, *Le droit aux aliments …, op.cit.*, Tome I, pp. 30-31 ; M. Borgetto et R. Lafore, *Droit de l'aide et de l'action sociales, op.cit.*, pp. 27-28
(140) アルファンダリ氏等は，公序を完全には否定しておらず，それは原因や根拠というよりも結果であり，社会扶助の性格の一つに公序があると述べている（E. Alfandari et F. Tourette, *Action et aide sociales, op.cit.*, p. 108）。なお，E. Alfandari, *Le droit aux aliments …, op.cit.*, Tome I, p. 37 では，各説を比較し，何れも政治的原則であると批判した上で，社会扶助も親族扶養と同じような法制度になったものの，両者の根拠は多様かつ不明確であると述べている。このことからすれば，アルファンダリ氏の説は，「個人の利益が扶養債権に最も適合的である」（E. Alfandari et F. Tourette, *Action et aide sociales, op.cit.*, p. 110）という範囲で理解されるべきことになる。いずれにせよ，同氏は，民法の親族扶養と社会扶助を比較検討し，扶養債権としての両者の共通の法的基礎という点で個人の利益にそれを見出している（E. Alfandari, *Le droit aux aliments …, op.cit.*, Tome II, pp. 1-22）。
(141) E. Alfandari et F. Tourette, *Action et aide sociales, op.cit.*, p. 110
(142) 同説は，連帯が財政の仕組みであるとしても制度の根拠になり得ない理由として，連帯が前提とする集団への個人の帰属が希薄化していること，相互性を喚起する連帯は受給者に見返りとしての努力を要求する嫌いがあること，個人よりも集団の利益を優先する傾向があることを指摘している（*ibid.*, pp. 109-110）
(143) E. Alfandari, *Le droit aux aliments …, op.cit.*, Tome I et II
(144) E. Alfandari, *Le droit aux aliments …, op.cit.*, Tome II, pp. 22-31
(145) 連帯説も，主張のニュアンスは論者によって異なる。例えば，デュギー氏の場合，社会扶助を国家の義務として捉える。すなわち，（社会）連帯は全ての者に連帯に反する行為を禁じ，逆に連帯の促進に必要な行為を義務付けており，その点で連帯は個人が社会的義務を履行するために必要な国家の義務であり，社会扶助は自らの需要を充足できない者に限って提供されることになる（L. Duguit, *Traité de droit constitutionnel*, T. 3, 2ᵉ édition, Ancienne Librairie Fontemoing & Cⁱᵉ, 1923, pp. 627-647）。デュギー氏の場合には，給付に対する権利が否定されることになることから，国家の義務と個人の権利を如何に調和させるかの論点が生じる。これについて，デュギー氏は，行政の目的は個人の利益の充足であるとしても，それは社会連帯の保障という目的の副次的効果であると説明する（N. Foulquier, *Les droits publics subjectifs des administrés, Émergence d'un concept en droit administratif français du XIXᵉ au XXᵉ siècle*, Dalloz, 2003, p. 553）。オーリウ氏の場合には，友愛が一種の連帯であり，その連帯は国家制度の構成員と見做される人々を結び付け，特別の公役務によって公的給付又は公的救済を人々に現実に保障することを目的とすると述べた上で，公的救済役務の組織化により救済を受けるのは，救済住所及び貧困者率への登録を二つの要素とする特別の地位（貧困者の地位）が付与されることによるものであって，債権的な権利ではないとする（M. Hauriou, *Principes de droit public à l'usage des étudiants en licence et doctorat ès-sciences politique*, Recueil Sirey, 1916, pp. 545-546）。
(146) M. Borgetto et R. Lafore, *Droit de l'aide et de l'action sociales, op.cit.*, pp. 29-32

第4章 社会保障法の基礎としての連帯

る(146)。

　個人の利益説と連帯説の比較であるが、連帯説の方は、個人の利益説について、個人の利益を尊重することが憲法にも適合的であるとしても、何故に個人が理論上それを正当に主張できるのかが不明確であると批判する(147)。ここにおいて、憲法とそれを実現する下位法令の在り方やそれとの関係で権利性の確保が重要となってくる。

　この点、連帯は講学上の概念としてのみならず、障害者施策に関する限り、実定法上の概念としても登場する。例えば、社会事業・家族法典（L.114-1）は、「全ての障害者は、国民共同体全体の連帯に対する権利（droit à la solidarité）を有しており、当該国民共同体は、この義務に基づき、全ての市民に認められた基本的権利へのアクセス及びその市民権（citoyenneté）の完全な行使を全ての障害者に保障する」と規定している(148)。また、2008年12月1日法により最低参入所得制度（RMI）に代わる最低所得保障制度として導入された「活動的連帯所得（RSA）」は、その名称に連帯を冠している。社会事業・家族法典（L.262-1）の規定によれば、同制度は「生存に適当な手段をその受給者に確保する」ことを目的の一つとしており、これは1946年憲法前文（第11項）と同じ趣旨であり、同制度の根底に連帯が存在することを示唆している。

　実際、憲法院は、地方分権に伴い県に移管された各種社会扶助（最低所得保障、高齢者介護のための個人化自律手当等）の平等権侵害に関連して、これら給付が国民連帯の要請に対応するための制度であることを判示している(149)。このほか、経済社会諮問院（Conseil économique et social）が1987年2月28日に

---

(147) *ibid.*, pp. 28-29
(148) 本規定は、破毀院が医師等の誤診による先天性障害に係る損害賠償を認めた2002年11月17日付ペリュシュ判決（Cass. ass. plén., 17 novembre 2000, n° 99-13701）に対して、先天性の障害児の障害に起因する負担は損害賠償には含まれず、国民連帯により賄われることを明言した2002年3月4日法（いわゆる反ペリュシュ法）の第1条Ⅱに淵源を有する。現行の規定は、障害者補償給付（PCH）の創設など障害者施策の大幅な見直しを盛り込んだ2005年2月11日法により法典に編入されたものである。かかる経緯からすれば、2005年法は2002年法を継承し、障害に起因する負担を国民連帯に転嫁するものであることになる（F. Faucheux, « La politique en faveur des personnes handicapées et ses limites », *Regards sur l'actualité*, N° 317, 1/2006, p. 73）。

出した「極貧及び経済的・社会的不安定（Grande pauvreté et précarité）」の中でも，社会扶助が国民連帯の発現であることを記述している。

このようなことからすれば，社会扶助の理解の仕方としては，学説のみならず実務レベルでも連帯説ということになる。このことは，社会扶助を帰属による連帯と整理する本稿の理解とも整合的と言える。

3) 社会扶助の権利性

社会扶助に関して何れの説を採るにせよ，拠出を前提としない社会扶助の場合には，権利性の問題が社会保険以上に問われることになる。仮に連帯説に依拠するにせよ，個人は社会扶助を権利として主張し実現し得るかという権利性，すなわち主観法（droit subjectif）の問題が残るのである[150]。そこで，以下では，連帯説に依拠しながら，この権利性の問題について検討を行うこととする。その際，社会扶助の黎明期において，社会法は未だ成熟しておらず，公法学者の著作の中に社会扶助の権利性の手がかりを求め，社会法の視点から光を当てることになる。

ところで，19世紀末から20世紀初めに登場した社会扶助立法の創成期においては，社会扶助は所有権等の自由権とは異なり，個人の利益に着目した権利とは捉えられていなかった。つまり，社会扶助は，せいぜい一般利益の実現を目的として法律に基づく国家の義務と認識されていたのである[151]。この点は，オーリウ氏においても同じで，扶助の義務は個人の権利ではなく国家に対する客観法上の義務と捉えられていた[152]。換言すれば，個人が社会扶助を受給するとしても，それは権利ではなく法の反射的利益ということになる。実際，オーリウ氏の弟子で独自の権利論を展開したバルテルミ氏（J. Barthélemy）でさえも，ドイツ流の主観法の分類を参考にしながら，権利とは，訴えを通じて法的に保護された利益である定義した上で，1893年7月15日の医療扶助法に

---

(149) 例えば，Décision n° 2001-447 DC du 18 juillet 2001；Désision n° 2003-487 DC du 18 décembre 2003

(150) フランスにおいて，主観法に関する議論が必ずしも展開されてこなかったことについて，ノルベール・フルキエ（興津征雄訳）「フランス行政法における公権論」『民商法雑誌』147巻6号492-516頁（2013年）

第4章　社会保障法の基礎としての連帯

関しては，個人が困窮状態の確認を求める権利（第14〜18条）を規定しているものの，それは扶助に対する権利ではなく反射的利益であると述べている[153]。

連帯説に立ちながら，行政サービスに対する個人の権利を位置付けた点では，デュギー氏の後継者としてのボナール氏（R. Bonnard）が濫觴である。彼によれば，一般利益の充足を目的に法的に義務付けられた行政行為の結果としての

---

(151) N. Foulquier, *op.cit.*, pp. 390-391, p. 551 ; H. Berthélemy, *Traité élémentaire de droit administratif*, Arthur Rousseau, 1913, pp. 826-831（ベルテルミ氏は，相互扶助が社会的義務であったとしても法的義務ではない理由として，隣人を助けることが義務であったとしても隣人が権利を取得することがないのと同じように，個人も国家に対して権利を取得することにはならないと述べている。その上で，国家が扶助に介入するのは，貧困が公共の危険を招来し，行政として貧困者を救済しないわけにはいかないからであり，それだけに健康な貧困者を扶助することは危険であると主張している。）; Sénat, Séance du 6 juillet 1905, *Journal officiel du 7 juillet* 1905, pp. 1150-1151（内務省公衆衛生局のモノ局長（H. Monod）は，高齢者等の社会扶助法案の上院審議に際して，「慈善（charité）は徳であり，最も崇高な徳である。」と述べた上で，「救済（assistance）は公役務，すなわち一般利益のために共通の経費で実施される組織である。この利益は，科学的な基礎を有し，連帯という言葉で表される正義の実現である。」と発言している。）

(152) M. Hauriou, *Précis de droit constituitionnel*, 12e édition, Sirey, 1933, p. 138, pp. 697-699（1933年の段階でも，低所得者は，行政により組織された役務を享受する地位が付与されるのであって，当該役務を要求する権利が付与されるわけではないことを指摘している。）; M. Hauriou, *Principes de droit public, op.cit.*, pp. 545-546（公的扶助に関する役務制度に基づく救済の享受は，貧困者の地位という特別の地位の創設に依存すると述べている。）; M. Hauriou, « Des services d'assistance », *Revue d'économie politique*, 1891, pp. 615-623（初期の段階のオーリウ氏の考え方が示されている。要点は次の通りである。①公的救済（assistance publique）が必要となるのは，社会の組織が不十分であることに原因があり，その不完全性を是正することに目的がある。生存競争は，粗野な力の発現であって，社会秩序及び法は弱者を支援することにより，それに対処する必要がある。②競争に対応できない個人に対して，社会は支援する義務がある。しかも，それは社会が従うべき真の義務であって，曖昧な人道主義ではない。かかる社会の義務の根底には，社会にも責任の一端があることが存在する。そして，社会の支援義務は，社会が持つ刑罰権の裏返しでもある。社会が自由であるが故に反社会的行為を罰することとともに，不幸な者を支援することも社会の義務である。③それでは，救済の義務との関係で，個人が権利を有するのかといえば，そうではない。個人が十分に道徳的ではなく，個人に権利を認めることになれば，努力や労働に対する意欲を損ねる危険がある。④従って，貧困者は，救済に対する権利を有しないが，長い間考えられてきたような無償の贈与ということではなく，救済を社会の義務として法的義務に転換すべきことになる。とりわけ，年齢，疾病や災厄により競争状態にない者に対する救済は，最小限不可欠な施策である。）

反射的利益に対して，権利（主観法）の場合には，その本質が第三者に何かを請求する権能の存在にあり，当該第三者が個人の利益の充足を目的として義務を負うことになるとする(154)。その上で，行政行為に関して，ボナール氏は，法令に基づき権能・様式・内容・目的に則りつつ，個人の利益のために給付が行われる場合には，被治者に権利（droit public subjectif）が発生し，当該行為の適法性に係る争訟も主観訴訟となるとする(155)。

フランスにおける権利（主観法）と反射的利益の議論は，ドイツの議論の影響を受けつつも，それに対する独自性を模索する中で展開してきた(156)。この点，フルキエ氏（N. Foulquier）は，第二次世界大戦前，バルテルミ氏やボナール氏のような例外を別とすれば，自由権を中心に国家の介入を制御しようとする自由主義的な雰囲気が支配的な法学界にあって，社会権に基づく被治者の権利が認められることにはならなかったことを指摘する(157)。しかも，デュギー氏

---

(153) J. Barthélemy, *Essai d'une théorie des droits subjectifs des administrés dans le droit administratif français*, Librairie de la société du recueil général des lois et des arrêts, 1899, pp. 22-24, p. 34, pp. 154-155. なお，バルテルミ氏は，権利について，それを実現しようとする個人の利益を対象として，法がその保護を目的としていることが必要であり，その場合の権利は訴訟を通じて実現することができると述べている（*ibid.*, p. 63, p. 138）。また，1893年と1905年の公的救済法（assistance publique）に関して，同氏は，「義務的救済（assistance obligatoire）」と「救済に対する権利（droit à l'assistance）」を混同してはならないとして，債権者である貧困者に対して社会が債務者という整理に否定的である（J. Barthelemy, « L'éffort charitable de la troisième république », *RDP*, 1910, pp. 365-367）

(154) R. Bonnard, *Le contrôle juridictionnel de l'administration, Étude de droit administrastif comparé*, Delgrave, 1934, rééd. Dalloz, 2005, p. 43, p. 63, p. 66

(155) *ibid.*, p. 67, p. 71, p. 95. ボナール氏の『行政法精義』（R. Bonnard, *Précis de droit administratif*, LGDJ, 4ᵉ éd., 1943）では，主観法とは，要するに何某に対して何かを請求する権能である（p. 73）とする。ただし，序で述べられているように，同書の第一版ではデュギー等と同様に主観法を排除していたが，第2版以降では，主観法を無視することが困難であるとした上で，主観法概念を体系書に採用するようになったものである（*ibid.*, p. 5）。彼の理論は，意思力，利益，訴訟に訴える権能といった主観法の要素を全否定するのではなく，別の形で役割を付与するという考え方であった（R. Bonnard, « Les droits publics subjectifs des administrés », *RDP*, 1932, pp. 706-707）。ボナール理論は，主観法が成立するためのいくつかの要件を提示するが，最も本質的な要素として「要求する権能（pouvoir d'exiger）」を掲げ，その保有者が他人に対して何かを請求できることが主観法の本質であるとする（R. Bonnard, *Le contrôle juridictionnel de l'administration, op.cit.*, p. 43; R. Bonnard, « Les droits publics subjectifs des administrés », *op.cit.*, p. 708）。

第4章　社会保障法の基礎としての連帯

を代表とする公役務理論は，公役務が社会連帯に基づき一般利益の実現を目指すものであって，被治者の権利を実現するとの立場には立っていなかった[158]。

戦後においても，学説が被治者の権利を承認することに消極的な傾向にあるのは，戦前と同様であり，1946年憲法前文の社会権関連の規定も，戦後解放という社会経済状況の中での憲法制定議会での議論を通じて登場したものである。それだけに，戦前からの社会保障立法の蓄積の上に，憲法レベルにおいても社会権関連規定が位置付けられたことは，時代の転換点を意味していた。実際，1971年に至り，憲法院により憲法前文の憲法規範性が明確に承認されることになり（Décision n° 71-44 DC du 16 juillet 1971），このことは，社会保障法にとっても，その後の判例を通じて重要な意味を持つことになる[159]。

現在，様々な行政分野において個人が権利の主体（sujet）であることは広く認知されている[160]。この点は，憲法の規定に基づく権利性の承認に慎重であった国務院にも影響を及ぼしており，憲法規範を前面に出すのではないもの

---

(156) N. Foulquier, *op.cit.*, pp. 308-328, pp. 377-395（20世紀初めのフランスの議論は，ゲルバー（Gerber）の公権論やイェーリネック（Jellinek）の反射的利益論等，ドイツの学説の影響やそれへの対抗を軸に展開するが，学者間の違いが顕著だったのは，権利に関して個人の利益と一般利益の何れを優越させるかという点（個人の利益と一般利益の峻別論）にあり，その違いが反射的利益論に端的に表れた。一般利益が優越する場合には，行政はその実現のための裁量権を有しており，訴訟には馴染まないことになる。これに対して，個人の利益に力点を置く場合には，それは訴訟によって実現されることになる。そのため，越権訴訟についても，訴訟の結果として個人の利益が保護されるのか，個人の利益の保護を目的とするのか捉え方は，立場によって異なる。ただ実際のところ，客観訴訟である越権訴訟の場合にも，訴えの端緒は個人の意思であり，反射的利益は個人の権利と混然一体化することになる。かかる議論が支配的な当時にあって，制度がようやく形を成し始めた社会扶助については，それが一般利益の実現を眼目とする制度であるとの理解から，行政にとっての義務ではあっても，受給者にとっての権利であるとは捉えられていなかった。）

(157) N. Foulquier, *op.cit.*, pp. 549-552

(158) *ibid.*, pp. 552-554

(159) L. Favoreu et L. Philip, *Les grandes décisions du Conseil constitutionnel*, Dalloz, 2003, pp. 237-255

(160) 行政の客体であった被治者（administrés）について，公法上の権利（権利）という意味で権利主体としての側面が強くなり，その点で行政法の主観法化（subjectivisation）が進んでいることについて，P. Delvolvé, « Propos introductifs, Droits publics subjectifs des administrés et subjectivisation du droit administratif », *in* AFDA, *Les droits publics subjectifs des administers*, Litec, 2011, p. 3 et s.

の，平等権のような一般則を媒介に国家に対する請求権を承認するようになっているとされる[161]。例えば，一般利益の実現を究極の目的とする公役務について見ると，個人（利用者）は，必要な要件を充足しさえすれば，平等に給付を受ける権利を有することになる[162]。

　さらに社会扶助の場合には，現在，その権利性は実定法上も明確である[163]。社会事業・家族法典（CASF）は，その冒頭に「社会扶助に対する権利（Droit à l'aide sociale）」に関する章（第1章）を設け，フランスに居住する全ての者は，支給に関する法的要件を満たす場合，同法典が規定する社会扶助を受給できることを規定している（L.111-1）。さらに，同法典の個別の給付に関しては，明確にそれが「…に対する権利（droit à）」であることを規定するものもある[164]。

　従って，社会扶助に対する権利は反射的利益ではなく，補足性等の要件を満たす限り，行政にも対抗力を有する権利ということになる。仮に権利を実現するための訴訟制度を権利性のメルクマールと捉えるなら，社会扶助に関する中央社会扶助委員会（CCAS）等の争訟制度が用意されていることからも，権利性は担保されている。

　こうした社会扶助の権利性に対する理解は，司法の場でも承認されている。まず憲法院の判例については言えば，社会的保護（社会保障）が権利（主観法）であることは承認されており（Décision n° 86-225 DC du 23 janvier 1987），社会

---

(161) N. Foulquier, *op.cit.*, p. 568
(162) J. Rivero et J. Waline, *Droit administratif*, 16ᵉ édition, Dalloz, 1996, p. 410 ; R. Chapus, *Droit administratif général*, T. 1, 12ᵉ édition, Montcrestien, 1998, p. 574（「国民は公役務の通常の活動に対する権利を有する。それは確かである。」と述べている。）; Conseil d'État, *Rapport public* 1999, *Jurisprudence et avis de* 1998, *L'intérêt général*, La documentation française, 1999, p. 272（公役務にとって一般利益の充足が重要な要件であり，一般利益の目的がなければ公役務ではない。）
(163) 社会扶助を「法定社会扶助（aide sociale légale）」と捉えるなら，それは法律により義務付けられた全ての給付，すなわち，その実施によって債務者である公的団体にとっては厳格な義務，個人にとっては裁判所に訴えることができる真の権利という両方の性格を有する給付であり，結果的に法定外の社会扶助や社会事業は該当しないことになる（M. Borgetto, « L'égalité et l'aide sociale », *RDSS*, N° 3/2013, p. 401）。
(164) 典型的には，最低所得保障に関して，労務不能状態にある全ての者が生存に必要な適当な手段を公共団体から受ける権利を有する旨の規定（CASF.L.115-1）などである。
(165) E. Aubin, *Droit de l'aide et de l'action sociales*, Dualino éditeur, 2006, p. 59

的保護の一環としての社会扶助も同様の位置付けと考えられる[165]。同様に，社会扶助争訟を所管する社会扶助中央委員会（CCAS）においても，1956年7月26日判決が社会扶助の権利性を承認している[166]。

以上，要するに社会扶助は，理論面では連帯説に依拠しながら，そして実定法上はその権利性を明確化する規定の整備という営為を通じて，司法府も含め権利性が承認されてきたと言える。一言で言えば，戦後に社会扶助の権利性が明確化されてきた要因は一つではない。さらに，権利性を促進した現実的要因も重要であり，その関係では，以下の点が指摘されている[167]。

① 利用者である個人の個別利益と結びついた各種公役務（社会保障，教育等）の増大・発展
② 各種公役務との関係での人権の憲法による保障の明確化・強化
③ 欧州等の国際条約による人権保障の強化

4）債権的権利としての社会扶助

次に，社会扶助の権利性とは，具体的に如何なる権利かの吟味が必要となる。

まず挙げるべきは，社会扶助は，国家の積極的な関与を必要とする債権的権利（droits-créances）としての性格を有していることである。この債権的権利は，社会的・経済的権利として1946年憲法前文によって明文化されることになっ

---

[166] CCAS, 26 juillet 1956, *Sieur R.*, in X. Prétot, *Les grands arrêts du droit de la sécurité sociale*, Dalloz, 1998, p. 605（判決文は，「これらの法律の規定は，それらの受給権者が少なくとも前述の法律の全要件を満たす限りにおいて，当該受給権者に対して，当該法律が創設する月別手当の真正な権利を形成する」と述べている。）

[167] J.-F. Lachame, « Quels droits publics subjectifs pour les usagers des services publics? », in AFDA, *Les droits publics subjectifs des administers.*, LITEC, 2011, pp. 115-129

[168] N. Foulquier, *op.cit.*, p. 555; *Journal official*, Débats de l'assemblée nationale constituante, Séance du 7 mars 1946, p. 606（前文の審議に当たり，委員会報告者は，19世紀半ば以前から，社会は人民に必要な手段を保障しておらず，貧困・無知故に社会は全ての人民が自由を享受できていない状況に鑑み，新憲法では，人々を貧窮から解放し，社会が人間の役に立つための権利を保障するため，前文に社会的・経済的権利を規定したとの趣旨の発言をしている。）

たという点で，戦後の福祉国家の発展とも軌を一にする[168]。現在，各種権利のうち，健康に対する権利（第11項），社会的保護に対する権利（第11項），教育及び文化に対する権利（第13項），自然的災厄等との関係での連帯に対する権利（第12項），雇用に対する権利（第5項）が，憲法院も承認するところの債権的権利とされる[169]。

このうち社会扶助に関連する第11項は，具体的には生存手段の確保を保障する規定である。ただ，これも債権的権利である以上，実際には法令の媒介なしに権利を実現することができないのも事実である[170]。逆説的に言えば，社会扶助に対する権利は，前述のとおり反射的利益でないことに加え，法令に基づき発生する権利であって，単に行政による裁量的決定により発生する権利ではないことになる[171]。

このため，「専門性の原則」から貧困の類型別の社会扶助制度が採用されてきたフランスにあっては，法の欠缺が生じないよう社会扶助法令が整備されることが重要となる。しかし，現実には，社会保障の一般化の理念にもかかわらず，社会保険のみならず社会扶助の網からもこぼれ落ちる階層の問題，すなわち法の欠缺状態が生じてきた。1974年にルノワール氏（R. Lenoir）によって指摘された社会的排除（ソーシャル・エクスルージョン）の問題（典型的には，社会問題が複合的に発生する都心近郊の灰色ゾーン（zones grises）の問題）が正にそれであり，予防的措置も含めた社会的排除に関する新たな対応が必要となっていた[172]。

---

(169) L. Favoreu et al., *Droit consttitutionnel*, Dalloz, 2006, pp. 862-875
(170) 社会扶助のみならず社会保険も含め，立法者の介入を必要とする債権的権利であるという点は，社会保障に共通する（D. Roman, *op.cit*, pp. 281-283）。自由権が公権力行使の抑制によって享受できるのに対して，債権的権利の場合には，その内容等が実定法に依存するため，国家による積極的行為がなければ，権利は潜在的なものに止まる（J. Sayah, « Le droit à l'assistance ou la solidarité reconnue par le droit », in A. et C. Euzéby (éd.), *Les solidarité, Fondements et défis*, Economica, 1996, p. 45）。
(171) 国務院1909年2月15日判決（CE, 15 février 1909）では，「扶助は，法律自体から受給者が取得する権利に基づき付与されるのであって，行政当局の裁量的決定に基づき付与されるもではない」と判示しているとの記述がある（J.-P. Hardy, *L'aide sociale aujourd'hui*, ESF, 2010, p. 53）。
(172) R. Lenoir, *Les exclus, Un Français sur dix*, 4ᵉ édition Seuil, 1989, p. 14

第4章 社会保障法の基礎としての連帯

対応策を社会扶助に限って言えば、伝統的な貧困類型からはみ出す困窮者も含めて給付対象とする普遍的な社会扶助制度が求められることになり、1988年12月1日法に基づく最低所得保障制度（RMI）が創設されることになった[173]。その際の同制度導入の理論的基礎は連帯であり、これは連帯が憲法の規定を現実のものとして制度化する原動力になることの証左でもあった[174]。

5) 社会扶助の根底にある原理・原則との関係

フランスの社会扶助が債権的権利であるということは、その権利性が法令の規定振りに大きく依存することにもなる。このため、連帯説に基づき社会扶助の権利性が基礎付けられるとしても、債権的権利であるが故に必要となる具体的な法令の規定に即して、社会扶助の権利・義務関係を検討することが必要となる。つまり、憲法論に加えて、それを担保する実定法に即した議論が必要になるということである。

そこで、ここでは社会扶助の適用関係やその下でのサービスの利用関係を必要な範囲で整理し、その上で社会扶助に特徴的に見られる連帯の作用を確認することにしたい。

① サービスの利用関係

2002年1月2日法による社会事業・家族法典の改正により、権力的な服従関係を基調とする行政モデルではなく、市民としての利用者の権利を尊重しつつ、利用者を対等な当事者とする利用関係の流れがより強まってきている[175]。

具体的には、社会事業に関する総則規定の「利用者の権利（Droits des usagers）」に関する節（CASF.L.311-3 et s.）の中で、まず利用者の権利が謳われ、

---

(173) 拙著・前掲注(17)267頁以下
(174) 現在、最低所得保障制度は、2008年の改革を経て積極的社会所得（RSA）に変貌を遂げている。この現行制度も含めて最低所得保障は、自立のための取組等を求める受給者との契約が付随する点が特徴である。言わば包摂契約ともいうべき契約と受給権との関係を巡っては、その対価性が問題となってきた。これは、いわゆるワークフェア（workfare）と同根の問題であるが、社会扶助の権利性に大きく作用する。この種の契約の理解の仕方には議論はあるが、結論的には給付の条件であっても対価ではないと言えよう。
(175) 嵩さやか「フランスにおける社会福祉サービスと契約への規制」岩村正彦編『福祉サービスと契約の法的研究』（信山社、2007年）179-181頁

それに即した各種権利の担保規定が設けられている。利用者の権利としては，利用者の尊厳等の権利の尊重，サービス選択の原則的自由，利用者に状況に応じたサービス提供，利用者の秘密の保護，利用者の情報へのアクセス，法令・契約上の権利に関する情報提供，サービス運営への参加が列挙されている（CASF.L.311-3）。その上で，これらの権利及び虐待の防止の担保措置関係の規定が続くが，サービス利用関係に限って言えば，利用者の自由・権利に関する憲章及びサービス運営に関する事項を添付した「受入説明書（livret d'accueil）」の交付，そして施設・在宅サービスの利用関係を規定する「入所契約（contrat de séjour）」又は「個人別費用負担書類（document individuel de prise en charge）」といったの合意文書が規定されている（CASF.L.311-4）。

この入居契約の性格については，判然としない点があるが，破毀院は，高齢者の民間老人ホームへの入所及びサービス提供に係る契約について，「物の賃貸借（louage de choses）に関する民法の規定は適用されず」，当事者間の合意によってのみ規律されるところ，問題となった個室への入室は規定されていないと判示している（Cass. civ. 3e, 1er juillet 1998, n° 96-17515）。また，公立施設の場合には，入所契約の登場により，利用関係が法令に基づく規則的な一方通行の関係ではなく，行政契約としての性格を帯びる可能性が指摘されている[176]。

いずれにせよ，受入説明書であれば，それは利用者を権利の主体として位置付けるものであり，また，入所契約等であれば，それは利用者をして「客（client）」とも言うべき事業者と対等な立場に位置付けるものであり，利用者の権利性がこれら措置により強化されるものと評価できる[177]。

② 社会扶助の適用関係

社会扶助の法関係は，次のとおり異なる位相の規律から成る多面的な関係である。

　a．実施主体

歴史的に見れば，社会扶助はキリスト教の慈善と深いつながりを有するが，フランス革命や1905年の政教分離法を経た後も，社会扶助は非営利の民間組

---

[176] M. Borgetto et R. Lafore, *Droit de l'aide et de l'action sociales, op.cit.*, p. 239
[177] *ibid.*, pp. 238-239

第4章　社会保障法の基礎としての連帯

織が運営の中心となっている。すなわち，実施主体は，公立を別とすれば，1901年法に基づく社団（association）が中心である。ただし，実施主体が制度的に社団に限定されているわけではない。社団以外にも，財団，共済，株式会社等の私法人や市町村社会事業センター（CCAS）等の公法人，あるいは私人が実施主体となることが可能である。従って，株式会社の参入が法的に排除されることにはならないが，医療で株式会社立の病院が存在することと比べても，実際上，この分野での営利法人の存在は限定的である。

　また，社会扶助の適用に当たっては，法人格の取得に関する社団設立とは別に，施設・事業者に関する認可（autorisation）が必要となる（次のb.）が，これは他の法人形態でも同様である。すなわち，「社会的組織（institution sociale）」としての法人格とともに，「社会的施設（établissement social）」としての施設・事業者としての設立が必要となる。アルファンダリ氏の言葉を借りるなら，管理運営組織（organismes gestionnaires）としての社団等と，それによって管理運営される組織（organismes gérés）である施設とに概念上分けることができるわけである[178]。

b．施設等の認可

　慈善の伝統を有する社会扶助等は，公役務の遂行である病院と異なり，「一般利益及び社会的便益の任務（mission d'intérêt général et d'utilité sociale）」のための活動であると位置付けられている（CASF.L.311-1）。実際，障害者の自立施設（ESAT）に関して，国務院は，立法者が公役務性を排除する意図の場合には公役務性を認めることができないと判示している（CE, 22 février 2007, APREI, n° 264541）。すなわち，国務院によれば，

・公役務の遂行主体である私法人のメルクマールとして，行政の監督の下での一般利益（公益）の実現及びそのために必要な公権力特権の付与が挙げられているが，

・公権力特権の付与がない場合であっても，その活動の公益性，その設立，組織及び運営に関する要件並びに目的の達成を確認するための措置に照ら

---

(178) E. Alfandari, « La distinction associations gestionnaires-établissements gérés : liberté et contrôle », *RDSS*, N° 3/2010, p. 405 et s.

して，公役務性が認められる

としながらも，障害者の自立施設の場合には，立法者意思でそれが排除されているとする[179]。

　さらに，社会扶助の場合には，その実施に当たって，実施主体の自主性の尊重とともに公権力による監督が必要と考えられている。この両方の要請の調和を図るための措置として，一般に施設やサービスの開始に当たっては，所管に応じて県議会議長，地方医療局（ARS），県知事等の認可（autorisation）取得が義務付けられることになる。

　ｃ．施設等の認証

　前記認可が規制行政的な性格を有するのに対して，施設・サービスの認証（habilitation）は，社会扶助や社会保険からの給付の支給対象としての適合性を示すための行政行為である（CASF.L.313-8 et s.）。従って，認証を受けた施設・サービスは，社会扶助や社会保険からの財政的な支援が保障されることになる。

③ **社会扶助の特徴**

　ニーズ原則に基づく社会扶助の特徴の一つは，その制度の多様性にある。異なるニーズを有する高齢者，障害者，母子等の対象者の違いに加え，給付も現金給付と現物給付に分かれ，更に現物給付も施設入所や在宅サービスといった類型が存在する。しかも，フランスの社会扶助は，最低所得保障制度の導入以来，多様化する傾向にある。

　例えば，以下で述べる補足性の原則は，障害者の第三者介護のための障害者補償給付（PCH）や要介護高齢者のための個人化自律手当（APA）の場合には適用されない。この結果，所得や扶養義務者の存在を問わず，まず制度を適用した上で，所得に応じて給付水準が変わってくることになる。確かに，個人化自律手当の場合であれば，それが要介護という第５のリスクに対応するための制度と位置付けられることがあるように，社会扶助の特徴である補足性の原則が消失し，社会保険に類似してくる面がある。しかし，社会保険と異なり，保

---

[179] この背景として，障害者施設が親の会の自主的な取組で設置されてきたという経緯や，社団の国営化を嫌う風潮が影響しているとの指摘がある（H. Rihal, « Le contrôle des établissements sociaux et médico-sociaux par le juge administratif de droit commun », RDSS, N° 3/2010, p. 450）。

第4章　社会保障法の基礎としての連帯

険料拠出を欠いており，依然として社会扶助の射程に止まる制度と言えよう。

このように社会扶助の特徴について，例外の存在も意識せざるを得ないが，伝統的な特徴として，以下の点が挙げられる[180]。

　a．専門性の原則

制度が高齢，障害等の類型別に構築されており，社会扶助を受給するためには，何れかの類型に該当する必要がある。つまり，社会扶助は，受給権者の全てのニーズに対応するわけではなく，法令が規定する特定のニーズに対応するための制度である。

　b．扶養債権的性格

社会扶助は，民法の親族扶養と同様の扶養法（droit alimentaire）としての性格を有している。このため，受給者の給付に対する権利は，扶養債権（obligation alimentaire）としての性格を有しており，社会扶助は，受給者のニーズに対して必要な給付を行うことになる。また，当該受給権については，その扶養債権性から譲渡・差押が禁止されるほか，事後的な償還ではなく事前に給付が提供される必要がある。

　c．補足的性格

社会扶助には，個人のニーズを充足するための扶養債権的性格（上記b）がある。その一方，自己責任原則（principe de l'autonomie）を前提にしており，個人の資産や能力の活用，親族扶養（家族連帯），社会保険等の他制度に劣後しており，あらゆる手段を尽くした後でなければ支給されない[181]。これを連帯における低次と高次の集団の関係性で言えば，国民連帯等の高次の集団的な連帯は家族連帯との関係で劣後することを意味する[182]。もちろん，社会扶助

---

[180] J.-P. Hardy, *L'aide sociale aujourd'hui, op.cit.*, p. 60

[181] F. Kessler et F. Géa, « Le principe de subsidiarité dans le droit de l'aide sociale, Quelques éléments de réflexion », *in Drôle(s) de droit(s), Mélanges en l'honneur de Élie Alfandari*, Dalloz, 1999, p. 308

[182] Conseil d'Etat, *Aide sociale, obligation alimentaire et patrimoine*, La documentation française, 1998, p. 9; M. Badel, « Subsidiarité et aide sociale : quelle actualité ? », *RDSS*, N°6/2007, p. 1077 et s.；F. Kessler et F. Géa, *op.cit.*, p. 333（補足性の原則とは，より狭い共同体が役割を引き受けられない場合に，より広い範囲の共同体がそれを引き受ける原則であるとする。）

88

自体は，その歴史的発展の中で親族扶養を連帯によって代替してきたものであるが，扶養法の適用順位に関して，まず身近な集団によって扶助が提供されるべきという原則が存在することになる(183)。要するに，行政が社会扶助以外の連帯（家族連帯等）や稼得手段の不存在を確認した後に，最後の手段として発動されること，これが社会扶助の補足性ということになる(184)。

d．前払い的性格

社会扶助の支給は前払い的性格があり，給付によっては，扶養義務者や相続財産等からの事後的な回収措置（求償）の対象となる。この特徴は，補足的性格（上記 c）の具体的な表れと捉えられる。

以上，社会扶助の権利としての特徴をまとめると，扶養性（droit alimentaire），専門性（droit spécialisé），非対価性（droit sans contrepartie），権利性（主観法性，droit subjectif）及び補足性（droit subsidiaire）の 5 点に集約される。このうちの非対価性及び権利性は，社会扶助が帰属による連帯に基づく権利であることを示唆している。また，扶養性及び補足的性格は，扶養のための各種連帯類型の間に階層性があることを意味している。なお，これらの特徴の現れ方は，制度によって異なっており，必ずしも全ての特徴を具備することにはならないことには留意が必要である(185)。

(3) 日本の分析に向けての予備的整理

とりあえず，ここまでの分析を整理し，日本の分析に向けての架橋としたい。

---

(183) H. Berthélemy, *op.cit.*, p. 833（ベルテルミ氏は，親族扶養と行政との関係のみならず，行政相互においても，より身近な行政が扶助を担うのが原則であることも指摘している。）；JOAN, Débats parlementaires, Séance du 15 mai 1975, p. 2716（国民議会の報告者であるブラン氏は，1975 年の障害者法の原理が連帯であるとともに，「我々は，このように救済制度を連帯制度に転換するという政治の意思を示している」と議会で発言しており，連帯が親族扶養に関する補足性を縮減する方向に作用することを示唆している。）

(184) E. Aubin, *op.cit.*, p. 40

(185) L. Cytermann, *op.cit.*, p. 310. なお，親族扶養における扶養債務（obligation alimentaire）が家族連帯の法律上の発現であるとの理解に立ち，それが故に民法の全部債務（obligation *in solidium*）との関係や扶養の程度が問題となることについて，A. Batteur, *Droit des personnes de familles et des majeurs protégés*, LGDJ, 2010, pp. 492-493；E. Alfandari, *Le droit aux aliments …, op.cit.*, Tome I, pp. 21-29

第 4 章　社会保障法の基礎としての連帯

　まず，社会保険については，第一に連帯類型としての職域連帯及び連帯原理としての貢献による連帯を基礎に置く制度体系となっている。ただ，一般には保険関係と呼ばれる法関係は，民間保険のような契約とは理解されておらず，拠出と給付の関係も対価性というよりは牽連性とも言うべき関係に止まる。もちろん，拠出が生み出す給付との牽連性が権利性の拠り所となっている点では，貢献による連帯にとって拠出は重要である。このような民間保険に対する修正原理とも関係するが，第二に社会保険法の中には，連帯類型としての職域間連帯・国民連帯に基礎を置く財政調整が存在しており，これを連帯原理の側面から見ると，仮想的な保険集団を前提とする貢献による連帯とも捉えることができる。また，第三に，連帯は無制限な権利義務関係ではなく，そこには限界があり，保険料の上下限のような形で制度に反映される。このほか，無拠出制給付や公費投入のように，国民連帯及び帰属による連帯に根差した制度も混在している。その点では，社会保険法の中に社会扶助が同居しており，場合によれば，保険集団を越えて連帯が展開することになる。

　次に社会扶助については，連帯類型という点で国民連帯ないし地域連帯の色彩が強く，連帯原理としての帰属による連帯に依拠しているのが特徴である。この点が，職域連帯及び貢献による連帯に依拠する社会保険と異なる特徴である。さらに，権利性という点でも，社会扶助には，帰属による連帯であるが故の幾つかの特徴が見られる。

　第一に，憲法上の位置付けは付与されたものの債権的権利として，権利の実現には立法（法令による権利の具体化）が必要であり，それは連帯概念によって可能となる（連帯説）。その点に，社会扶助の基礎としての連帯の意義を見出すことができる。

　第二点としては，社会扶助が債権的権利であるが故に責任主体やサービス提供主体といった制度設計が重要性を有することになるが，社会扶助は個人資産等（自己責任・自助努力），親族扶養（家族連帯）との関係で劣後しており，それが補足性の原則ということになる。これは，連帯類型との関係で，低次から高次の集団の方向での連帯の優先関係が存在していることを意味する。

　第三点としては，権利論との関係で，司法判断適合性（justiciabilité）をもって権利性のメルクマールとするならば，社会扶助は立法を通じて権利性を付与

されるようになっている(186)。

　管見によれば，フランスの社会扶助立法の歴史に照らしても，学説と立法は単線的な発展過程を辿るとは限らない。連帯が法的概念になり，権利性の議論が顕在化してきた背景としては，社会問題への対応の必要性から各種社会扶助立法が登場してきた20世紀初めの時代状況や立法事実を無視することはできない。また，1893年の無償医療扶助法，1905年の低所得高齢者等への義務的扶助法なども段階的に登場してきており，社会扶助の権利性の問題も生成発展する立法を前提に議論がされ，それが更に次なる立法化が推し進める。

　ただ，社会扶助を含めた社会権が憲法規範としての裏付けを付与されたのは戦後においてである。しかも，それは，戦後の福祉国家にもつながるという意味で，社会権にとって好都合な社会経済状況が関わっている。そして，債権的権利としての社会権を打ち出した第四共和制憲法前文の下で，社会扶助立法レベルにおいても権利性が明確に規定され，その根底に連帯が存在することが理論化されるようになったのである。

　また，法的概念に昇華した連帯概念は，その後社会保障法以外の分野ではほとんど顧みられることがなくなったが，これは公役務理論の下で声高に連帯を唱える必要がなくなったことが影響している(187)。これに対して，連帯に依拠しながら制度を新たに構築する必要があった社会保障においては，連帯は本源的な重要性を有していたのである。

　そこで，フランスにおける連帯類型と連帯原理の分析を踏まえつつ，日本の検討に入ることにしたい。

◆ 3 ◆　日本に関する分析

日本についても，社会保険法と社会扶助法に分けて検討を行うことにする。

---

(186) N. Aliprantis, « Les droits sociaux sont justiciable! », *Droit social*, N° 2, février 2006, p. 158 et s.
(187) 拙著・前掲注(17)110-114頁

第4章　社会保障法の基礎としての連帯

(1) 社会保険法の場合
1) 社会保険の組織・構造
本書の問題意識との関係で，日本の社会保険の組織構造上の特徴を挙げることから始めことにしたい。

① 日本的修正が施されたビスマルク型の制度設計
我が国の制度も，歴史的にはビスマルク型の社会保険である報酬・所得比例の要素が強いが，現行の基礎年金が定額拠出・期間比例による定額年金（フルペンション減額方式）であったり，国保の保険料に応能部分とともに応益部分があるなど，我が国独自の要素が加味されている。また，国民皆保険・皆年金体制を実現すべく，制度設計上は無年金・無保険が発生しない構造で設計されている。しかし，ビスマルク型を基本としていることから，社会保険の適用・徴収が完璧だとしても，低年金のような問題は残ることになる。

② 制度の分立
工場労働者を対象に創設された健康保険を嚆矢とする我が国の社会保険制度においては，健康保険法，厚生年金保険法等の被用者保険から外れる職種や国民を対象にして，国保や国年がセーフティネットを張る構造となっている。これを保険集団の観点から見ると，

　a．協会けんぽ（全国健康保険協会）のように厳密な意味で職域単位と言えるか議論の余地がある場合も含め，一応職域という発想で設計された被用者保険や同業同種による国保組合のように職域連帯に根差した制度と，

　b．市町村国保のように市町村等が保険者という点で地域連帯に根差した制度や

　c．全国民を対象とする国年のように国民連帯に根差した制度

とが併存している[188]。また，適用関係で見ると，被用者保険の場合でも，共済組合等から外れる職種を健康保険（健保組合から外れる被用者を更に協会けんぽがカバー）や厚生年金（以下「厚年」という。）がカバーしている[189]。その意味では，協会けんぽ及び厚年が被用者保険のセーフティネットとなっている。

---

[188] 協会けんぽの場合も都道府県ごとに保険料率が異なり，支部ごとの健診・保健指導や医療費適正化対策の取組が存在することからすれば，地域連帯の性格もある。

同様に国保の場合には，同業同種の国保組合から外れる住民を市町村国保がカバーしている。いわば，狭い職域連帯から広い職域連帯へ，更に地域連帯や国民連帯へという形で補完関係（低次の集団から高次の集団に向かっての補完性）が成立しているのが，我が国の特徴である。

③ 公的関与の強い保険者運営

年金が典型であるが，政府管掌であったり，さもなければ市町村等の地方公共団体を保険者とする制度が多く，組合方式は共済組合，健保組合や国保組合に限定される。その点で，保険者自治の及ぶ範囲は限定的である。ただし，政管健保が協会けんぽに再編されたり，後期高齢者医療制度の運営主体が市町村自体ではなく広域連合になるなど，従来と異なる保険者が登場しているのも事実である。しかも，協会けんぽの運営委員会（労使，有識者で構成）や国保の運営協議会（被保険者等）の存在も参酌するなら，保険者自治的な発想は，社会保険全体を通じて存在している。

このように我が国の場合には，税方式の年金や国民医療サービス（NHS）のような仕組みではない点で，社会保険の伝統の上に制度が構築されているが，古典的なビスマルク型ではなく，保険者自治も希薄であるといった特徴がある。さらに，財政面では，多額の公費（国庫負担等）が投入されている制度が存在していることも特筆できよう。

本書の問題意識である連帯類型の観点から見ると，我が国の社会保険は，職域連帯のみならず地域連帯や国民連帯に根差した制度が併存する建て付けとなっていることが特徴である。

---

(189) 厳密に言えば，被用者保険でも年金と医療保険では，各制度の関係が異なる。年金の場合には，2012年の被用者年金一元化法までは，厚年と共済とは並列的な関係で，それぞれが独立した制度を形成していた。それに対して，医療保険の場合には，公務員共済の対象である国・地方公共団体も健保法の適用対象事業所であるものの，健保法以上の給付を行うことを条件に健保法の給付を行わないとされているに止まる（健保法第200条）。また，健保法（第2条）では，その基本的理念として，健康保険制度が医療保険制度の基本を成すことが規定されている。その点では，共済各制度と健康保険制度とは並列関係ではない。

第4章　社会保障法の基礎としての連帯

2）社会保険の法律関係

　我が国の社会保険の原則は，「負担なくして給付なし」という拠出制にある(190)。もちろん拠出制とはいっても，それは給付・反対給付均等の原則という契約的な連帯（等価交換関係）を超える所得移転を伴うものであって，公費も含め収支相等の原則の範囲で，強制加入，応能負担原則等を通じて，結果的に所得再分配効果が発生するのが一般的である。例えば，厚年（老齢年金）の場合には，保険料が報酬比例であるのに対して，給付は基礎年拠出金を通じて賄われる期間比例の基礎年金（老齢基礎年金）と報酬比例年金により構成されており，結果的に高所得層から低所得層への所得分配が行われることになる【図6参照】。

　また，賦課方式の年金の場合には，給付と負担の連環が世代を超えて続く制度であり，瞬間的に見れば，現在の拠出は，自分自身も含めた将来世代ではなく現在の受給者の世代への貢献である。さらに，資格・適用に関しては，強制加入・適用方式を採用しており，本人の意向にかかわらず要件に該当すれば資格が発生するのが原則である（例外としては，任意継続被保険者等の任意加入制

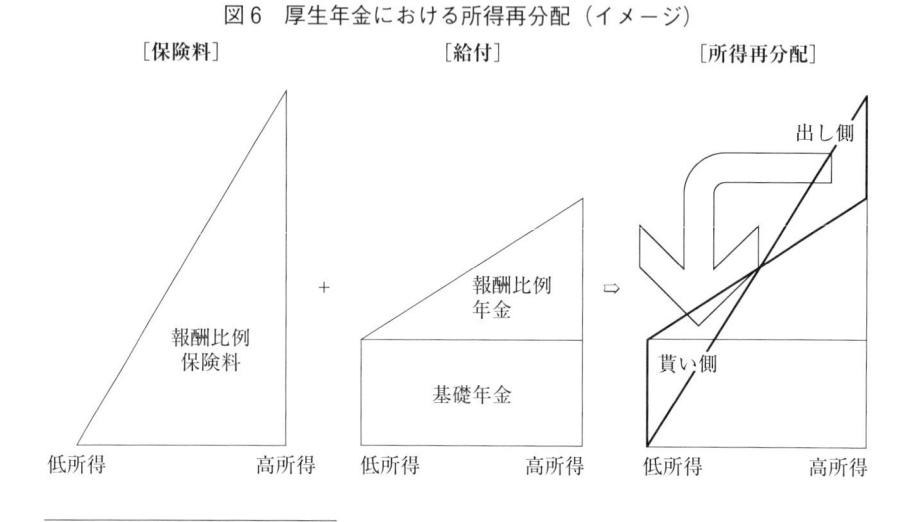

図6　厚生年金における所得再分配（イメージ）

［保険料］　　　　　［給付］　　　　　［所得再分配］

報酬比例保険料　＋　報酬比例年金／基礎年金　⇒　出し側／貰い側

低所得　高所得　　低所得　高所得　　低所得　高所得

―――――――――――――
(190) 詳細については，拙著・前掲注(17)544-646頁参照。ただし，医療保険の場合には，保険料未納が給付停止を招くわけではない。

度)(191)。

このように，保険とは言いながらも，等価交換原則の下で契約により保険関係が成立する私保険に対する修正原理（強制加入による契約関係の修正，応能保険料等による等価性の修正）こそが社会保険の本質であるが，その拠り所が保険集団内の連帯である(192)。そして，それは，フランス流の「貢献による連帯」が我が国の制度にも内在することを示唆している。

ところで，この社会保険の保険（法律）関係であるが，拠出と給付との間には某かの牽連関係が存在しているにしても，これをもって意思表示の合致や等価交換による契約と捉えることはできないであろう(193)。拠出から給付までの保険関係の流れや機序に即して言えば，拠出段階の加入（適用）及び徴収について，資格要件に該当すれば当然に被保険者資格が発生し，保険料納付義務が発生する(194)。また，給付段階については，年金のように裁定（確認行為）を必要とする場合と医療保険（現物給付）のように診療契約を前提に当然サービスが行われる場合がある。

次に，保険関係の主たる当事者である保険者と被保険者の関係について言えば，被保険者が常に拠出と給付の主体となるわけではない。例えば，国保の場合の保険料納付義務は基本的に世帯主にあり，国年の場合には世帯主及び配偶者が連帯納付義務者となっている。また，労働者が保険料納付義務を負わない労災保険の場合には，被保険者概念は使用されておらず，使用者が保険加入者となっている。さらに，遺族年金のように加入者（被保険者）と受給者が一致

---

(191) 強制加入の理由として，『健康保険法の解釈と運用〔第11版〕』（法研，2003年）101-102頁は，①低所得者も含めて加入させる必要性，②逆選択の防止，③被保険者を確保することによる保険財政の安定を挙げている。
(192) 長瀬恒蔵『職員健康保険法釈義』（健康保険医報社，1941年）197-200頁は，社会保険が相互扶助，社会連帯の思想を根幹として社会政策の上に立脚するものであること等を挙げ，それと強制加入，給付に関するニーズ原則，保険料の応能負担原則を関連させて説明している。
(193) 戦前，健康保険法等の社会保険は「公法上の施設」であり，保険的方法を用いているとしても，保険料と保険給付の間は反対給付（双務契約）ではないと解釈されていた（清水玄『社会保険論』前掲注(59)10-11頁，16頁；同『国民健康保険法』（羽田書店，1938年）67-68頁）。
(194) 東京地判1988年2月25日判時1269号71頁（金(甲)訴訟第一審判決）

第4章　社会保障法の基礎としての連帯

しない場合もある[195]。

この他，拠出（水準）と給付（水準）の牽連性についても，給付によって程度の差が見られる［第5章3参照］。報酬比例部分の厚年が従前所得保障の色彩が強い点で代表的であるが，国年の場合にも期間比例であって，諸外国で見られるような加入期間に無関係なフラットな年金ではない。その点では，年金の場合，老齢年金が典型であるが，報酬比例・期間比例という形で牽連性が存在している。これに対して，医療保険の場合には，傷病手当金等のような従前所得保障としての性格が強い給付もあるが，制度の太宗を占める現物給付に関しては，基本的に拠出が受給要件になっておらず，かつ，給付水準も基本的にフラットな構造になっており，そこに強い牽連性を見出すのは難しい[196]。高額療養費や食費・居住費に応能負担の要素が加味されていることを考慮するなら，医療の現物給付における対価性は一層弱いものになる。敷衍すると，これは，一部負担という水平的所得再分配に垂直的所得再分配が加わり，基本的に応能保険料である拠出段階と給付段階の2段階で垂直的所得再分配が発生することになる[197]。

このように権利発生の機序や構造は，制度や給付によって区々であるが，法令により規律される点は共通である。なるほど，社会保険自体は，拠出と給付の両段階において自律（自助）的な要素がある（特に源泉徴収や年金天引きによらない保険料の自主納付や申請主義に基づく給付）のは事実であるが，契約関係

---

(195) 被用者医療保険（健康保険等）の家族療養費の場合には，保険事故は被扶養者に発生するが，受給者は，被保険者本人となっている。遺族年金と同様に保険事故の発生と受給者が一致しない点において共通する。ただし，年金の場合には，離婚時の年金分割制度の存在に鑑みると，被保険者の拠出に対する配偶者の潜在的な権利があり，配偶者の死亡・離婚に伴い，それが顕在化すると捉えれば，拠出と給付の間には牽連性があることになる。
(196) 生命にも関わる医療保険としての国保の場合には，保険料の滞納に対して短期資格証や資格証明書が存在しているが，滞納によって受給権が停止されるわけではない。これに対して，介護保険の場合には，滞納保険料の時効消滅期間に応じて給付率自体が引き下げられることになっている。
(197) 社会保障給付の多くが，受給権保護の観点から非課税（公租公課の禁止）となっているが，税を財源に給付を行い，その給付に更に課税することは，2段階で課税が発生することになり，徴収コストを考えても非効率である。一部負担を応能負担にする場合にも，同様の問題が発生するが，一部負担が基本的に水平的所得再分配であって，サービスの利用者と非利用者との公平を確保する趣旨が優越する限りにおいて，是認されると考える。

3 日本に関する分析

の特徴である意思表示の合致（意思主義）や等価交換（厳密な対価性）等の要素は消失又は希薄化しており，契約として理解することは困難と考えられる。仮に対価を給付・反対給付の関係で捉えるならば，

① 拠出がなくとも給付が行われる場合があること（医療保険の現物給付），
② 拠出水準がそのまま給付水準に反映されるわけではないこと（医療保険の現物給付，年金等）

などからすれば，等価性は相当程度修正されていることになる。

　従って，社会保険の給付・反対給付における対価性とは，一般的には加入（それも強制加入）を要件に受給権が発生するといった程度の対価性である。しかも，そのような対価性が見られるのは，せいぜい被用者年金の報酬比例部分や傷病手当金等の休業給付くらいである。その点でも，我が国の社会保険の拠出と給付の関係については，誤解を避ける意味で保険料と保険給付を受ける地位との「牽連性」と言うのが適当であろう（最大判 2006 年 3 月 1 日民集 60 巻 2 号 587 頁）[198]。

　いずれにせよ，社会保険の拠出と給付の間の対価性や牽連性を否定する説はあるものの，程度は兎も角として一定の牽連性を認めることに概ね異論はなかろう[199]。

---

(198) 拙稿「社会保障財政の法学的考察」山田晋他『社会法の基本理念と法政策』（法律文化社，2011 年）47 頁；良永彌太郎「費用負担と財政」河野正輝他『社会保険改革の法理と将来像』（法律文化社，2010 年）131-133 頁
(199) 被保険者の保険料拠出と給付との牽連性を否定する説に成立の余地がないかというと，そうとは言えない。例えば，かつての恩給制度には，恩給国庫納金という官吏の負担（俸給の 2 ％）が存在していた（恩給法第 59 条）が，これは国家への恩返しのような意味合いの受益者負担金であって対価性はなかった。また，対価性を否定する説としては，清水玄『国民健康保険法』前掲注(193)68-69 頁，同『社会保険論』前掲注(59)10 頁があり，社会保険の保険料と保険給付との間には双務関係や対価関係のない公法的施設であるとしている。とは言え，介護保険創設時の議論（老人保健福祉審議会の 1996 年 4 月 22 日付「高齢者介護保険制度の創設について」）を見ても，若年者を被保険者とするに当たって，「給付のない負担を求めることについて若年者の理解が得られない」といった指摘にもあるように，確率的には低いとしても某かの受益性が必要となるのが現実である。仮に対価性又は牽連性が存在しなければ，租税との違いが希薄化し，租税法律主義の適用問題が生じることにもなる。

第4章　社会保障法の基礎としての連帯

3）連帯の発現としての財政調整

　連帯を巡る関係者の利害対立が最も端的に表れるのは，財政調整（我が国の場合には，各種拠出金制度のような制度間調整を含む。）であることは，我が国もフランスと同様である。これは，財政調整が貢献による連帯としての特徴を有しており，受益性が問われることに起因する。この点については，以下で敷衍して述べることにしたい。

　まず，連帯の制度としての社会保障には，その本質的な特徴・機能として所得再分配がある（ただし，目的ではない）。この所得再分配に関係する制度を大別すると，

① 拠出と給付の両段階の応能負担を通じたミクロレベルでの仕組みと，
② 制度間の財政力格差を国庫負担等（調整交付金等の事務費以外の公費）又は財政調整を通じて是正するマクロレベルの仕組み

とがある[200]。ミクロレベルのみならずマクロレベルの所得再分配の場合にも，最終的な負担と受益は個人に帰着する点は共通である。

　ところで，マクロレベルでの所得再分配の中でも，国庫負担等の公費投入は，社会保険法に組み込まれた制度でありながら，保険料のような給付との牽連性を欠いており，国民連帯に根差した帰属による連帯の色彩が強いことになる[201]。その限りでは，職域連帯（協会けんぽ等）や地域連帯（市町村国保）を基礎とする制度の中に国民連帯が混じり合っていることになる。さらに，全国民を対象に定率の国庫負担が投入される基礎年金のように，それ自体が国民連帯としての性格が強い制度も存在する[202]。

---

(200) 詳細は，拙稿・前掲注（198）47頁以下参照。
(201) 年金のような長期保険の場合には，国庫負担等の投入時点により，拠出時負担（制定当初の国民年金）と給付時負担（現在の基礎年金）に分かれる。拠出時負担であれば，保険料補助としての性格を有するという理解ができるが，給付時負担の場合には，保険料との関係性が希薄であることが指摘できる。このように国庫負担等に帰属による連帯を認めるものとしては，最大判2006年3月1日民集60巻2号587頁がある。その中で，滝井繁男裁判官は，補足意見として，国保について「制度を維持するために公的資金が投入されていることによって保険料の対価性が希薄になっているとしても，それは社会保険の目的からの扶助政策によるものである」と述べている。

この職域連帯と国民連帯との融合が端的に表れたのは，かつて政府管掌健康保険の保険料率調整規定（弾力条項）及び国庫補助連動規定であった。すなわち，弾力条項に基づき保険料の引上げが必要となった場合に，保険料率1％につき国庫補助が8％上乗せされることになっていた。連帯に即して言えば，職域連帯としての保険料と国民連帯としての国庫補助が連動する仕組みであった。また，現在，医療保険の各保険者からの各種拠出金には，通常の給付費等と同様に国庫補助等が付くことが多いことも，職域連帯や地域連帯に国民連帯が混じり合う一例である[203]。

これに対して財政調整は，一方向からの財政移転である国庫負担等と異なり，制度・保険者の分立を前提としながら，一種のゼロサムゲームとして相互に財政が移転し合う関係である。そのため，出し側と貰い側との対抗関係が存在しており，両者の間には財政移転を通じた連帯が発生している。ただし，調整の程度は，人口構成のみを調整する頭割調整（典型的には，被用者・自営業者間の場合）に止まる場合と，総報酬割のように所得格差等も調整する所得調整（典型的には，被用者間の場合）にまで及ぶ場合があり，そこに財政調整における連帯の密度・程度が反映されることになる。また，連帯という点で拠出者の受益の有無や程度をどうすべきかが問題となる［第5章3参照］。

本書では，個々の財政調整の技術的な仕組みに立ち入って検討するのではなく，財政調整とは如何なる連帯によるものかという本質論を中心に論じることにしたい。そこでまず論ずべきは，連帯の本質が端的に表れる点では，似て非なる制度である旧老人保健制度と従来の退職者医療制度である。このうちの退職者医療制度とは，国保加入の退職被保険者の給付を他の一般被保険者と分離

---

(202) 高所得層の年金減額（国庫負担相当分の減額）が俎上に上る根底には，社会扶助の拠り所としての国民連帯とそれと密接に関係する帰属による連帯から導出される補足性の原則［本章3(2)2参照］と，議論の類似性が存在している。仮に基礎年金の国庫負担が低所得層も含め制度を適用することに伴う保険料負担の緩和に主眼があるとするなら，補足性の原則との親和性は一層強くなる。この他にも，後期高齢者医療制度の後期高齢者支援金において，現役並み所得者の医療給付分について公費負担（50％）がない（旧老人保健法も同様の扱い）ことも，公費負担の補足性との類似性を想起させる。

(203) 現行の後期高齢者医療制度の協会けんぽからの拠出金については，加入者割（全体の2/3）の部分のみが国庫補助の対象であり，総報酬割（全体の1/3）の部分は対象外である。

第4章　社会保障法の基礎としての連帯

した上で、退職被保険者の保険料以外の財源を被用者保険全体で拠出金を通じて賄う制度であった。この退職者拠出金は、被用者保険制度間で各制度の総報酬に応じて按分されていた（所得調整）。これに対して、旧老人保健制度の場合には、保険者の共同事業として、老人加入率に応じて拠出金を負担することで老人医療の給付が行われる仕組みであった。これは、制度の分立を前提とした別建て・保険者拠出方式言われる手法で、保険者間の老人加入率の差は調整されるが、所得水準の格差が反映される仕組みとはなっていなかった（頭数調整）(204)。

　現在の後期高齢者医療制度は、独立型と言われる。このため、保険者単位の拠出という構造であるが故に負担者に若年者と高齢者が混じり合った旧老人保健制度とは異なり、後期高齢者の保険料と若年者等からの後期高齢者支援金とは切断されている。このうちの後期高齢者支援金は、基本的に加入者数に応じて配分される（頭数調整）が、被用者グループ内では負担額の一定割合が総報酬割として総報酬に応じて按分されることになっている（所得調整）。

　この点で注意を要するのが、前期高齢者医療制度である。同制度は、保険者

---

(204) 拠出金の算定式（簡素化したもの）を次のように変形すると、頭数調整であることが分かる。

拠出金
＝当該保険者の老人医療費×加入者調整率
＝（当該保険者1人当たり老人医療費×~~当該保険者老人数~~）×
$$\left(\frac{全被保険者平均老人加入率}{~~当該保険者老人数~~／当該保険者加入者数} \right)$$
＝当該保険者1人当たり老人医療費＊×当該保険者加入者数×全保険者平均老人加入率
仮に「当該保険者1人当たり老人医療費」を「全保険者1人当たり老人医療費」に置き換えると、
$$\left(=\frac{全保険者1人当たり老人医療費×全保険者老人数}{全保険者加入者数} \right)^{**} ×　当該保険者加入者数$$
となる。このうち＊＊部分は、全保険者の1人当たり平均保険料相当額であり、個々の保険者の拠出能力は考慮されていない。これに対して＊は、当該保険者の1人当たり老人医療費であることから、実際の拠出金制度では、保険者が医療費適正化に努めれば拠出金が減るようインセンティブが働く仕組みになっている。なお、前期高齢者医療制度の場合にも、当該保険者1人当たり前期高齢者医療給付費に一定率を掛けて拠出金を算定することから、保健事業等により前期高齢者医療費を抑制できれば、当該保険者の拠出額を圧縮することができる。

間の前期高齢者の偏在による負担の不均衡を是正するための拠出金（納付金）を用いた典型的な財政調整制度である。一見すると，対象者の年齢という点で退職者医療制度との類似性を感じさせる。しかし，国保に加入した退職被用者等に係る給付を国保の他の被保険者と切り分け，被用者保険グループからの拠出金で賄う退職者医療制度と異なり，前期高齢者医療制度は，国保も含めた財政調整制度である。また，調整方法も，国保も含めた保険者間でなされるため頭数調整となっており，被用者保険制度間で報酬総額に応じた所得調整を行う退職者医療制度とは，この点でも異なっている。このため，調整方法に着目する限り，前期高齢者医療制度は，むしろ旧老健制度に近いと言える。

また，年金の基礎年金拠出金も国民共通の基礎年金制度を創設し，そのための厚年等の各保険者からの拠出であるという点では，前期高齢者医療制度のように保険者間で展開される典型的な財政調整とは異なる。ただ，受給者が被保険者の種別に関係なく，各制度の加入者数に応じて拠出金が算定されることからすれば，頭数調整であり，本書では財政調整として扱っている。

このように現実の財政調整には様々な類型があるが，大きくは，負担者の人数に応じて負担が配分される頭数調整か，報酬又は所得に応じて負担が配分される所得調整に分けることができる。何れの場合であっても，財政調整は，保険者の集団性とその自律性という同一集団内の連帯の基礎の上に，それを超える範囲で調整が展開される点は共通である。更に言えば，財政調整の直接的な目的が制度間の給付と負担の均衡の確保にあるとしても，結果的には，それは保険集団としての職域・地域連帯を超える職域間連帯又は国民連帯の発現とも捉えられる。

また，拠出に対して某かの受益が発生するのであれば，保険集団からの拠出と受益との間には牽連性が存在することになり，保険集団間に発生する貢献による連帯という性格を有することになりそうである。この点，例えば基礎年金拠出金の場合であれば，各年金制度の被保険者等は国年の被保険者でもあることから，各年金制度からの拠出金の受益は比較的明確である。これに対して，医療保険制度の場合には，受益の程度や性格は，財政調整制度によって違いがある。旧老健拠出金の場合には，保険者の共同事業的な性格からすれば，拠出金は各制度の被保険者又は被扶養者としての高齢者に還元されることになる。

第4章　社会保障法の基礎としての連帯

　また，介護保険の医療保険者からの拠出金については，第1号被保険者の介護負担が軽減されるという間接的な受益に加え，第2号被保険者として介護保険給付の対象という点で直接的な受益が存在する。ところが，後期高齢者医療制度の後期高齢者支援金となると，独立型の別建ての制度であることから，医療保険者からの拠出は，高齢者に対する給付を免れるという多少観念的な受益となってくる。
　とは言え，何れの場合にも受益性が拠出を正当化する拠り所であることに変わりはない。つまり，これまでの旧老健制度の老健拠出金，介護保険制度の介護給付費納付金（第2号被保険者の保険料），高齢者医療制度の後期高齢者医療支援金等の各種拠出金制度を巡って受益性の有無や程度が問題となってきたが，これは各種拠出金が貢献による連帯に根差したものであることの裏返しとも捉えられる。
　個人の保険集団への貢献による連帯（保険料）と比較するならば，個人の場合の受益が応能負担原則等との関係で拠出と等価関係にないのと同様に，財政調整における個々の保険集団の拠出と受益の関係も等価関係にない。仮に保険者にとって受益が全く存在しないなら格別，いささかでも受益が観念し得るのであれば，財政調整は，少なくとも貢献による連帯の観点から是認されることになると考える。
　結論的には，財政調整は，職域間連帯又は国民連帯に根差した貢献による連帯の仕組みであり，それは仮想的な高次の集団を想定することで，通常の保険集団と同じように強制力を有する形での拠出が義務付けられることになる。また，それ故に財政調整による拠出は，租税とは異なるものであり，租税法律主義の適用もないことの所以も貢献による連帯にあることになる。以上，財政調整に関する限り，連帯は単に社会保険の理念であるに止まらず，財政調整のための拠出を通じて強制力を有する仕組みとして機能することになる。

4）連帯の射程としての無拠出制給付及び保険料の上下限

　我が国の社会保険の場合にも，フランスと同じように無拠出制年金等の給付及び保険料の上下限が存在していることから，貢献による連帯を特徴とする社会保険における連帯の射程と限界を考える上で，これらの仕組みに触れる必要

がある。

① 無拠出制給付

現行の社会保険の無拠出制給付の典型は，年金のうちの20歳前障害に係る障害基礎年金である[205]。もちろん，1985年改正前の国年を含めるなら，障害福祉年金，母子・準母子福祉年金及び老齢福祉年金も補完的・経過的な無拠出制年金として存在していたが，現在では老齢福祉年金のみが経過的に残っている[206]。いずれにせよ，福祉年金も，法律的には拠出制年金と同様に年金類型の給付として規定されており，給付金のようなものではない[207]。

これらの中でも，かつての障害福祉年金が障害基礎年金として形を変えて現在につながっているほか，新たな給付も登場してきている点では，障害関係が無拠出制給付の典型である。そこで，本書の問題関心である多様な連帯類型やその実現手段としての連帯原理の観点から，以下のように障害関係の無拠出制給付に絞って取り上げることにしたい[208]。

a．拠出制の障害年金（障害基礎年金，障害厚生年金等）

拠出制の障害基礎年金及び障害厚生年金等には，障害に関する要件とともに保険料の納付要件（2／3要件又は直近1年間要件）が存在するが，給付に関して，被保険者期間が25年未満であっても，年金額は25年分で計算される点が特徴である。このほか障害厚生年金については，最低保障額が設けられており，障害基礎年金の3／4未満の障害厚生年金しか受給できない場合に，障害基礎年金の3／4相当額が支給されることになっている。

---

[205] 第3号被保険者については，本人は保険料を負担していないが，基礎年金拠出金の関係では算入されており，配偶者である第2号被保険者を介して被用者保険全体で負担をしている（吉原健二『新年金法』（全国社会保険協会連合会，1987年）133頁）ことから，その限りでは保険原理（貢献による連帯）の性格を有する。
[206] 1985年改正により，障害福祉年金と母子・準母子福祉年金は，それぞれ障害基礎年金と遺族基礎年金に裁定替えされている。
[207] 野田卯一・前掲注(67)99-100頁
[208] その他，連帯を考える上で興味深い制度としては，死別の場合の母子福祉年金と生別の場合の児童扶養手当がある。何れも税財源による無拠出制の給付であり，国民連帯・帰属による連帯に根差したものである。それにも関わらず，立法としては，社会保険法と社会手当法に分かれており，それは死別のように保険事故に馴染むか否かに起因するものと考える。

第4章　社会保障法の基礎としての連帯

b．無拠出制の障害基礎年金

無拠出制の障害基礎年金は，1985年の改革により障害福祉年金に代えて導入された制度である[209]。これは，国年の適用開始年齢が20歳であるため，それより若くして厚年等の被保険者となる場合を別とすれば，20歳前障害による障害者は，制度的に保険料を拠出する可能性がないため，このような20歳前障害に対して，無拠出制の障害基礎年金は支給される。ただし，拠出制の障害基礎年金と異なり所得制限があり，所得に応じて1／2支給停止又は全額支給停止となる。

c．特別障害給付金

いわゆる「学生無年金障害者訴訟」を受けて制定された「特定障害者に対する特別給付金の支給に関する法律」に基づき，かつて国年が強制適用ではなく任意加入とされていた学生（1990年度まで），厚年被保険者の被扶養配偶者（1985年度まで）等が未加入である間に障害となった場合に特別障害給付金が2005年度以降支給されるようになっている。

d．年金生活者支援給付金

「年金生活者支援給付金の支給に関する法律」に基づき，所得が基準額以下の老齢基礎年金，障害基礎年金又は遺族基礎年金の受給者に無拠出で支給される予定（もともとは消費税の10％への引上げを前提に2015年10月1日施行を予定していた）のそれぞれ老齢年金生活者支援給付金・補足的老齢年金生活者支援給付金，障害年金生活者支援給付金，遺族年金生活者支援給付金である。財源は，全額国庫負担となっている。

上記4種類の給付を一見してわかることは，拠出制の障害年金と無拠出制の障害基礎年金の場合には，名称が「年金」となっているのに対して，特別障害給付金及び年金生活者支援給付金の場合には，年金ではなく「給付金」となっており，法律も国民年金法等の社会保険法とは別法となっていることである。確かに無拠出制の障害基礎年金も無拠出制ではあるものの，社会保険法としての国年の一類型である。また，財源的には，公費（特別国庫負担と基礎年金国庫

---

[209] 旧法の国年については，経過的・補完的な障害福祉年金以外の福祉年金も含め，何れも全額国庫負担であった。

負担と合わせて国庫負担割合6割）のみならず保険料財源（4割）も投入されていることから，同一保険集団の内と外にまたがる形（保険料という点では内部，公費という点では外部）での帰属による連帯に基づく年金制度と考えられる[210]。これに対して，特別障害給付金及び年金生活者支援給付金の場合には，社会保険法でなはく，かつ，全額国庫負担により賄われていることから，保険集団を超えた国民連帯の中での帰属による連帯に基づく制度と考えられる[211]。

ところで，拠出制の被用者年金の場合にも，保険料は応能負担となっており，低所得層は高所得層より低い負担であることを如何に捉えるかが問題となる。この点，相対的に低い保険料負担とはいえ，拠出と給付との牽連性は維持されており，貢献による連帯の枠内にあると捉えることができる。

他方，育児休業等に対応する期間も給付には反映されるものの，保険料は免除されることから，免除期間分の給付については，拠出と給付の牽連性が成立せず，同一保険集団内の帰属による連帯と捉えることができる。また，障害年金については，拠出期間が25年未満の場合にも25年分の年金額が保障されるほか，障害厚生年金に係る最低保障額が存在しており，これら拠出に対応しない期間の給付をあえて切り分けるなら，保険集団内の帰属による連帯と捉えることができる。

② **保険料の上下限**

保険料の上下限は，典型的には被用者保険に見られる制度である。このうちの下限は，厚年が9.8万円であるのに対して，健康保険の場合には5.8万円となっている。上限も，健康保険の方が121万円と，厚年の62万円より高く設定されており，医療がフラットな現物給付であることと併せて考えると，同じ

---

[210] 福島豪「障害と社会保険」菊池馨実編『社会保険の法原理』（法律文化社，2012年）74頁は，20歳前障害に係る無拠出制の障害基礎年金について，「社会保険の考え方より障害者に対する社会連帯の考え方を重視した」ことを指摘している。本稿に即して言えば，帰属による連帯ということになる。

[211] 特別障害給付金と比較した場合の年金生活者支援給付金の特徴は，無年金者ではなく低年金受給者に対する給付金であることである。従って，過去に保険拠出があることが前提となっており，見方によっては保険料補助と同じ効果を持つ。ただし，拠出時には，被保険者が将来的に低年金受給者になるか否かは予見できないことからすれば，制度としては給付時の年金の加算制度として仕組むしかないことになる。

貢献による連帯であっても，健康保険の方が拠出と給付の牽連性が弱いことになる［第5章3参照］。

このような上下限の考え方は，被用者保険に止まらない。保険料上限に関して言えば，例えば国保の場合，医療分67万円（基礎賦課分51万円，後期高齢者支援等賦課分16万円），介護納付金分14万円という形で上限額が設けられている[212]。下限に関しては，応能分（所得割，資産割）と応益分（均等割，世帯割）という構造の中で，応益分は所得の如何に関わらず負担するのが原則である。軽減制度（7割・5割・2割軽減）が適用されるにしても，恒常減免はないことからすれば，軽減適用後の応益分が実質的に下限ということにもなる。このような構造は，後期高齢者医療にも見られるところである。同制度の場合には，上限としての年間限度額が57万円であり，所得割・均等割のうち下限となる均等割には，7割（9割，8.5割）・5割・2割軽減という形で軽減制度が存在しているものの恒常減免はない。

さらに，国保及び後期高齢者医療の保険料軽減制度に特徴的なのは，その財源面である。国保の場合，軽減分の財源は，保険基盤安定制度により公費（都道府県3/4，市町村1/4）によって補填されることになり，保険料財源でない点で貢献による連帯ではなく帰属による連帯が作用している。とりわけ，保険者でない都道府県が公費を負担することが保険基盤安定制度の特徴であり，その根底には同制度が保険制度の中にありながらも，地方公共団体も責任を担うべき低所得者対策としての性格を有していることがあると推察される[213]。後期高齢者医療の均等割の軽減制度の場合には，9割・8.5割軽減の追加分が国費である点を別とすれば，残りの7割・5割・2割軽減分は公費（都道府県3/4，市町村1/4）で賄われており，財政的には保険基盤安定制度と類似した

---

[212] 国保においては，1951年法律第95号による地方税法の改正により，目的税の一種として国民健康保険税が規定され，その中で保険料の上限も規定されるようになった（当時の地方税法第703条の2第5項）。

[213] 生活保護経費は，国がその全部又は一部を負担すべきことが地方財政法（第10条第4号）で規定されている。経緯的には，保険基盤安定制度は，1988年の国保法改正で導入されたが，それ以前の低所得者を対象とする福祉医療制度の議論に由来する。その点では，医療保険への公費（特に県費）の投入が医療保険そのものというより，低所得者対策の一環という理解の下で是認されてきた面がある。

構造になっている。

　これに対して介護保険（第1号被保険者）の場合には，市町村民税の課税状況等に応じた所得段階別保険料（6段階が標準）となっているが，第1・2段階の低所得層の場合にも保険料負担（保険料基準額の0.5）が生ずる。その点では，当該負担水準が実質的に保険料の下限として機能しているとも言える。ただし，2014年の制度改正により，負担能力に応じた保険料減免を行い，減免分を公費により補填する制度の導入される。これにより，保険原理（貢献による連帯）の枠内での調整に加え，保険基盤安定制度のような帰属による連帯が介護保険にも組み込まれることになる。

　以上をとりあえず整理する。まず，応能保険料は保険集団内の貢献による連帯の典型例であるが，保険集団内であっても，育児休業中の保険料免除等のように帰属による連帯に依拠する制度も存在していることが指摘できる。また，未納保険料分は他の被保険者の保険料によって分担されることから，これは神戸地判2004年6月29日（判例地方自治265号54頁）が指摘するように，「社会連帯の精神に根差した」国保における帰属による連帯の一つの現れ方と考えられる。さらに，保険集団の内（貢献による連帯）と外（帰属による連帯）にまたがる制度としては無拠出制の年金があり，更に集団を超えたところで帰属による連帯に基づく制度化される各種給付金（例えば，年金生活者支援給付金）が社会保険と密接に関連する形で存在していることになる【図7参照】。

　結論的言えば，既にフランスの事例で確認したような社会保険法の中に拠出制給付と無拠出制給付が混じり合う制度が，我が国でも存在していることになる。この点，国民年金法のように，無拠出制給付を意識して「保険法」と呼ばない法律もあるが，一見すると貢献による連帯が貫徹しているように思われる厚生年金「保険法」であっても，育児休業期間の保険料免除のように帰属による連帯が混じり合っていることになる。

（2）　社会扶助法の場合

1）社会扶助の組織

　地域住民の生活に密着した社会扶助（現金給付又は現物給付）の特徴は，法

定受託事務（生活保護）又は自治事務（福祉各法）の何れであっても，住民に身近な地方公共団体（の長）が実施団体・機関となっていることにある。

また，社会扶助のうちの社会福祉サービスについては，社会福祉法（第2条）に限定列挙された第一種社会福祉事業及び第二種社会福祉事業に該当する場合，特別の規制に服することになる。このうちの第一種社会福祉事業に関しては，実施主体が原則として国，地方公共団体又は社会福祉法人に限定されており（第60条），更に社会福祉法人の場合には，施設を設置するに当たって事前届出が義務付けられている（第62条第1項，第67条第1項）。また，国，地方公共団体又は社会福祉法人以外の実施主体の場合には，施設設置や事業実施に当たり都道府県知事の許可が必要となる（第62条第2項，第67条第2項）。これに対して，第二種社会福祉事業の場合には，実施主体に関する制限はないが，国又は地方公共団体以外の実施主体に対しては事後届出が義務付けられている（第69条）。なお，社会福祉関係法において社会福祉法は一般法であり，特別法としての社会福祉各法が別途規制を設ける場合（例えば，第二種社会福祉事業である保育所について，児童福祉法により届出ではなく認可が必要）には，そちらが優先する。

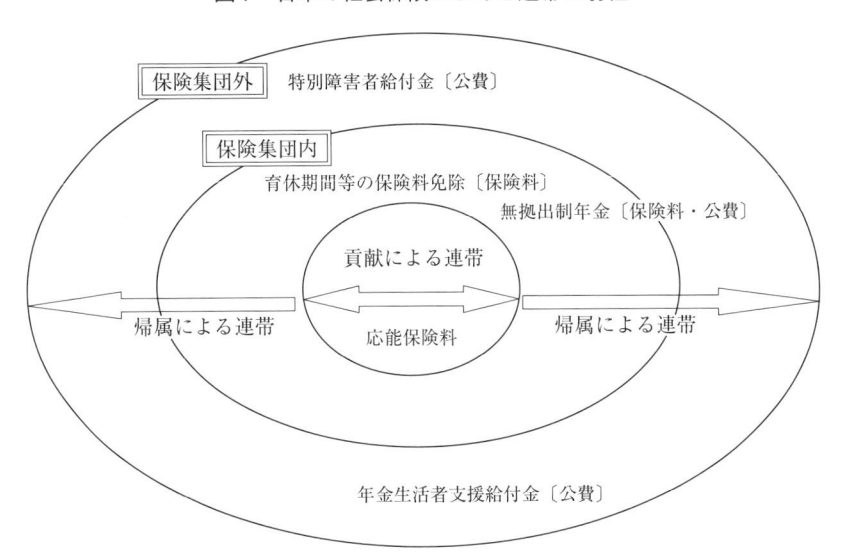

図7　日本の社会保険における連帯の射程

何れの実施機関が社会扶助を実施するかに関しては、第一義的には居住地の地方公共団体であり（居住地主義）、それによりがたい場合に補完的に現在地の地方公共団体が責任を負うことになる（生活保護法第19条第1・2項、身体障害者福祉法（以下「身障法」という。）第9条第1項、知的障害者福祉法（以下「知障法」という。）第9条第1項、老人福祉法（以下「老福法」という。）第5条の4第1項、いわゆる障害者総合支援法第19条第2項等）。

　社会福祉サービスに要する費用については、受給者の居住地の地方公共団体が支弁するのが原則である。しかしながら、施設等が集中する地方公共団体の負担が過重となることから、生活保護法（第19条第3項）、身障祉法（第9条第2項）、知障法（第9条第2項）、老福法（第5条の4第1項）、障害者総合支援法（第19条第3・4項）等の場合には、入所前に受給者が居住・現住していた地方公共団体が負担するという住所地・居住地特例が設けられている[214]。なお、同様の制度は社会保険にも見られるが、住所地特例の端緒となったのが生活保護法である。

　以上要するに、伝統的な社会扶助においては、実施責任を負う地方公共団体等の第一義的な委託先として社会福祉法人が位置付けられてきた。そのため、措置委託費の支払先である社会福祉法人に対しては、時に社会福祉法の社会福祉事業に関する規制よりも厳しい規制が特別法としての社会福祉各法で課せられることにもなってきた。言ってみれば、地方公共団体を核として、その住民と行政の代行法人的な性格の社会福祉法人との間で的確に措置が実施され、措置費が流れるよう社会扶助が組織化されてきたことになる。

2）社会扶助の基礎としての連帯

　歴史的には、戦前の救護法の時代、（社会）連帯は社会事業等を理論面から支える思想としての影響力を有していた[215]。実際、救護法は隣保相扶の情誼を重んじながらも、その根本思想は社会連帯に基づくものであるとされる[216]。

---

(214) 小山進次郎・前掲注(79)313-314頁
(215) 拙著・前掲注(17)172-175頁
(216) 山崎巌『救貧法制要義』（良書普及会、1932年）169頁

第 4 章　社会保障法の基礎としての連帯

　現在の社会福祉立法でも,「社会連帯」を理念に掲げるものがあり（身障法,知障法），これは連帯が社会扶助と関わる概念として機能していることの証左である[217]。この他，法律には連帯は規定されていないが，戦後の生活保護の実施に当たり，実施機関が町村から都道府県に移ることに関連して，小山進次郎氏は「市町村住民相互の隣保相扶の観念」に言及している[218]。それ故，社会扶助は，連帯類型としての国民連帯ないし地域連帯に根差した制度であると言ってよかろう。

　然るに，現代の社会保障法学では，連帯は社会保険との関係で議論される傾向にあり，連帯を重視する学説であっても，拠出を伴わない社会扶助を連帯の枠組みで位置付けるものは少ない[219]。とりわけ，社会扶助の権利性に関して，フランスが「帰属による連帯」という形で，連帯に関して社会扶助をも射程に取り込んだ議論を展開することと比べて，我が国の連帯の捉え方は狭い印象を受ける。これは，戦後の社会扶助においては，憲法第 25 条の生存権規定の存在が大きく，あえて連帯を持ち出す必要がなかったことの裏返しとも捉えられる。

　さりとて，社会扶助の場合には，社会保険ほど権利性が明確であったわけではない。戦前でさえ，社会保険が法律上主張できる権利であったのに対して，救貧制度としての社会扶助は，恩恵的色彩を有する施策であると認識されていた[220]。社会扶助の権利性は，反射的利益論との関係で更に踏み込んで論じる［第 5 章 2 参照］として，ここでは，連帯との関係でも社会扶助には，社会保険に見られない特徴が存在することの検討から始めることにしたい。すなわち，生活保護を典型とする社会扶助の根底には，次のとおり（生活維持）自己責任原則と帰属による連帯との関係，そして様々な連帯類型の相互関係（例えば，社会保障との間で代替性・補完性を有する家族連帯と究極の連帯の場である国民レベルでの国民連帯）を意識せざるを得ない原理・原則が潜んでいることあ

---

[217] 社会福祉法令研究会『社会福祉法の解説』（中央法規，2001 年）230 頁は,「基本的には社会連帯に基づく公的な費用でまかなわれる社会福祉事業」と記述しており，社会福祉事業と連帯を関連付けて定義している。なお，障害者基本法は，従前「社会連帯」を規定していたが，2011 年の改正で文言が削除されている。
[218] 小山進次郎・前掲注(79) 301 頁
[219] 拙著・前掲注(17) 527-533 頁
[220] 清水玄『社会保障論』前掲注(59) 12 頁

る(221)。

① 補 足 性

　生活保護法の基本原理（第 5 条）の一つが，補足性の原則（第 4 条）である。これ以外の原則である無差別平等（第 2 条）及び最低生活保障（第 3 条）が，それぞれ平等原則と生存権保障に由来することは想像に難くない。これに対して補足性の原則は，一般には，資本主義の（生活維持）自己責任の原則や扶養義務等との関係で説明される(222)。確かに，法の目的に「自立助長」が掲げられていることからして，（生活維持）自己責任原則が補足性の原則の背後にあるように思われる。

　しかしながら，思想的には，補足性の原則を積極的に理由付ける原理は，フランス法を参考にするなら，様々な連帯及びその優先関係にあると考えられる。すなわち，社会扶助も，民法の親族扶養も含めた扶養法の一角を占め，扶養法の階層性（順位）において，（生活維持）自己責任が中核的な原則であるとしても，社会には様々な連帯（家族，地域，職域等の連帯）が存在しており，連帯の連環の一つに生活保護が位置付けられる(223)。このような連帯の連環にあって，最も身近な存在から扶養を受けることが，扶養権利者の利益にも適っており，それの方が適切な援助をなし得るという考え方が存在する(224)。逆に言えば，補足性の原則は，受給者の利益に合致する限りにおいて妥当する原則とも言えるかもしれない。端的に言えば，様々な連帯類型の中にあって，家族連帯（親

---

(221) フランスの社会扶助の場合にも補足性は原則の一つであるが，その考え方として，集団的な連帯（solidarité collective）と家族連帯との関係において，後者が前者に優先する形で秩序付けられていると指摘する論者もいる（F. Kessler, *Droit de la protection sociale*, Dalloz, 2013，p. 643）。また，ニーズ原則に基づき社会扶助が対処すべきニーズについて，個人の欲求が無限大であることから，現実の制度では，社会的に受け入れられるために，ニーズは特定の範囲に限定されることになり，かつ，補足的なものに止まることを指摘する論者もいる（D. Roman, *op.cit.*, p. 205）。
(222) 小山進次郎・前掲注(79)118-120 頁
(223) 家族連帯（親族扶養）と地域・国民連帯（社会扶助）を同一の扶養法として論じることができるかという疑問が生じるが，アルファンダリ氏（E. Alfandari, *Le droit aux aliments ..., op.cit.*, Tome II）やベルテルミ氏（H. Berthélemy , op.cit., p. 833）が，公共団体（国・県・市町村）のみならず親族も含め，扶助は最も身近なところで行われるべきことを原則と捉えたことに照らすなら，補足性とは，詰まるところ異なる連帯の先後関係に帰着することになる。

III

族扶養）や地域・職域連帯（社会保険等の他法他施策）が国民連帯（生活保護）に優先することを補足性の原則は示していることになる。

　この補足性の原則に関連して特に問題となるのは，稼働能力の活用の問題である。この点，生活保護法は，受給者の自立助長を目的に掲げ，能力に応じて就労に励むことが生活上の義務として課せられており（第60条），保護の実施機関も必要な指導・指示（第27条）や相談・助言（第27条の2）が権能として付与されている。しかし，法の建て付けとしては，自立のための取組みは，貢献による連帯のような給付の対価という構造にはなっていない。従って，補足性の原則も帰属による連帯の枠内にあると考えられる。

② 応能負担

　社会福祉各法の中には，サービスの利用に当たって利用者負担を求めるものがあるが，その場合に応益負担ではなく応能負担（負担能力に応じて，費用の全部又は一部を徴収することができること）を規定する場合が多い（児童福祉法（以下「児福法」という。）第56条，身障法第38条，老福法第28条，知障法第27条）[225]。さらに，応益負担であっても，低所得者に対する負担の免除・軽減・上限といった措置が設けられている場合（例えば，障害者総合支援法の負担上限）には，実質的には応能負担と類似した制度となる[226]。これらは，「負担は能力に応じて，給付はニーズに応じて」という社会保障の在るべき姿を具体化しているとも取れる。

---

(224) E. Alfandari et F. Tourette, *Action et aide sociales, op.cit.*, p. 81；I. Sayn , « Les obligations alimentaires (droit civil et droit de la protection sociale) », *Revue française des affaires sociales*, 2005/4 n°4, p. 17

(225) 経緯的に言えば，当初から「…その負担能力に応じて，…費用の全部又は一部を徴収することができる」という形で応能負担原則を明確に規定していたのは，1960年の精神薄弱者福祉法と1963年の老人福祉法であった。これに対して，1947年の児福法は，当初，措置に要する費用について「期限を設定して本人又はその扶養義務者から徴収しなければならない」という規定振りであり，現在のような応能負担の規定は，1986年の改正によるものである。また，身障祉法の場合には，当初規定されていた施設は，短期間の更生訓練を前提とした更生施設と授産施設のみであったことから，食費のみを徴収するという他の福祉施設と異なる仕組みであったが，その後の施設類型の多様化もあり，1984年の改正で現在のような応能負担の規定が導入された（1985年12月18日身体障害者福祉審議会「身体障害者更生援護施設に係る費用徴収基準のあり方について（意見具申）」参照）。

ただ根源的に考えるならば，応能負担原則の根底には，社会扶助としての補足性類似の発想があるように思われる。確かにミーンズ・テスト又は所得制限（インカム・テスト）による選別主義をとる生活保護や社会手当と異なり，所得の如何に関わらず全国民が対象という点で普遍主義をとる社会福祉にあっては，サービスの受給要件（入口）として補足性の原則が課せられるわけではない。しかし，応能負担原則とは，理論的には所得に応じて負担なしから全部徴収まであり得る制度であり，生活保護の保護施設への入所の場合に保護金品が施設に交付される（第31条4・5項）ことと類似の結果になる。このような保護金品の前渡は救護法等の時代から継承されてきた制度であり，資力があるにもかかわらずサービスを受けた場合に，費用の全部又は一部を徴収するという救護法等の時代以来の公的扶助の費用徴収と類似する[227]。

　この利用者負担の根拠について河野正輝氏は，社会福祉の「要保障事故が生活自治の場に生ずることから」「全面的に社会的責任に負わせられないことにあ」り，「社会福祉における公私分担の根拠は社会的事故についての一種の原因者分担にある」とした上で，「累進性による応能負担」は「要保障者間の優先順位の配慮」，つまり「低所得階層に優先順位を与える」という第二次的な政策目的基準によるとしている[228]。

　このように社会福祉の利用者負担から浮かび上がる公私の責任分担，優先順

---

(226) 社会福祉の負担を考える場合，選別主義ではなく普遍主義の考え方に立つのであれば，極端な応能負担（例えば，全額徴収）は高額所得層のサービスへのアクセスの問題が生じる。仮に応能負担の下で負担上限を設けるのであれば，応益負担の下で負担免除・軽減等を設けるのと類似した結果になる。現実の制度においては，応益と応能の両方の要素が混じり合うことが多い（障害者自立支援法の負担に関して，京極髙宣『福祉サービスの利用者負担』（中央法規，2009年）136-150頁）

(227) 救護法（第6条）では，養老院，養育院，孤児院といった施設が救護施設となっていた。戦後になり，児福法の下での児童福祉施設を始めとして，社会福祉施設が公的扶助（生活保護法）の保護施設から分離し，独自の体系を構築するようになったが，費用負担に関しては，補足性原則と親和性を有する全部負担も含めた応能負担原則が残ってきた。また，救護法では，資力がある場合には救護の要件に該当しない（第1・2条）が，実際には要件に該当しない場合に救護がなされる場合がなきにしもあらずとして，事後的に費用の全部又は一部を回収できる費用徴収制度（第26条）を規定していた（「救護法逐条説明」寺脇隆夫『救護法成立・施行関係資料集成』（ドメス出版，2007年）322頁）。

(228) 河野正輝『社会福祉の権利構造』（有斐閣，1991年）241頁，245頁

第4章　社会保障法の基礎としての連帯

位等の発想を連帯に引き寄せてみると，そこには帰属による連帯があり，高所得層への適用を排除せずニーズに応じて給付がなされる点で，適用面において普遍主義が貫徹する。その一方で，負担面では，帰属による連帯に対するニーズは負担能力に依存するという考え方に立っており，その結果として選別主義的発想が残っているように思われる。その限りでは，公費財源投入の重点化（低所得層優先という優先順位付け）を通じて結果的に低所得者を手厚くすることになり，それは生活維持自己責任原則を前提とする補足性の原則とも共通する点であろう。

③　親族扶養

社会扶助には，扶養法としての側面があることは，フランスに限らず我が国でも社会保障の原点が親族扶養の代替・補完であったことや，年金にも扶養性があることに照らしても首肯できる。そこで，補足性の原則を扶養法から見ると，社会的扶養（国民連帯・地域連帯）に対する親族扶養（家族連帯）の優先の原則とも捉えることができる。このような親族扶養優先的な発想の存在は，生活保護の親族扶養優先の原則のみならず，前述の社会福祉サービスの利用者負担に関して，本人と並んで扶養義務者からの徴収規定を設けていることからしても，社会扶助と親族扶養との関係性は否定できないであろう。

ただし，親族扶養の問題が補足性の原則の資産・能力の活用と異なるのは，資産・能力が自らの才覚で制御（コントロール）が比較的及びやすいという点で自己責任原則と親和性を有するのに対して，親族扶養の方は自己責任原則とは異なる性格の問題であることである。その点でも，親族扶養の問題は，国民連帯と家族連帯の相関・優先関係に帰着すると言える[229]。

このように考えるとき，重要な社会扶助の基本原則である補足性，応能負担や親族扶養との関係で，連帯が重要な役割を果たしていることになる。換言するなら，社会扶助の体系・仕組み（特に適用・負担面）が，連帯概念を介在させることで明確になる面があることになる。つまり，生存権という国家対国民

---

(229) 典型的には，子供・子育て支援（特に3歳未満児の保育）を巡る議論であり，その根底には，国民連帯・地域連帯としての保育サービスと家族連帯との関係がある。

という二当事者関係や福祉の増進義務という概念には収まりきらない当事者関係（親族関係）や負担関係（利用者負担）が社会扶助には存在しており，連帯概念を併せて援用することで，社会扶助全体の構造を理解することが可能となるのである［第5章1参照］。更に言えば，資産・能力の活用と同次元で議論される嫌いのある親族扶養の問題は，自己責任原則と連帯の問題だけではなく，扶養法の視点からは，低次から高次に向かって次元を異にする連帯相互の関係性の問題であることになる。

（3）社会扶助の権利性
1）措置制度と反射的利益

本書が拠って立つ連帯（連帯原理としての帰属による連帯）に社会扶助の基礎を置く場合，果たして社会扶助の権利性との関係で連帯が如何に作用するのか整理しておく必要がある。とりわけ，我が国の社会扶助においては，反射的利益論が重要な論点であっただけに，権利性の問題は重要である。そこで，本書では，反射的利益論の問題から説き起こすこととする。

ところで，ニーズ原則に基づく無拠出制の給付をもって社会扶助と定義する［第4章1参照］なら，そこには多様な制度が包含され得ることから，社会扶助の権利性は，その射程をどこまでとするかにも依存する。本書では，両国の比較上，射程範囲をフランス的に法定で義務的な社会扶助に限定することから，とりあえず検討対象は生活保護（公的扶助）と社会福祉の措置制度ということになる(230)。また，サービス提供（現物給付）である社会福祉において措置制度は，

① サービスの実施方法としての措置（行為）

---

(230) 社会福祉サービスの中には，「できる規定」によるもの（在宅サービスが典型）があり，それ自体権利性の議論があるが，法定ではあるが義務ではないとの理解に立って，本検討からは除外される。社会福祉の権利性については，河野正輝・前掲注(228)36頁以下を参照。また，社会福祉分野においては，権利と義務との相関関係が明確であるような完全義務だけでなく，不完全義務も義務であり，そこに一定の規範的意義を認める論稿としては，秋元美世「社会福祉における権利構造の特徴と課題」『社会福祉研究』第120号（2014年）5-12頁

第 4 章　社会保障法の基礎としての連帯

　② サービスの実施主体としての行政又はその委託を受けた社会福祉法人等（主体）
　③ サービスの財源保障としての措置費（財政）

が三位一体となった法的体系である。すなわち，国や地方公共団体以外に措置の受け皿として社会福祉法人を用意し，社会福祉法人立の施設や事業の認可でもって，施設設置や事業開始のみならず措置の委託先となる効果を発生させ，措置に必要な措置費も交付されるという法的枠組みである。この場合の「認可」とは，講学上，法律上の効力を完成させる行政行為であるが，措置制度との関係では，措置の委託先と措置費の交付先という地位を付与する効果を伴うことになる。なお，生活保護（公的扶助）の場合には，保護施設への入所は，措置によるが，制度の中核となる扶助は，現金給付が原則である。

　このうち生活保護は保護決定（形成的行為）により開始されるが，法律上も無差別平等原則を掲げ，国民に対して保護請求権を保障していることから，社会扶助でありながらも，その権利性は明確である[231]。これに対して措置制度の場合には，それが法的義務であっても，措置権者に対する義務であって対象者に請求権を付与するものではなく，措置義務の反射的利益であるという反射的利益論が伝統的な行政解釈であった[232]。つまり，措置は，措置権者に義務を課すものであっても，その義務は必ずしも対象者に負っているわけではないことになる。

　この反射的利益論は，既に戦前から公権論との関係で議論されてきたものが，戦後に継承されたと言える[233]。戦前の救護法は義務的扶助主義及び綜合主義（立法形態）に立つものの，家族制度や隣保相扶の情誼を尊重する国情に鑑み，被救護者に権利を認めたものではないとして，反射的利益論の立場に立ってい

---

(231)　小山進次郎・前掲注(79)112-113 頁
(232)　厚生省社会局老人福祉課監修『改訂老人福祉法の解説』（中央法規，1987 年）88-89 頁
(233)　例えば，佐々木惣一『日本行政法論〔改版〕』（有斐閣，1924 年）90 頁で反射権と公権を区別すべきものとしているが，戦後に出された同『日本国行政一般論』（有斐閣，1952 年）93-94 頁でも公権と似て非なるものとして反射たる利益を取り上げている。なお，美濃部達吉『日本国憲法原論』（有斐閣，1948 年）184-185 頁は，憲法第 25 条を「生活を営む権利」とした上で，これを受益権と位置付けている。

た[234]。ただし，戦前の学説の中には，むしろ救護が必要な場合は本人の意思に反しても強制的に救護を行うべきという強制救護（Zwangsarmenpflege）を理由に救護請求権を否定するものもあった[235]。つまり，反射的利益であるからといって，救護を行うべき国家の義務が弱まることにはならないと解する余地もあることになる。

このような経緯に鑑みると，自助努力や家族連帯（親族扶養）等との関係で，国民（社会）連帯としての救護は，補足的な位置付けに止まるという考え方が反射的利益論の根底に潜んでいるのは間違いない。しかしながら，理論的には（現実は別としても），反射的利益であるが故に，救護に関する国家責任が軽減されるわけではなく，国家に対して，むしろ連帯に基づき積極的に扶助を行うべき義務が課されるという見方もできそうである。

これを整理すると，反射的利益論には，二種類の議論が混在していることになる。一つは，救護義務と扶養義務や隣保相扶との関係であり，現代的には補足性の議論である。これを連帯の観点から捉えると，救護は連帯の制度であるにしても，それは扶養義務や隣保相扶との関係では補足的な位置付けに立つ連帯ということになる。この場合の「家族制度」及び「隣保相扶」は，それぞれ「家族連帯」と自主的な「地域連帯」に対応すると言える。もう一つの議論が，まさに救護義務と国民の請求権の関係の議論である。この点で重要なのは，仮に反射的利益でないと主張したとしても，救護法の下では，行政争訟の制度を欠くが故に権利の実現の手段がなかったことである。従って，請求手続きの規定を欠き，しかも権利救済の途がない以上は，そもそも請求権であると言う実益がなかったことになる。

これに対して，現在の生活保護法は申請保護の原則（第7条）を保障し，不服申立を始めとする救済制度があり，その点でも権利性は担保されていることになる。さらに，緊急保護の場合には，申請主義ではなく職権主義が採用されており，両者の調和が図られている[236]。

---

(234) 山崎巌・前掲注(216)191頁；安井誠一郎『社会問題と社会事業』（三省堂，1933年）80-81頁
(235) 山岡龍次『救護法と失業保険』（厳松堂，1933年）8-9頁，54頁

2）措置制度の現状

　以上のような視点で，改めて社会福祉の措置制度を見ると，サービス受給者の法的地位は伝統的に反射的利益と解されてきたものの，行政事件訴訟（抗告訴訟）に関しては，法律上の利益を有する限り原告適格を認められるであろう。その点で反射的利益論を巡る権利性の議論は，現代では，このような司法面での救済手段の欠如というよりも，財政制約という意味での財源保障の問題（例えば，義務的な国庫負担であるか否かといった問題），そして法的には，むしろ職権主義の下での裁量の問題（合理的裁量論）や請求手続等の規定を欠くことに由来する申請権や選択権の側面が大きい[237]。

　しかも，申請権等の手続的権利の問題は，解釈論の重要性もさることながら，手続規定も含め制度を如何に設計するかという立法政策に相当程度依存している[238]。つまり，帰属による連帯の場合には，貢献による連帯の場合と比べても，権利の具体化のための立法技術が重要ということになる。また，生存権という憲法レベルでの議論で言えば，具体的権利説は別として，抽象的権利説やプログラム規定説に立つのであれば，生存権に内実を与える法令の在り方は，尚のこと重要となる。

　実際，社会保険立法に規定されているものの保険ではない無拠出制の給付に

---

[236] 自律的な人間像を措定するならば，職権主義よりも申請主義が優れている。申請漏れに対しては，広報・周知義務や説明責任の問題が別途存在する。

[237] 裁量権については，朝日訴訟最高裁判決（最大判 1967 年 5 月 24 日民集 2 巻 5 号 1043 頁）が提示したように，「何が健康で文化的な最低限度の生活であるかの認定判断は，いちおう厚生大臣の合目的的な裁量に委されて」いるという枠組みが基本となっている。つまり，生存権保障に係る立法については，広範な立法裁量が認められており，それが著しく合理性を欠き，裁量権の明らかな逸脱・濫用の場合に限り，司法審査が及ぶわけである。もちろん，憲法や福祉各法の趣旨・目的に反し，裁量権の濫用・踰越がある場合には，違法な行為となる。しかし，実際の福祉各法の規定は，措置の開始・廃止，内容，方法等に関して抽象度の高い規定振りとなっており，裁量権行使に対して事後的な司法統制（裁量行為自体とその前提となる法令の規定の二段階）が及びにくい構造となっている。

[238] 2013 年の生活保護法の改正で，保護の開始の申請等に係る手続規定が省令ではなく法律上明記されることになった（第 24 条）。これにより申請権に影響であるわけではなく（社援発 1213 第 5 号 2013 年 12 月 13 日通知），法律に基づく調査権限との関係で規定の明確化の必要性からによるものとされる。このことは，改正の意図にかかわらず，手続規定の重要性を示唆する面があると言えよう。

ついて，その権利性に疑問を挟む余地はない。また，同様に無拠出制の給付であっても，個人給付化された障害者総合支援法や子供・子育て支援法は，社会保険ではなく帰属による連帯に基づく社会扶助の一類型と考えられるが，申請手続を規定するなど権利性が明確である［第5章2参照］。

その一方で，現在の保険化（介護保険）ないし個人給付化（障害者総合支援法）した社会福祉制の下でも老福法，身障法等で措置が残っている。これは，反射的利益論に拠るか否かにかかわらず，必要があれば行政は積極的に措置をすべきであるという措置制度が本来持っている積極面を反映してのことであろう［第5章2参照］。その点では，生活保護が同一制度内で申請主義を前提としながら補完的に職権主義による緊急保護を設けることで，国民の権利保護に遺憾なきを期したことと類似している。ただし，生活保護と異なり，社会福祉各法では制度を跨いでいることが特徴である。

また，組織法的な側面から見ると，地方公共団体を中核に，措置，措置費及び社会福祉法人が三位一体となって展開されてきた社会扶助制度は，個人給付化により変貌しつつある。つまり，個人給付化された制度の下では，サービスの提供に関して，措置委託のような行政の代行的な性格は希薄化し，サービス提供主体の多様化が進むようになってきている。ただ，この場合であっても，サービス等に関する給付費の支給に必要な認定・決定等（行為），給付費の対象となるサービス等の提供主体の指定（主体），そして給付費の支給（財政）という構造には変わりはない[239]。

なお，規範面から見た措置制度の現代的意義については，章を改めて論じることになる［第5章2参照］。とりあえずここでは，反射的利益論のような措置制度の理解が典型であるが，我が国の場合には，帰属による連帯が権利性を高める方向に必ずしも作用してこなかったことを確認しておきたい。

---

[239] 例外としては，介護保険法の介護老人保健施設がある（第94条以下）。介護老人保健施設の場合には，施設の設置許可とは別に指定を受けるまでもなく，許可でもって介護保険の給付の対象となる。これは，介護老人保健施設が介護保険のサービスを提供することを前提に介護保険法に根拠規定を置く施設であることによるものと推察される。このことは，措置制度の下では，施設の指定を要することなく，認可が措置の委託先という効果を発生させることと類似する。

第4章　社会保障法の基礎としての連帯

◆ 4 ◆　小　活

　ここまでの日仏両国の社会保険及び社会扶助の分析は，社会保障各制度を規律する実定法の中で連帯（特に連帯類型とその実現手段としての連帯原理）が如何に機能しているかを説明するという叙述的原理（principe-description）に比重を置いた作業であった。次章で展開する連帯の規範的意義に関わる重要な論点の検討への架橋として，ここまでの日仏比較（両国の共通点と相違点）の要点をまとめておくことにする。

(1)　連帯類型と社会保障各制度との関係
1)　社会保険の場合
　日仏両国を通じて，社会保障が社会保険と社会扶助を柱に構築されていることに大筋で違いはない。また，このうちの社会保険が両国の社会保障の基軸となり，貢献による連帯に依拠しながら，保険事故として類型化が可能な定型的ニーズへ対応している。つまり，自助努力や自己責任とも親和性を有する保険料拠出を要件として，社会的リスクに対する給付を実施している。これに対して社会扶助の方も，帰属による連帯に依拠しながら，社会保険に馴染まないニーズへの対応など，独自の領域を形成している。これらの点は，両国で共通している。

　連帯類型の観点から見ると，社会扶助は，両国の共通現象である地方分権の流れに照らしても，国民連帯とともに地域連帯の色彩が強い制度と言えよう。もちろん，日本が市町村中心であるのに対して，フランスが県が中心という違いはある。

　これに対して，社会保険に関わる連帯類型は，少々複雑である。社会保険の保険集団という点では，フランスの方が被用者・自営業者を問わず職域や同業同種を単位とする職域連帯を基礎に置いており，かつ，高齢者も含め同一制度が適用されることから，体系としては比較的簡明である。一方，我が国の場合には，職域連帯に根差した被用者保険や国保組合とともに，地域連帯又は国民連帯に基礎を置く市町村国保，後期高齢者医療制度や国年が高齢者・無業者も

含めた皆保険や皆年金の受け皿として重要な役割を果たしている。このため，モザイク状と言われるフランスとは異なった意味で複雑な構造となっているが，その理由は異なる連帯類型が入り組むことに起因すると思料する。

さらに，連帯類型に問題は，社会保険制度の建て付けにも影響を与える。例えば，無保険や無年金への対応である。周知のように，フランスにおいても，第二次世界大戦後の社会保障の主導理念が一般化であったが，これは，我が国の皆保険・皆年金に比肩する社会保障の一大理念である。何れの場合であっても，社会保険の連帯の射程の拡大は，社会扶助との接点を持つことになる。それこそが，低所得者等の無保険・無年金問題であり，連帯類型の在り方とも関係して，如何にこれらの者を社会保険に取り込むかが制度設計上の課題となる。ところが，無保険・無年金問題への対応という点では，両国には顕著な違いがあることがわかる。

① **無 保 険 者**

我が国の医療保険には，地域連帯に根差した市町村国保（地域保険）が存在することで，被用者以外の自営業者のみならず無業者も含めて被保険者に取り込み，これにより皆保険体制が実現・維持されてきた。フランスにおいては，職域・同業同種を単位に制度構築がなされていることから地域保険が存在しないことも手伝って，一般化の理念にもかかわらず，無保険者問題は 2000 年の普遍的疾病給付（CMU）創設によってようやく解決されることになる[240]。同制度のうち基礎的な普遍的疾病給付は，形の上では社会保険制度の枠内で展開されるものの，保険料財源ではなく公費財源であることに照らすと，国民連帯に根差した帰属による連帯が前面に出ていることになる。この点，我が国の市町村国保でも，低所得者に対する保険料軽減制度と保険基盤安定制度が存在し，そこに公費が投入されている点では，国民連帯・帰属による連帯の色彩がある。しかし，「負担なくして給付なし」という考え方に立ち，低所得者であっても

---

(240) 普遍的疾病給付は，その名称に「普遍的（universelle）」が付されているが，無条件で全ての人に給付を行うのではなく，一般制度の中に低所得層向けの別建て制度を構築するという点では，「普遍化（universalisation）」というよりも「一般化（généralisation）」であるとの評価もある（F. Tourette, Extême pauvreté et droit de l'homme, *op.cit.*, p. 262）。

第4章　社会保障法の基礎としての連帯

保険料負担が求められる点では，フランスより我が国の方が貢献による連帯の色彩が強いことになる。その一方で，保険料拠出が困難な低所得層は，国民連帯としての生活保護が適用され，帰属による連帯に基づき公費で運営されている。その点では，フランスの方が，国民連帯の観点から普遍的疾病給付を創設することで，社会保険法の枠内に低所得層も取り込もうとする姿勢が強いことになる[241]。

② 無 年 金

我が国では，国民連帯に根差した共通制度としての基礎年金制度が存在することにより，無業者，自営業者等も含め国民皆年金が達成されている。フランスの場合には，年金も職域・同業同種を単位にしており，無年金・低年金の問題が構造的に発生しやすい制度体系になっている。このため，社会保険法の枠内で拠出制年金の最低保障を行うとともに，無拠出制の最低保障年金を設け，老齢連帯基金等を通じて公費財源を投入することにより，問題への対応がなされている。その点では，社会保険法の枠内にありながら，国民連帯に根差した帰属による連帯が機能していることになる。

我が国の国年制度の場合には，全国民を被保険者に取り込んでいる点では，国民連帯に根差した制度である。それに対して，被用者の場合には，被用者年金制度にも加入するという意味で二重加入状態にあることから，その限りでは職域連帯の側面がある。どちらの制度の場合にも，保険料拠出を前提としており，全体として貢献による連帯の色彩が強いことになる。ただ，それと同時に保険料の減免（多段階免除）制度が設けられ，国庫負担分は年金給付に反映されることからすれば，我が国の場合も帰属による連帯が社会保険法の枠内で機能していることになる。

このほか，帰属による連帯が作用するケースとしては，被用者保険の子育て期間の保険料負担の免除等とその期間の年金給付への反映である。日本の場合，育児休業期間等の保険料免除の財源は，公費ではなく保険料財源で分担されており，集団内で帰属による連帯が作用していることになる。一方，フランスの

---

[241] 普遍的疾病給付は，社会事業・家族法典ではなく社会保障法典（L.380-1 et s.）に規定されている。

場合には，育児休暇に係る年金給付の加算等があり，当該期間の財源は，家族手当金庫からの財源移転で賄われており，これも同じ社会保険制度内での帰属による連帯ということになる。

さらに，帰属による連帯という点では，我が国では学生無年金等の関係で創設された公費財源による特別障害給付金があるほか，年金生活者支援給付金の場合も，公費による年金の嵩上げが行われることから，一層帰属による連帯の色彩が強まることになる。ただし，何れの給付金の場合も，年金とは別法となっている。また，年金制度の枠内にある保険料の減免制度も，給付には保険料納付部分と免除期間も含めた国庫負担部分しか反映されないことから，我が国の年金制度全体としては，貢献による連帯の色彩が強いことになる。

③ まとめ

総じて言えば，社会保険における連帯の限界線に位置する無保険者・無年金者問題に関して，以下のような点が指摘できる【図8参照】。

a．フランスの場合には，帰属による連帯・国民連帯に根差した無拠出制給付であっても，社会保険法の枠内に取り込む傾向が強い[242]。これに対して，我が国の場合には，社会保険法の中に国民連帯・帰属による連帯が部分的・補完的に加わることはあっても，一応は全被保険者に拠出を求めるという貢献による連帯を維持した上で，保険料軽減・減免の適用を行う。この点で，我が国の方が貢献による連帯の色彩が強い。

b．とりわけ，医療保険の場合には，拠出が想定されない生活保護受給者が国保の適用から除外されたり，保険料未納者に係る資格証明書等の制度が存在するなど，貢献による連帯がより強く出ている[243]。これに対して，長期保険である年金の場合には，生活保護受給者も含め被保険者とした上で保険料免除にしており，社会保険法の枠組みの中に貢献による連帯のみならず帰属による連帯も取り込んでいることになる。ただし，拠出や被保険者に着目した給付でない給付金について，我が国は，年金とは別法で対応する傾向があ

---

(242) この背景には，1988年の最低所得保障制度（RMI）の創設まで，日本の生活保護のような普遍的な社会扶助制度がなく，1956年の最低老齢年金（minimum vieillesse）の創設を始め，社会保険法の中に無拠出制給付を設けて対応してきたことも影響している。最低所得保障制度について，L. Cytermann, « L'inclassable RSA », *op. cit.*, p. 308 et s.

り，やはり貢献による連帯と帰属による連帯を分ける傾向が見て取れる。

c．また，我が国の社会保険には，公費投入が顕著に見られるのも特徴であり，その意味でも貢献による連帯を基本とする制度の中に帰属による連帯が溶け込む構造になっている。従って，我が国の制度は，国保や国年も含め，一面において貢献による連帯に忠実であるが，その一方で，皆保険・皆年金体制の下で低所得者等も取り込む必要性もあり公費投入の比重が高くなっている。その結果，貢献による連帯と帰属による連帯が同一制度内に混じり合い，かつ，制度が分立するという構造となっている。これに対してフランスの場合も，一般化の理念にもかかわらず制度が分立する点では，我が国と同様である。しかし，貢献による連帯と帰属による連帯に関しては，それが同一制度・給付の中に併存するものの，別体系の給付（拠出制と無拠出制）とすることでデマケーションが確保されていると言えよう。

2） 社会扶助の場合

このように，日仏ともに社会保険制度が分立していることも手伝って，程度の差こそあれ，様々な連帯が絡み合い錯綜するのに対して，社会扶助に関しては，両国とも基本的に国民連帯ないし地域連帯に根差した帰属による連帯により制度が構築されている。また，地方分権との関係で，近年になり地域連帯の色彩が強まる傾向にあることも，両国で共通している。

社会扶助の制度体系に最も影響を与えているのは，日仏を通じた社会扶助の基本原理である補足性であろう。つまり，補足性を巡っては，他制度との関係で，どのように社会扶助制度を位置付けていくか多様な制度体系が存在し得る

---

(243) フランスの疾病保険の場合には，事業主拠出 13.1 ％であるのに対して，被用者拠出は 0.75 ％となっている。この被用者拠出も現金給付に対応する負担であることからすれば，現物給付は一般社会拠出金（CSG）と事業主拠出に拠って賄われていることになる。普遍的疾病給付の存在も合わせて考えると，フランスの疾病保険（現物給付）においては，国民連帯及び帰属による連帯の性格が強くなってきていると捉えられる。この点に関して，D. Tabuteau, « Le « New Deal » des assurances maladie obligatoire et complémentaires », RDSS, N° 5 / 2014, pp. 796-798 は，基礎的制度が一般化や普遍的疾病保険の創設などにより国民連帯の色彩を強めているのに対して，補足的な保険の方は，部分的な連帯に依拠する制度となってきていることを指摘する。

4 小活

図8 社会保障制度と連帯類型との相関（イメージ）

社会扶助に関しては、両国とも国民連帯・地域連帯と帰属による連帯に依拠している。ただし、社会扶助の射程は、フランスが無保険・無年金問題を社会保険法（CMU等）の中に取り込み処理する傾向が強いことと比較すると、日本の方が医療扶助等や年金関係の各種給付金に見られるように広くなっている。

社会保険に関しては、両国とも社会保険法の中に帰属による連帯が溶け込んでいる。それは、フランスの場合であれば、普遍的疾病給付（CMU）や最低年金であり、日本の場合であれば、20歳前障害の障害基礎年金や国保の保険基盤安定制度である。ただ、保険料拠出を求めるという点では、日本の方が貢献による連帯の色彩が強い。なお、両国とも財政調整制度が存在しており、これは職域等の保険集団を越えて展開される貢献による連帯である。

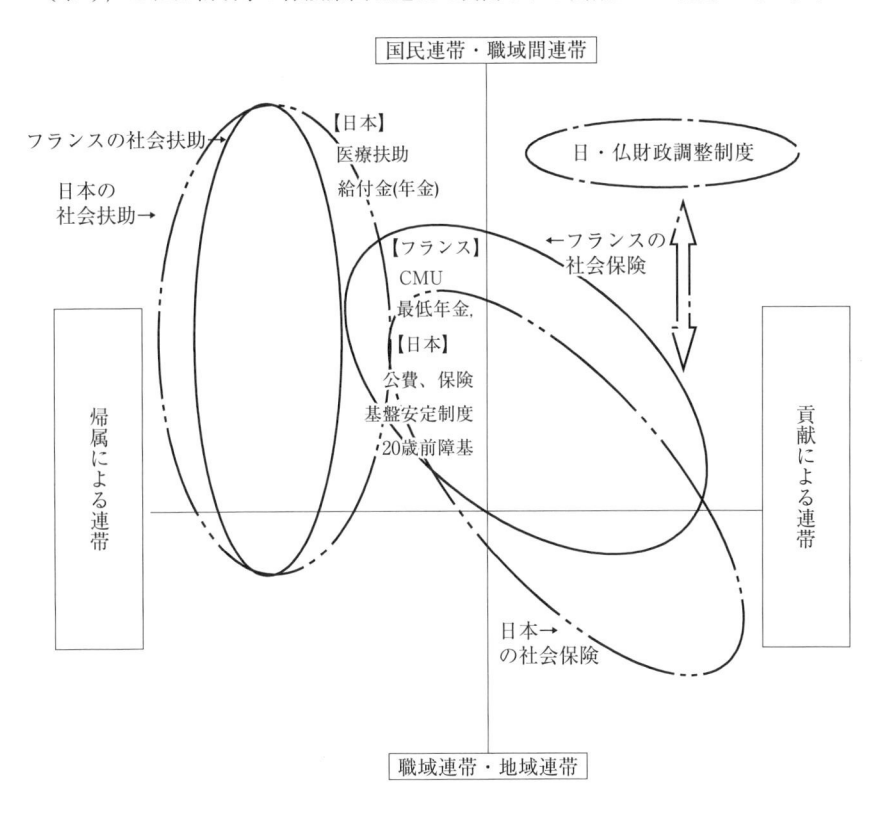

縦軸上：国民連帯・職域間連帯
縦軸下：職域連帯・地域連帯
横軸左：帰属による連帯
横軸右：貢献による連帯

フランスの社会扶助→
日本の社会扶助→
【日本】医療扶助 給付金(年金)
【フランス】CMU 最低年金,
【日本】公費、保険基盤安定制度 20歳前障基
日・仏財政調整制度
←フランスの社会保険
日本→の社会保険

125

第4章　社会保障法の基礎としての連帯

からである。例えば，専門性の原則により社会的リスク（ニーズ）別に社会扶助制度が歴史的に構築されてきたフランスにおいては，最低所得保障（RSA）が制度化された今日でも，社会保険制度の枠内にある最低保障年金等の年金給付や普遍的疾病給付（CMU）などが実質的に社会扶助の機能を担っている。その点では，帰属による連帯による最低生活保障のための最後のセーフティネットであり，他法優先を原則としながらも，普遍的な性格を有するが故に，実際には生活保護法の比重が高い我が国とは社会扶助の在り方が異なっている。

（2）　社会保障の権利義務関係における連帯の機能

　フランスのみならず我が国の社会保険及び社会扶助においても，その権利性の基礎として「貢献による連帯」又は「帰属による連帯」が存在している。この場合，連帯は，個人の権利に理論的基礎を付与し，権利を確たるものにする方向で作用している。
　その一方，連帯の特質の一つは，集団内での当事者関係の規律であることから，そこから権利のみならず義務も発生する。そこで，これまでの分析を踏まえ，社会保障の権利義務関係の中で，連帯が如何に作用しているのかまとめておきたい。

1）　社会保険の権利・義務関係及び組織

　①　社会保険の場合には，両国とも拠出と給付の対価性は相当程度修正されている。その点では，社会保険をもって契約関係と捉えることは，一般的ではない。とは言え，拠出と給付の牽連性を否定する説は，両国とも存在するものの大勢ではなく，牽連性ないし対価性をもって社会保険の特徴とするのは，ほぼ共通認識である。そして拠出と給付という貢献による連帯の帰結として，社会保険の場合には，拠出と給付の両面において相当程度対価性に修正が加えられてはいるものの，社会扶助と比べると給付に対する権利性自体は実際上問題とならない。むしろ，給付と負担の両面で対価性が如何に修正されるかという貢献による連帯の特質が重要となる。ただし，既得権保護との関係では，権利性が問題となる余地があり，その点は連帯の限界として，以下で論じることになる［第5章3参照］。

② まず，貢献による連帯を給付面から見ることにする。例えば，老齢年金（拠出制の場合）について，フランスが報酬比例のビスマルク型の伝統を継承しているのに対して，我が国の場合には，生活保護受給者も取り込んだ国民共通の基礎年金制度が存在することが特徴である。しかも，給付設計が期間比例であるものの報酬比例ではないなど，全体として報酬比例による貢献による連帯の色彩が弱められている。これに対して，年金のうちの障害年金については，フランスの場合には期間比例の要素がなく，日本の場合にも定額（障害基礎年金）又は期間比例の要素が希薄化した給付（障害厚生年金）となっている[244]。従って，障害年金における貢献による連帯は，老齢年金と比べて強いものではないことは，両国で共通である。医療（現物給付）の場合には，両国共通して貢献による連帯が一層希薄化しており，報酬比例・期間比例の要素がなく，むしろニーズ原則が前面に出た給付となっている。ただし，我が国の国保に関する限り，生活保護受給者の適用除外や短期被保険者証・資格証明書のように貢献による連帯の色彩が強い制度が存在している。その点で，年金の場合と異なり，医療の場合には，日本の方が貢献による連帯の色彩が強いことになる。

③ 社会保険における貢献による連帯の強制性が顕著に表れるのは，給付面よりも負担面である。つまり，社会保険の貢献による連帯の場合には，民間保険と異なり強制加入であることはもとより，応能負担や財政調整を通じて，保険数理的に等価交換原則を超える拠出が義務付けられるなど，様々な局面で強制性が顔を出す。ただし，労働者保険から制度が出発したこともあり，日仏何れにおいても，保険料の上下限の考え方が存在しており，具体的な水準は兎も角として，拠出と給付の均衡の発想が制度に内在化していることになる。逆に言えば，等価交換でないにせよ，連帯の観点から某かの均衡や合理性が存在しなければ，そのような拠出や給付は不合理なものとなってしまう。この点で興味深いのは，フランスの疾病保険の被用者保険料については，報酬比例の要素が強い傷病手当金相当分以外の現物給付相当分は，財源が一般社会拠出金に転換していることである。現物給付には，報酬比例的要素がないことから，財源

---

[244] フランスの障害年金は，そもそも老齢保険ではなく疾病保険の給付と位置付けられている。

面での国民連帯の色彩が強まっていると言える。

　④　負担面のうち財政調整については，日仏何れの場合も，それが保険集団を跨ぐ形での貢献による連帯である点において違いはない。つまり，同一制度内であれば，一般に応能負担原則の下で行われていた被保険者間の拠出能力の格差の是正と比肩し得る調整が，被保険者間ではなく保険者間で行われることになる。その点では，そもそも保険が集団内部での財政調整であるとの理解も可能であり，逆に財政調整の方は保険者間の保険ということにもなる。

　⑤　財政調整の方法については，技術的な点を捨象するならば，自営業者を含む場合には所得調整は行われず，頭数調整に止まることは，両国で共通する。興味深い点としては，フランスの一般化された財政調整において，まず被用者集団と自営業者各制度との間の頭数調整が行われ，出し側である被用者集団内の負担の調整が財政力に応じた所得調整によって行われていることである。このような二段階調整は，我が国でも後期高齢者支援金の総報酬割により類似の制度が登場してきている。いずれにせよ，財政調整の存在と仕組みの類似性の背景には，日仏両国とも，制度の一体化・一元化が実現せず，自営業者制度も含めて制度が分立してきたことがある。なお，財政調整については，職域間連帯や国民連帯に基づき，保険集団を跨ぐ形で負担が転嫁される貢献による連帯である。それ故に調整の範囲や程度が厳しく問われることから，規範性の観点から章を改め検討を深めることになる［第5章3参照］。

　⑥　社会保険の組織については，フランスが国家とは別の金庫が保険者となっているのに対して，我が国は健保組合のような公共組合や地方公共団体等が保険者となる場合もあるが，伝統的に政府管掌の比重が高かった。それに関連して言えば，フランスが国民連帯を希求しながらも，実際には職域連帯を基礎に制度が構築されているのに対して，我が国は職域連帯以外に国民連帯や地域連帯に基礎を置く保険者が組み合わさっている点に違いがある。ただし，フランスの場合にも，元来私法と理解されてきた社会保険が公法的性格を強め，その結果として国家による関与が強まる傾向にある。逆に我が国では，近年になり協会けんぽや日本年金機構が登場するなど，保険者の在り方に変化の兆しが見られる。つまり，保険者自治や保険者機能が発揮しやすい状況が，従来にも増して出現してきていると言えよう。

2) 社会扶助の権利・義務関係

① 国民連帯及び地域連帯に根差した社会扶助においては，国民（同時に住民でもある）は国家（地方公共団体を含む）に対して権利を有することになる。しかし，それは，債権的権利であるが故に実現には立法を必要とし，そこには立法裁量が影響してくる[245]。この点は，フランスの1946年憲法前文の生存手段の保障（第11項）の場合でも，我が国の憲法第25条の生存権の場合でも変わらない。また，保険料拠出が存在しない社会扶助においても，自立のための取組みが求められることがあるが，それは給付に対する対価とは一般には理解されないことから，社会扶助は帰属による連帯に依拠する制度と言える。

② 帰属による連帯に依拠する社会扶助の法律関係は，受給者と制度の実施主体との間で問題となる。この点，サービス給付としての社会扶助に関しては，呼称は兎も角として，

- 行為（日本の措置制度の下での措置決定又は個人給付の下での給付費支給及び契約，仏の社会扶助支給及び入所契約），
- 主体（日本の社会福祉法人の認可及び施設・事業者の認可，フランスの1901年法の社団設立行為及び施設・事業者の認可）
- 財政（日本の措置費又は個人給付，フランスの社会扶助費。財政支出の前提としての日本の施設等の指定制度等，フランスの認証制度）

という構造を有しており，両国には類似性がある。このうち社会扶助の財政に関しては，貢献による連帯に不可欠な拠出が存在しない。このため，財源は，国民連帯又は地域連帯の観点からの国又は地方公共団体の公費によって，基本的に賄われることになる。これに関連して興味深いのは，我が国のみならずフランスにおいても，住所地・居住地特例に相当する制度が存在していることである。このうちフランスの救済住所制度の根底には，同郷意識に根差した地域連帯が存在していることからすれば，我が国の住所地特例の場合も同様の理解が可能であろう。

③ 社会扶助のサービス提供については，責任主体である地方公共団体等が直接執行の義務を負うわけではないことは，両国に共通である。ただし，我が国で

---

[245] X. Prétot, « L'Etat et la sécurité sociale ... », *op. cit.*, pp. 803-804

は，措置制度の下で社会福祉法人など措置の委託先が限定的であったのに対して，フランスの場合には，社団等の多様な主体が排除される仕組みではなかった。ところが，我が国でも社会保険化や個人給付化を契機にサービス提供主体の多様化が進む傾向にある。換言するなら，社会扶助に関する主体規制と行為規制という両面からの縛りのうち主体規制が弾力化されつつあることになる[246]。

④ 社会扶助の特徴は，適用に関する補足性原則や利用者負担に関する応能負担原則等である。このうちの補足性原則は，フランスでは，生活維持自己責任原則や異なる連帯の間の階層性との関係で理解されている。つまり，社会扶助は自己責任や自助努力に劣後することになる。我が国の場合，補足性や応能負担等の原則は，これまで連帯との関係で理解・整理されてこなかったが，フランス法を参考にするなら，これらを連帯との関係で位置付けることもできる。要するに，補足性原則や応能負担原則等は，異なる連帯類型間において，個人，次に低次の集団から高次の集団に向かっての補完関係が存在していることの反映でもあることになる。

⑤ さらに，社会扶助の権利性に関しては，フランスが第二次世界大戦後に憲法レベルのみならず実定法のレベルでも権利性を明確化してきたことに比べるなら，我が国の措置制度は反射的利益論と職権主義や裁量性等とが相まって，受給者の権利性が認識しにくい構造となっていた。この我が国の特徴である措置制度のネガティブな効果の転換は，介護保険のような保険化のみならず，帰属による連帯の具体化手段（立法技術）としての制度の個人給付化であった。そこで，反射的利益論を乗り越え，そこから如何なる権利性が導き出せるのかについては，章を改め検討を進める［第5章2参照］。

3）まとめ

このように，我が国で戦前に受容された連帯概念は，社会保険・社会扶助の何れにおいても，現代の社会保障に息づいている[247]。総じて言えば，フランスにおいて連帯が類型化され，その違いに即した議論の深化が見られるのに対して，我が国においては，連帯類型及び連帯原理，それに即した社会保障制度

---

[246] 拙稿「社会福祉法人法制についての一考察」『法政研究』68巻1号25-47頁

の理解は必ずしも十分進んでいない嫌いがあることは指摘できよう。

　そこで，次章では，フランスでの議論を参考にしながら，我が国の制度に検討を加え，そこから連帯が規範や権利性の面で如何なる意義を有するかを抽出することとしたい。

---

(247) 黒木利克・前掲注(57)67頁は，社会保険の変貌を推進する原理たる全国民的社会連帯の要請が，全く同様に救貧制度の変貌を推進し，今日において，それぞれが全体としての社会保障の目的実現の方法たるにすぎないものとなっていると述べている。

◆第5章◆ 社会保障の権利義務に関する論点の検討

　法学的論点について，より掘り下げた比較法的考察を進めるためには，比較対象国との間で一定の共通基盤が必要であると考える。この点，前章までの分析で述べたように，連帯は，我が国でも戦前から受容され，日仏両国を通じて歴史を生き抜いてきている概念である。確かに，連帯概念の生成発展過程で，我が国では，フランスほど概念の深化が見られなかったなどの相違点があるものの，両国を通じて連帯が社会保障の鍵概念となるなど共通点も多い。

　また，本書では，検討対象を基本的に社会保険（医療保険と年金）と社会扶助に絞っていることもあり，日仏両国には，制度面でも共通点が多い[248]。もし違いがあるとすれば，それは正に本書が考察対象とする連帯の表れ方の違いに起因することは，既に指摘したとおりである［第4章4参照］。

　そこで本章では，ここまでの叙述的な日仏比較では必ずしも十分検討できなかった社会保障の権利義務に関する論点として，①生存権保障との関係，②生存権保障の一環としての社会扶助や社会保険の権利性の確保，③権利性の観点から重要な平等権との関係を取り上げ，規範面から論じることにしたい。これは，フランス法を参考にすることにより，連帯の内在的本質及びその規範的意義を抽出する作業でもある。

　更に言えば，これらの論点は，社会保障の権利性に関わる議論である。あるいは，生存権保障としての社会保障の権利を実現する上で，連帯が如何なる規範的意義を有するかの確認作業でもある。そうした場合の権利性については，以下で述べる社会扶助を巡る反射的利益論が典型であるが，裁判規範性が重要

---

[248] 典型的には，フリーアクセスやプロフェッショナル・フリーダムを前提とした医療，報酬比例・期間比例の年金，補足性を前提とする社会扶助などである。

第5章　社会保障の権利義務に関する論点の検討

であるのは言うまでもない。しかし，本書では，権利の実現という点で権利性をより広く捉えている。河野正輝氏が社会福祉の権利構造との関係で明らかにしたように，社会福祉に関しても，権利は福祉サービス請求権，処遇過程の権利，免除権など複合的な構造を有している[249]。社会保障という法分野は，複雑な権利義務関係の上に制度が構築されていることから，給付と負担の実体面のみならず手続面も含めて権利実現を可能にする法的担保手段を射程に置き，広く権利性の問題として論じることにしたい。

◆ 1 ◆　社会保障の基礎としての連帯

（1）　我が国における連帯と生存権保障のこれまでの理解

日仏を比較した場合，連帯が，社会保険のみならず社会扶助も含めた社会保障の基礎概念として登場することでは共通する。その一方，我が国の場合には，憲法に生存権規定が存在し，生存権保障の一環として社会保障が整備されていることから，それとの関係でも連帯を位置付ける作業が必要となる。なかんずく，生存権保障との関係で，その主体である国民が如何に権利を実現し得るのか，また，その射程が如何なる範囲にあるのかといった視点が重要となる[250]。

まず指摘すべきは，社会保険は既に戦前から存在しており，戦後の生存権保障の下でも基本的骨格を変えていない（その典型は，健康保険法）ことである。従って，生存権規定（憲法第25条）に基づき制度が創設されたというよりも，歴史的には社会保険固有の法的基礎の上に生存権保障としての位置付けが事後的に付与され，その後の制度の発展・充実が図られてきたと考えるのが自然である。更に言えば，我が国の黎明期の社会保障立法がフランスの社会連帯主義

---

[249] 河野正輝・前掲注(228)109-131頁
[250] これまでの社会保障の権利論は，「生存権論」を軸に展開されてきたとされる（菊池馨実「社会保障の権利」日本社会保障法学会編『講座社会保障法第1巻 21世紀の社会保障法』（法律文化社，2001年）54頁以下）。この権利論との関係で言えば，生存権について如何なる立場に立とうとも，生存権保障の実現のための手段，すなわち憲法規範の具体化んための立法とそのための法技術が不可欠である。連帯は，そのような局面で威力を発揮する概念である。つまり，生存権という憲法規範の枠内において，社会保障を領導するのが連帯ということになる。

の影響も受けつつ制定されており，現行制度の理解の仕方として連帯を無視することは適当ではない。

かかる認識（上位規範と下位規範との相互関係や整合性）の下，社会保険を中心に展開されてきた連帯であるが，社会扶助も射程に置きつつ，生存権保障との関係を整理してみる必要がある。その際，過去の学説の蓄積を踏まえつつも，フランス法を参考とすることにより，我が国の生存権保障と連帯との関係について，これまでとは些か異なるアプローチで掘り下げてみたい。

これまで（社会）連帯に関する学説は，規範性の観点あるいは生存権保障との関係から，概ね次のように分類できよう[251][252]。

① 規範としての連帯肯定説

高藤昭氏が嚆矢であるが，同氏によれば，社会保障法は生存権原理のみによって構成され得るものではなく，法原理として捉えるべき社会連帯原理と密接な関係を持つとされる。その場合の連帯の意義は，市民法原理に対する社会法原理による修正の拠り所にあるとする。

② 規範としての連帯否定説

否定説も理念としての意義を認める説と，それも明確には認めていない説がある。このうち理念としての意義肯定説は，堀勝洋氏や良永彌太郎氏が代表であるが，連帯が権利や規範として不明確であり，社会保障の基盤又はそれを支える理念に止まるとされる。これに対して，連帯の意義の承認に否定的（ないしは慎重）な菊池馨実氏は，連帯の理念から如何なる水準・内容の制度が導出されるか精緻な分析がなされていないとしている。

このように連帯を法原理・規範として捉えるのは少数であり，連帯を巡る日本の状況は収斂を見ていない[253]。

---

(251) 詳細は，拙著・前掲注(17)527-533頁；佐藤幸治『日本国憲法論』（成文堂，2011年）362頁（生存権の関係で，「社会連帯に基礎をおく，その状況に応じた適正支えを必要とする」と述べている。）

(252) 我が国の学説では，「社会連帯」という用語を使用する場合が多いことは，既に述べたとおりである［第2章3参照］。これに対して，「連帯」を使用するのは，岩村正彦『社会保障法Ｉ』（弘文堂，2001年）19頁，43頁等に限られる。本書では，連帯の有する集団性の広がりや多様性に鑑み，基本的に「社会」連帯ではなく「連帯」を使用している。

第5章　社会保障の権利義務に関する論点の検討

しかしながら，国民年金法，高齢者の医療の確保に関する法律，介護保険法等では，「共同連帯」が目的規定に掲げられており，実定法上，連帯は社会保険を領導する概念になっている。実際，国年や旧老人保健法の制度創設に当たっては，連帯が制度推進の拠り所となってきた［第3章2参照］[254]。さらに，目的規定は，各法令の規定の解釈の拠り所となる点でも重要である。

（2）　フランス法を踏まえた連帯と生存権との関係の整理

フランスの議論を参考にするなら，連帯と生存権は矛盾・排斥し合うものではないと考えるべきであろう。この点，フランスにおいては，憲法的価値が承認された1946年憲法前文（第11項）の困窮者等に対する生存手段の保障という憲法規範は，連帯と矛盾関係にあるのではなく，むしろ連帯の憲法上の拠り所として位置付けられている。

更に言えば，フランスにおいても生存権的発想が存在することは，フランス革命以来の人権宣言（1793年の人権宣言等）に確認できるところであるが，現在でも，そのことは最低所得保障制度の中に生きている。2008年改正前の最低所得保障制度（RMI）の創設時（1988年）の規定（CASF.L.115-1）では，制度の目的として「生存に適当な手段（moyens convenables d'existence）」を公共団体から提供される権利が規定されていた。これは，正に1946年憲法前文（第11項）に対応するものであった[255]。

視点を変えると，生成発展的な社会法において，社会保険にせよ社会扶助にせよ，その核心部分には必須の社会的ニーズ（老齢，疾病，失業等）の保障が

---

(253) 学説の状況については，拙著・前掲注(17)527-533頁。最近の論考としては，西村淳『所得保障の法的構造——英豪両国の年金と生活保護の制度史と法理念』（信山社，2013年）206-207頁，280-240頁が，社会保障について，生存権論，社会連帯や個人的自由の確保といった基礎付けではなく，貢献に基づく権利の基礎付けを提唱している。本稿及び拙著・前掲注(17)が，帰属による連帯を貢献による連帯と並び立つ連帯原理と捉え，自立を貢献による連帯の貢献とは位置付けないのとは，立場を異にするように思われる。貢献の捉え方については，日本社会保障法学会編『社会保障法第30号』（法律文化社，2015年）191-196頁の山田晋氏の書評を参照されたい。

(254) 拙著・前掲注(17)175-176頁

(255) P. Morvan, « La loi généralisant le RSA（L. n° 2008-1249, 1er décembre 2008）», *Droit social*, N° 2, février 2009, p. 185

存在しており，その保障水準の設定に当たっては，人の生存（existence）及び尊厳（dignité）を確保することが求められる(256)。生存権と言うか否かは別として，フランスの憲法規範としての生存手段の保障にも生存権と類似の考え方があるように思われる。

そうであれば，我が国の場合にも，連帯は憲法の生存権保障の一環として，下位法令の定立を通じて，それに具体的な法的枠組みを提供する概念（生存権実現・具体化のための下位規範）として理解することも可能ではないだろうか。以下，この点を敷衍してみたい。

まず，憲法が第一義的に国家対国民の関係を規律する規範であるとの前提で言えば，憲法第25条に関して，責任主体としての国家には，権利主体としての国民の生存権を確保・実現する義務が課せられることになる。ただし，生存権の実現手段や方法には，立法・行政裁量があり，国家による直接執行のみが唯一の生存権保障の姿ではない。さらに，国家は，生存権以外の諸権利も含めた憲法規範（第13条，第14条，第25条等）に即して制度を設計することが必要である。これらの憲法上の要請を満たしつつ，実際に制度を設計するには，生存権を踏まえた下位規範が必要となる。それは連帯に限定されるわけではないにしても，連帯は，上位規範としての生存権の実現を領導する概念となり得ると考える。具体的には，連帯原理としての貢献による連帯及び帰属による連帯である。

端的に言えば，連帯とは，生存権を補強し，規範面で生存権に内実を与える概念ということになる(257)。実際，我が国の判例でも，社会保障の外国人・域

---

(256) N. Aliprantis, « Les droits sociaux sont justiciables ! », *Droit social*, N° 2, février 2006, p. 161. なお，健康の保護に関しては，公衆衛生法典（CSP）が「健康の保護に関する基本的権利は，全ての者のために有する全ての手段でもって実施されなければならない。」（L.1110-1条）と規定している。これは，1946年憲法前文の健康の保護（第11項）に対応し，それを具体化する規定であると言える。

(257) 連帯の法源性という点では，両国とも憲法ではなく法律段階で登場する実定法上の概念であって，憲法規範としての生存権との関係の整理が必要となる。フランスの場合には，1946年憲法前文（第11項）の生活手段の保障が連帯と銘打っているわけではないが，その根底には連帯があり，前文の規定は連帯の発現との理解がある（M. Borgetto, *La notion de fraternité ...*, op.cit., pp. 516-523）。

外適用や国保の保険料という事案に限定されるが，連帯が援用されている［第3章2（3）参照］。これは，貢献及び帰属による連帯を出発点にして，連帯が権利保障の面でも裁判規範として更なる発展の可能性を内包していることを示唆する。

なるほど，朝日訴訟の上告審判決（最大判1967年5月24日民集21巻5号1043頁）は，「健康で文化的な最低限度の生活なるものは，抽象的な相対的な概念であ」ると述べる。同様に，堀木訴訟の上告審判決（最大判1982年7月7日民集36巻7号1235頁）も，憲法第25条の生存権規定が「抽象的・相対的な概念」であり，具体的内容も諸状況との「相関関係」において判断決定されるべきと判示している。これら判決に照らすなら，集団における関係性に着目し，それを類型化した上で実現手段を付与する連帯は，生存権を具体化する概念ともなり得ると考える。

とりわけ，我が国の判例が採用するプログラム規定説を前提に考えると，広範な立法・行政裁量の統制という点でも，連帯は重要である。この点，フランスでも社会保障に対する権利は，債権的権利であると理解されており，権利の実現には立法の媒介を必要とする[258]。また，立法府の裁量に関しては，憲法上の要請である法的保障（garanties légales）を侵害しない限り，立法に帰属する裁量権を行使することで憲法上の目的の実現又はそれと調和する新たな施策を採用することができるというのが憲法院の判例（Décision n° 99-416 DC du 23 juillet 1999）である。

このため，両国を通じて立法・行政裁量を前提としつつ，如何に社会保障の水準を設定するかが重要となる。その鍵が連帯である。連帯概念は，捉え方によっては立法を統制する下位規範としての意義を有することになるわけである

---

[258] 1968年11月29日の国務院判決（CE, 29 novembre 1968, *Sieur Tollagrand*, n°68938）は，自然的災厄に関する連帯を謳った1946年憲法前文第12項に関して，「適用を確保するための詳細な法令の規定なしに，このように提示された原理を補償のための訴訟の基礎とすることはできない。」と判示している。この他，1962年12月10日の国務院判決（CE, 10 décembre 1962, *Société indochinoise de constructions électriques et mécaniques*, Rec. 676）も，適用のための法令の規定の存在が補償措置の前提であると判示している。従って，フランスの場合も，債権的権利としての憲法前文の諸権利は，立法による具体化を必要とするプログラム的性格を有することになる。

[第 4 章 1（2）参照］。

（3） 社会保障の水準設定における連帯の意義
1) 最低水準と最適水準の関係性

プログラム規定説の下では，如何に社会保障の水準を設定するかは，生存権保障としての社会保障にとって本質的に重要な問題である。このうち社会扶助の水準に関する生存権保障の議論は，言い換えるなら「最低限度の生活」というナショナル・ミニマムの問題である。これに対して社会保険の場合には，社会保障の「向上及び増進」にも関わるオプティマムの視点がむしろ重要となる。この点，集団内部の関係性に着目する連帯は，社会保険における生存権保障を具体化する概念となる。つまり，ナショナル・ミニマム以上に設定の難しいオプティマム水準について，連帯は拠出と給付の関係性の中で社会保険の水準を決定することになる。

そこで，連帯と生存権との関係を念頭に，水準論の側面から連帯の規範的意義を整理することにしたい[259]。すなわち，社会保障に関する最低水準（ミニマム）と最適水準（オプティマム）の議論である。

まず，生存権に社会保険の拠り所を求めるにしても，生活保護と異なり最低限度（ミニマム）というよりは，最適水準（オプティマム）を巡って議論が展開することが多い社会保険にあっては，社会保障の向上・増進義務のみで制度を設計することは困難である。

これに対して，

① 連帯は，他の構成員への「支援」という定義［第 2 章 3（1）参照］に照らしても，給付（個人の権利を保障）の側面と負担（個人の権利を制限）の側

---

[259] このようなアプローチは，次のような論理構造［本章 1（2）参照］に依拠している。すなわち，社会保障制度は，生存権という上位規範により貫かれているとしても，それによって制度の細部が設計しきれるわけではない。そうであれば，生存権と矛盾しない範囲ではあるが，下位規範により制度を補完・補強することが求められる。下位規範である連帯は，生存権と重ね合わせることにより，社会保障の解釈や立法が規律・整序されることになる。

第 5 章　社会保障の権利義務に関する論点の検討

面の両方を射程に置く概念であり，
② 等価交換関係を超える所得移転を伴うにしても，その場合の給付の権利も負担の義務も絶対的・無制限なものではなく，集団内の他者との相互関係において権利も義務も画されるところ，
③ その給付と負担の限界は，連帯の有り様とも関係しながら，自己責任・自助努力と連帯の均衡，更に連帯における集団内の権利と義務の均衡の中に見出され，最終的には生存権保障との関係で判断されることになる。

　これらの点について，厚年等の社会保険，生活保護及び最低賃金等の水準論を取り上げ，それぞれの関係性から議論を敷衍することで，生存権保障に関連させながら連帯の意義の一端を確認しておきたい【図 9 参照】。
　まず，この問題には，我が国の被用者保険の連帯の限界として考察した保険料の標準報酬月額の上下限が関係してくる［第 4 章 3（1）参照］。このうちの厚年の標準報酬月額の下限は，最低賃金の水準とリンクしており，現行制度に即して言えば，最低賃金は生活保護との整合性に配慮して決定されること（最低賃金法第 9 条）から，厚年の保険料の下限は最低賃金を媒介に結果的に生活保護水準とも関連することになる。また，標準報酬月額の下限に対応する厚年の保険料水準は，国年の保険料ともほぼ均衡するようになっているが，これは極端に低い年金を回避し，一定水準の年金（オプティマムな年金水準）を保障することを念頭に置いたものである[260]。これに対して，標準報酬の上限に関しては，平均標準報酬月額の概ね 2 倍に設定されており，高所得者及び事業主の保険料負担に対する配慮とともに，社会保険として極端に高い年金による給付格差の拡大や過剰給付を回避している[261]。従って，被保険間で所得再分配が発生する厚年にあっては，負担水準に関し給付水準（生存権保障）に対する配慮

---

[260] 現行の厚年の標準報酬月額 9.8 万円に対応する保険料（2013 年 9 月から 17.120 ％）は 16,777.60 円であり，国年の保険料 15,040 円（2013 年度）ともほぼ均衡している。また，給付水準についても，標準報酬下限で 40 年加入した場合，厚年 21,362 円で基礎年金 65,741 円と合わせると 87,103 円（2011 年 9 月時点の水準）となり，生活保護の生活扶助基準（1 級地 -1，高齢単身者）80,820 円より少し高くなる（2011 年 10 月 11 日第 4 回社会保障審議会年金部会資料 3 等）。

1 社会保障の基礎としての連帯

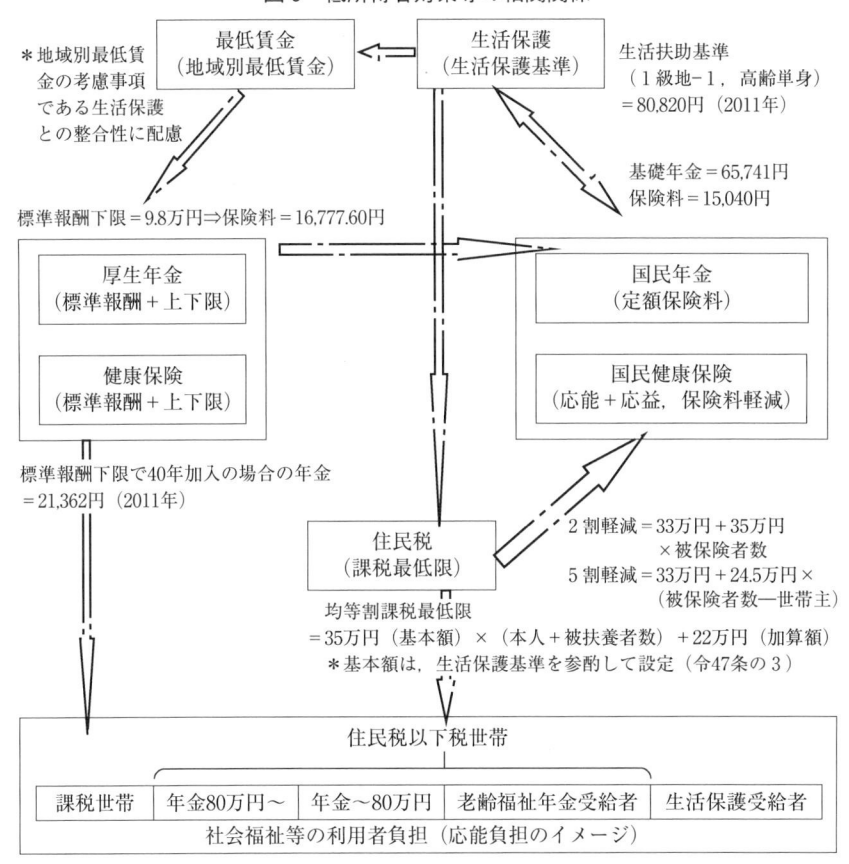

図9 低所得者対策等の相関関係

```
＊地域別最低賃         最低賃金              生活保護        生活扶助基準
 金の考慮事項      (地域別最低賃金) ←──  (生活保護基準)    (1級地-1，高齢単身)
 である生活保護                                          ＝80,820円（2011年）
 との整合性に配慮
                                                        基礎年金＝65,741円
                                                        保険料＝15,040円
標準報酬下限＝9.8万円⇒保険料＝16,777.60円

   ┌─────────────┐                          ┌─────────────┐
   │   厚生年金     │                          │   国民年金     │
   │(標準報酬＋上下限)│                          │  (定額保険料)   │
   └─────────────┘                          └─────────────┘

   ┌─────────────┐                          ┌─────────────┐
   │   健康保険     │                          │  国民健康保険   │
   │(標準報酬＋上下限)│                          │(応能＋応益，保険料軽減)│
   └─────────────┘                          └─────────────┘

標準報酬下限で40年加入の場合の年金
＝21,362円（2011年）
                                              2割軽減＝33万円＋35万円
                         ┌─────────┐              ×被保険者数
                         │  住民税  │          5割軽減＝33万円＋24.5万円×
                         │(課税最低限)│            (被保険者数－世帯主)
                         └─────────┘
                         均等割課税最低限
                         ＝35万円（基本額）×（本人＋被扶養者数）＋22万円（加算額）
                         ＊基本額は，生活保護基準を参酌して設定（令47条の3）

   ┌──────────────────────────────────────────────┐
   │             住民税以下税世帯                    │
   ├──────┬──────┬──────┬──────────┬──────────┤
   │課税世帯│年金80万円～│年金～80万円│老齢福祉年金受給者│生活保護受給者│
   ├──────┴──────┴──────┴──────────┴──────────┤
   │      社会福祉等の利用者負担（応能負担のイメージ）        │
   └──────────────────────────────────────────────┘
```

が見られると同時に，他の被保険者の負担と給付との均衡も配慮されていることが分かる。

　さらに，こうした均衡論が顕著に表れるのは，保険料の応能負担の方法である。累進税率を採用する所得税とは異なり，社会保険は比例保険料であり，そこには給付とかけ離れた負担は求めないという考え方がある。

---

(261) 有泉亨・中野徹雄編『全訂社会保障関係法1厚生年金保険法』(日本評論社，1982年) 58頁；社会保障審議会年金部会「社会保障審議会年金部会における議論の中間的な整理」(2008年)

141

こうした給付と負担の均衡という発想の根底には，法の一般則である平等原則や比例原則等があるにしても，それと同時に，貢献による連帯に内在する牽連性への配慮や，貢献による連帯と帰属による連帯との間の均衡論があると思料する［平等権の関係については，本章4参照］。具体例を挙げる。仮に国年の第一号被保険者が厚年の最低水準の保険料より遥かに高い保険料を負担しながら，厚年より低い給付しか受給できないことは理解が得られそうもない。また，生活保護水準より低い所得の者から住民税を徴収することも理解が得られない。このため，住民税の均等割の場合には，生活保護基準を参酌して課税最低限が設定されることになる。さらに，住民税は，各種社会福祉サービスの利用者負担の基準としても機能しており，結果的に生活保護の水準は各種社会福祉の利用関係にも影響を与えることになる。

このような相互関係性の背景には，職域連帯としての厚年と国民連帯としての国年，国民連帯としての生活保護と地域連帯としての国保等がそれぞれ孤立して存在しているわけではなく，何れも生存権保障の一環として制度化されていることが関係している。そして，かかる生存権保障の下での相互関係性故に，制度間の均衡論が顕在化することになる。

しかも，貢献による連帯の下での給付と負担の限界点は，各制度における連帯の射程とそれに対する関係者や社会の受容の程度によっても伸縮する。具体的には，厚年と比較する健康保険の標準報酬の上下限の幅（下限5.8万円，上限121万円）は広くなっている。また，傷病手当金等を別とすれば報酬比例の要素が薄くなり，むしろ高所得者も負担しきれない高額医療が発生する医療保険にあっては，この負担と給付の限界が拡大する。

以上を整理するなら，社会保障の水準論は，生活保護や最低賃金のように生存権のうちでも最低限度の生活保障に関わる制度（連帯で言えば，帰属による連帯）を下支えとしながら，連帯（特に貢献による連帯）を媒介として，生存権保障の持つもう一つの側面である社会保障の向上及び増進（最適水準）を実現しようとしている。そして，貢献による連帯の特徴である拠出と給付の牽連性が，貢献による制度同士（例えば，国年と厚年）で重視されるとともに，帰属による連帯に依拠する最低水準との均衡（例えば，生活保護及び最低賃金と国年及び厚年）が意識されている。

1 社会保障の基礎としての連帯

　さらに，連帯の規範面に着目すると，最低水準は，最終的には帰属による連帯により担保され（もちろん，帰属による連帯であっても，より高い水準が否定されるわけではない。しかし，その困難性については，次の2)参照。），貢献による連帯の牽連性を逸脱しない範囲で，最低水準のみならず，それを超える最適水準が実現されることになる。

2) 社会保障の最適水準の確保

　社会保険にとって，保険料拠出との関係で如何に最適水準を確保するかが，生存権保障との関係で重要である。とりわけ，貢献による連帯の特徴である牽連性というロジックに鑑みるなら，本来拠出能力の低い低所得者の給付について，如何に最適水準を確保するかが問題となる。つまり，給付との牽連性も踏まえつつ応能原則による保険料について，貢献による連帯を逸脱しない範囲で，低所得者の保険料を更に軽減・減免できるのか，そして，軽減・減免した場合の給付水準をどうするのかといった問題である。さらに，保険リスクに見合わない給付ということになると，帰属による連帯との関係が問題となってくる。

　これに関連して第一に指摘すべきは，保険料軽減・減免と無拠出制給付との間には，代替関係があることである【図10参照】。すなわち，保険料軽減・減免を行う場合であっても，本人拠出に代わって公費等で保険料を負担する保険料補助を通じて，軽減・減免期間の全部又は一部を給付に反映させるならば，無拠出制給付と同等の効果が得られることである。例えば，我が国の国年の減免の場合には，国庫負担相当分は給付に反映されており，一種の無拠出制給付とも理解できる[262]。しかし，軽減分は，給付には反映されない。これに対して，フランスの保険料軽減や日本の市町村国保の場合には，その軽減分だけ給

---

[262] 類似の事例としては，生活保護受給者への介護保険適用がある。この場合，介護保険料は，生活保護の生活扶助から支給される。フランスにおいては，普遍的疾病給付（CMU）創設前，最低所時保障制度（RMI）に関する1988年12月1日法が，最低所得受給者について疾病保険の個人保険（assurance personnelle）への加入，その保険料の県負担を規定していた（第45条）。また，2003年に再編された最低所得保障制度（RSA＝積極的最低所得保障）に統合前の単親手当（allocation de parent isolé）の場合も，疾病保険の保険料を家族手当金庫が負担していた。

143

第5章 社会保障の権利義務に関する論点の検討

付が減額されるわけではない。国保を例に取れば，保険基盤安定制度により軽減された保険料部分は，公費で財源補填されることから，低所得者に対する保険料補助とも捉えられる。また，観念的には，軽減分の給付は，無拠出制給付ということにもなる。同様のことは，生活保護受給者の介護保険適用の場面でも見られる。すなわち，第一号被保険者が生活保護受給者である場合には，介護保険の適用除外とせず，保険料を生活保護から給付しており，保険料補助と同じ結果となる。

要するに，保険料軽減・減免を活用し，当該財源の欠損を国民連帯の観点から公費で補填するならば，無拠出制給付と類似の結果になるわけである。しかも，保険料を一部でも納めていれば，貢献による連帯とも整合的である。このことは，国民意識にもよるが，よりスティグマが少ない対応とも言える。

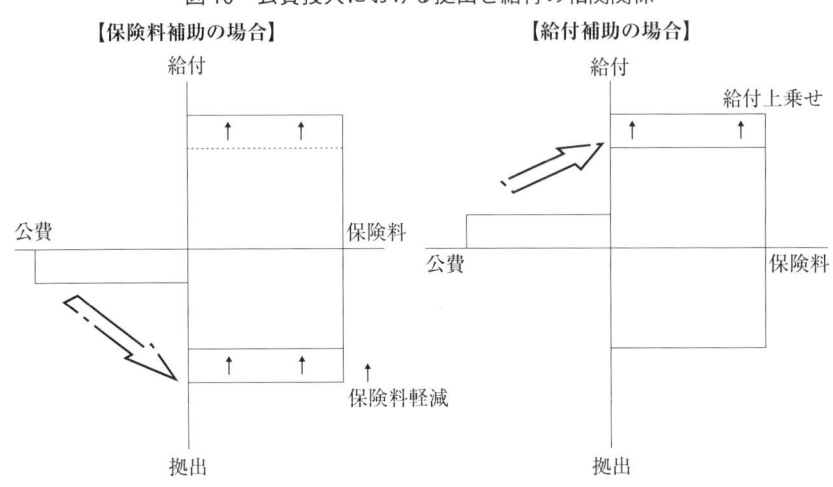

図10　公費投入における拠出と給付の相関関係

【保険料補助の場合】　　　　　　　【給付補助の場合】

指摘すべき第二点としては，連帯の程度によって給付水準が異なる傾向があることである。一般には拠出制給付に比べて無拠出制給付の方が給付水準が低い傾向があるが，これは拠出と給付の牽連性の有無もさることながら，連帯類型による構成員間の連帯の強度の違いが作用している。すなわち，強い連帯が存在すれば，それだけ高い拠出と給付が可能になるのに対して，仮想性の強い職域間連帯・国民連帯の場合には，給付水準も低くなりがちである。

1 社会保障の基礎としての連帯

　もちろん，職域間・国民連帯の場合であっても，貢献による連帯ではなく帰属による連帯に依拠しながら高い水準の給付を行うことも，理論上はあり得る。しかし，現実には，貢献による連帯との均衡論からして難しかろう。つまり，最低水準（ミニマム）ではなく，より高い最適水準（オプティマム）を設定しようとした途端，貢献による連帯と帰属による連帯の均衡論が顕在化するのである（例えば，前述の無拠出制の生活保護と拠出制の国年の均衡論である）。

　差し当たり，その点を横に置くとしても，職域間・国民連帯に依拠しながら高い水準の給付を実現することには，別の困難が伴う。例えば，社会扶助の場合，その扶養法的性格を既に指摘したところである［第4章2（2）及び3（2）参照］が，このことは扶養の順番（補足性）のみならず扶養の程度にも影響するように思われる。つまり，扶養権利者から見て遠い扶養義務者に高い水準の扶養を求めることは社会通念に反しており，扶養の階層性は，扶養の順番のみならず程度にも影響すると考える方が自然であろう。実際，生活保護の扶養義務者への扶養照会に当たっても，その点が意識された制度運営となっている。

　また，連帯の強度が給付水準に作用する傾向は，社会保険の場合にも見て取れる。例えば，全ての場合でないにしても，健保組合と協会けんぽ，国保組合と市町村国保とを比較するなら，連帯が強いと考えられる健保組合や国保組合の方が給付水準がこれまで高い傾向にあった。これは，もちろん保険者の財政力や国庫補助等（結果としての低い保険料）の影響もあるが，高い保険料であっても，構成員の理解が得られやすいことも関係していると思料する。逆に言えば，仮に財政力が弱いために，保険料が高い場合であっても，組合が直ぐ解散されるわけではない。このことは，健康保険の財政窮迫組合等に見られるところである。従って，給付水準の違いは，負担や財政力に依存するのは当然として，そのような経済合理性だけでなく，連帯の強弱にも依存していることになる。

　この他にも，集団としての一体性の問題は，自営業者，共稼ぎの被用者世帯や単身の被用者も同一集団に取り込んだ国年の第三号被保険者の関係でも顕在化する。ところが，あまり意識されないが，独自の保険料が存在しない点では，被用者保険の被扶養者も構造は同じである。確かに何れの場合も，被用者である被保険者を通じて配偶者も応能保険料を負担していると理解できるが，第三号被保険者の場合と異なり，医療保険で家族保険料が問題となることは比較的

少ない(263)。理論上は，医療保険の場合であっても，国保に擬制世帯主制度がある以上，所得のない被用者の配偶者等を国保の被保険者とすること，あるいは被用者の配偶者等からも家族保険料を徴収することは，制度設計としてはあり得よう。しかし，現実には，例えば第三号被保険者を第一号被保険者としたり，さもなければ別途保険料負担を求めるべきといったような議論は，年金以外の他の社会保険に関して寡聞にして承知していない(264)。

これは，もちろん被用者健康保険の家族療養費の法律構成が被用者本人に対する給付であって，第三号被保険者のような固有の受給権が被扶養者である配偶者に発生しないことも関係する(265)。しかし，より重要なのは，基礎年金の場合には，国民連帯に基づき拠出金という形で職域連帯による保険集団を超えた財の移転が発生し，保険料を拠出した被保険者（第一号・第二号被保険者）が第三号被保険者と同一の給付を受給することにある(266)。そして，保険料を拠出した被保険者には，貢献による連帯が貫徹するのに対して，第三号被保険者の場合，第二号被保険者を通じた貢献による連帯といっても，それ自体は仮想性が強く，むしろ帰属による連帯であるとの理解もあり得ることが関係する。つまり，職域連帯と国民連帯，更に貢献による連帯と帰属による連帯が輻湊化することが，議論を困難にしているのである。換言するなら，被用者健康保険の被扶養者制度が被用者という比較的狭い範囲の同質的な集団であるのに対して，国年の場合には，第三号被保険者も含め稼得形態の異なる国民全体を包含

---

(263) そもそも社会保険においては，拠出者と受給者が一致しないことは，遺族年金等にも見られる。この点が議論となるのは，遺族年金のうちでも受給者が子のいない配偶者の場合が多く，第三号被保険者と類似した面がある。
(264) 後期高齢者医療制度の創設の際に，75歳以上の被用者保険の被保険者が加入者となることに伴い，従来の被扶養者の扱いが問題となった。ただ，それは被扶養者が国保の被保険者となることを問題にするものであった。
(265) 遺族年金については，受給者が被保険者でなく子・配偶者等であることから，特に配偶者に係る遺族年金を巡っては議論が多い。遺族年金の場合には受給者は被保険者ではないことから，被保険者である第三号被保険者問題とは異なる面があるが，受給者本人の拠出が存在しない点では類似する。
(266) 仮に拠出なしに受給権が発生することが問題であれば，20歳前の障害基礎年金等の無拠出制給付にも保険料財源が投入されていることも同じはずだが，現実には問題となっていない。

することが，問題に影響を与えていると言える。

　このような観点からは，最低水準は兎も角として，それを超える最適水準に対応する給付となると，権利性だけで水準が一律に決まるわけではないことが分かる。最低水準と最適水準を巡る帰属による連帯と貢献による連帯の関係性［本章1（3）参照］に加え，連帯の程度や制度の建て付けによっても水準が左右されることになる。

　まず，社会扶助である。権利性の点では，国民連帯・帰属による連帯であるが故に，補足性の問題が発生することが重要である。換言するなら，高い理念に立つはずの国民連帯が帰属による連帯により制度化されるがために，国民を受給者とそうでない者に分断し，受給者にスティグマを感じさせる危険を内包していることになる。しかし，それでは本末転倒である。補足性の原則は，あくまで国民連帯を帰属による連帯を通じて実現するために導き出された原則のはずである。従って，帰属による連帯と結び付いた補足性は絶対視されるべきではなく，フランスの社会扶助の場合にも，補足性の原則は常に厳格に適用されるわけではないことに照らしても，国民連帯の趣旨に立ち返って柔軟に考えるべきことになる。実際，我が国の生活保護において，親族扶養があくまでも「優先」の原則に止まるのも，かかる理解に立つなら首肯できることになる。

　これとは逆の問題が社会保険には発生する。すなわち，両国ともビスマルク型を基本とする社会保険中心の社会保障体系を採用した結果，貢献による連帯のロジックに即して制度を設計せざるを得ず，職域連帯に依拠する被用者制度であれば比較的高い給付水準を実現できるのに対して，我が国に典型的な国民連帯に依拠する制度の場合には，徴収可能な保険料との関係で給付水準が低くなるという本源的問題を内包しているのである。このため，社会保険によって社会保障（皆保険・皆年金）を実現しようとした途端，低年金・無年金や無保険といった問題に直面することになる。

　以上の二点を踏まえると，低所得者対応の観点で重要なのは，社会保険に関する限り，貢献による連帯というロジックにできる限り沿った制度設計，すなわち保険料軽減・減免に加えて，場合によれば保険料補助等を活用することで給付水準の嵩上げを図り，最適水準を実現するといったアプローチである。さらに，社会保険の場合には，保険集団の構成やその中での保険料の負担方法等

が給付水準にとって重要となってくる。

◆2◆ 社会扶助の権利性

（1） 社会扶助の権利義務関係

　社会保障の議論は，詰まるところ貢献原則とニーズ原則の相克という面がある。ところで，この二つの原則の整序という点で連帯は意義を有する。確かに貢献原則の「負担なければ給付なし」といった拠出・給付関係を重視し，貢献による連帯を核に制度を設計するのが，対応の一つである。しかし，それが唯一の方法ではない。ニーズ原則に則して，拠出を要件とせず給付が行われる社会扶助も，帰属による連帯という点では，連帯のあるべき姿の一つである。さらに，両者の間には，様々な中間的な社会保障の形態（例えば，社会手当）が存在している。この点，多様な社会保障制度をを対立的に捉えるのではなく，全体を包含し説明する概念として，連帯は有用性を持っている。

　とりわけ，対価性が存在しない社会扶助において，反射的利益論を乗り越えて権利性（権利論）を議論するとき，このような連帯の視点は有用性を発揮する。確かに，「帰属」という事実から権利が発生することは，一見奇異な印象を受ける。しかし，逆に納税や兵役の義務のように「国家への帰属」から発生する義務が存在することに照らせば，生存に必要な基本的ニーズの充足に関して国家が義務を負うことはあり得ることになる[267]。

　とは言え，生活保護受給者の自立助長や自立支援の議論が典型であるが，現実の議論は，往々にしてワークフェア的な対価性（緩やかな有償関係も含む）の議論に陥りやすい[268]。例えば，生活保護法では，自立促進を目的に掲げていることもあり，稼働能力の活用との関係で，保護の開始や廃止を巡って議論を喚起しやすい[269]。我が国の社会扶助（公的扶助）が生存権保障の一環である

---

[267] M. Badel, *Le droit social à l'épreuve du revenu minimum d'insertion*, Presse universitaire de Bordeaux, 1996, p. 381

[268] 自立支援の「自立」概念自体が一つの論点である。経済的な自立以外に，少なくとも日常生活や社会生活の自立がある。また，自立は個人の尊厳とも関係しており，自立を権利と義務の何れと捉えるかにより，アプローチが変わってくる。

2 社会扶助の権利性

にもかかわらずである。

　従って、社会扶助の権利性を確たるものにするためには、規範面からより突っ込んだ基礎付けが必要となる。とりわけ、拠出を伴う貢献による連帯と異なり、帰属による連帯の場合には、拠出義務が想定できないことから、受給者の義務の側面をどう考えるかが重要である。以下、その点を整理する。

　まず、ボルジェト氏の整理を参考にするなら【以下について図11参照】、この問題は社会扶助を「社会の義務（devoir social）」と「個人の権利（droit de l'individu）」の何れと捉えるのか、あるいは個人の権利は「個人の義務（devoir individuel）」と引き替えかに発生するのかといった論点を巡る理論上の整理の問題であると同時に、社会扶助の位置付けの歴史そのものでもある[270]。また、前述の反射的利益論との関係で言えば、社会の義務は一般利益（公益）の追求の発現形態であり、個人の権利は個人の利益（私益）の保障に対応することになる。

　さて、社会扶助には関連するものの社会の義務でも個人の権利でもない慈善はさておくとして、フランス革命以降の紆余曲折はあるにしても、個人の権利ではなく社会の義務という位置付けで出発した社会扶助は、次第にその権利性を強め、個人の権利であるが故に社会の義務であると認識されるようになった[271]。

　しかし、個人の権利性が承認されるまでの道程は、決して単線的ではなかった。1793年の憲法を別とすれば、1791年の憲法や1848年の憲法が典型的であるが、歴史的には、個人の権利よりも、せいぜい社会の義務として社会扶助を

---

[269] 稼働能力の活用に関しては、①能力の有無、②能力活用の意思、③就労の場の有無が「生活保護法による保護の実施要領」（1963年4月1日）が示されている。また、生活保護法では、法定受託事務としての指導・指示（第27条）とは別に、自治事務として自立助長のための相談・助言（第27条の2）が規定されており、生活保護法が単なる給付法でないことを示している。

[270] M. Borgetto, « L'articulation des droits et des devoirs dans le champ de la protection sociale », *RDSS*, N° 1/2009, p. 5 et s.

[271] デュラン氏（P. Durand）も、連帯の意識が貧困な傷病者、高齢者や障害者に対する社会扶助を恩恵ではなく社会の義務として承認することになったことを指摘している（P. Durand, *La politique contemporaine de sécurité sociale*, Dalloz, 1953, p. 603）。

第5章　社会保障の権利義務に関する論点の検討

理解する立場が強かった[272]。その点では，社会の義務を個人の権利に止揚させる上で重要な役割を演じたのが，ブルジョワ氏の社会的債務から出発する連帯理論であった。ただし，第三共和制の時代の法学者の立場の間では，個人の権利よりも社会の義務の方が重視されていたのも事実である[273]。その点では，個人の権利としての連帯は，戦後になり1946年の憲法前文の社会的権利の登場により，実定法レベルも含め，ようやく開花することになった。この点は，社会保険と同様である。

さらに，個人の権利を承認する場合にも，それとの関係で個人に何らかの義務を課すか否かが問題になる。すなわち，

① 個人の権利の正当化要素としてワークフェアのような個人の義務を要件として課すのか，

---

[272] M. Borgetto, « L'articulation des droits et des devoirs dans le champ de la protection sociale », *op.cit.*, p. 5 et s.

[273] 例えば，ボナール氏は，行政が個人の個別利益（intérêt particulier）ではなく一般利益（intérêt général）を目的としている場合には，それは客観法の単なる反射効（effet reflet）であって行政の法的義務ではないとする（R. Bonnard, *Précis de droit administratif, op.cit.*, p. 81 ; R. Bonnard, « Les droits publics subjectifs des administres », *op.cit*, p. 719）。そして，この場合の利益には，その保有者が不可欠であることから，一般利益と言っても，個人の利益とは別物の集団利益（intérêt collectif）のようなものではなく，個人の利益の総和であるが無名性を有する個人利益（intérêts individuels anonymes）である（*ibid.*, p. 81）。従って，行政の義務が専ら一般利益のみを目的としている場合には，国民の主観法が成立する余地はなく，主観法が存在するためには，行政の義務が何らかの個別利益を目的としていることが必要になる（*ibid.*, p. 82）。さらに，公役務の利害関係者としては，① 間接的受益者（bénéficiaires indirects）と ② 直接的利用者（usagers directs）が区分される（*ibid.*, p. 85）。そして，全ての公役務は一般利益の充足を伴うことから，必ず間接的受益者は存在するが，直接的利用者が存在するのは，公役務が一般利益のみならず個人の個別利益の充足も目的としている場合に限られる（*ibid.*, p. 85）。具体的には，教育，郵便・電信，鉄道は直接的利用者が存在するが，扶助に関する公役務の場合，救済の開始は法律に規定されているものの，貧困状態の判断について行政はその評価に関して裁量権を有しており，利用者には給付を請求する主観法としての権利がないことになる（*ibid.*, pp. 85-87）。その点では，いち早く権利に着目したボナール氏ではあるが，こと社会扶助に関しては，権利性を認めなかったことになる。我が国に目を転じると，救護法に関して，中央社会事業協会『救護法に関する質疑応答集』（1932年）6頁は，救護を市町村の義務とする一方で，救護の該当者は「市町村長が救護義務を負ふ結果救護を受くべき地位に在る」と述べており，社会の義務との関係で対象者を「地位」として捉えていることが注目される。

② 最低所得保障制度（RSA）のように，個人の権利に対して補完的に個人の義務（自立のための契約）を課すのか

という異なるアプローチが存在する。しかも，このアプローチの違いが重要なのは，自立を巡る議論において個人の義務の問題が先鋭化するためである。

このようなフランスの社会扶助の歴史に対して，我が国の歴史を振り返ると，かつて連帯思想の影響を受けながらも，いささか異なる歴史を歩んできた印象を受ける。例えば，戦前の恤救規則の時代は，個人の権利でないのは当然として，社会の義務でもないという意味で慈善（恩恵）の時代と言えよう。救護法の時代には，連帯思想の影響を受けながらも，反射的利益論に見られるように，せいぜい扶助を社会（国）の義務と見るに止まっていた。つまり，救護義務を市町村長が負うにしても，それは被救護者に対してではなく，社会に対してであると理解できよう。

その点では，本来連帯から導出されるべき権利性が認識されないまま戦後を迎え，新たに権力拘束規範として登場した生存権の基礎の上に権利性を有する生活保護制度が構築されることになった[274]。ただし，旧生活保護法においては，一般扶助主義を採用したものの欠格条項を有するなど，保護の受給権が必ずしも明確でない点で，依然として社会の義務の性格が強かった。法文を見る限り，生存権に基づく個人の権利が前面に出るのは，新生活保護法になってからと言えよう。

このように社会の義務と個人の権利をつなぐ連帯概念に着目するならば，権利論を巡る社会扶助の歴史には，時期的な面も含め両国で差があるが，大きな流れとしては，連続性がある。つまり，社会の義務から個人の権利に向かっての発展の歴史であり，かつ，それは個人の義務から切り離され，個人の権利であるが故に社会の義務であるという連帯概念へのパラダイム転換である。その

---

[274] 戦前の社会扶助の権利性について，松本征二『身体障害者福祉法解説』（中央社会福祉協議会，1951年）13頁は，「貧窮は，…すべてその貧民の責任であり，その救済は国や地方公共団体の責任として積極的に為すべきものではなく寧ろ民間任意の慈恵に委すべきものであ…り，この思想が恐らく昭和二十年八月までの日本の行政部門を連綿として貫き支配したものと考えられるのである。」と述べている。

第5章　社会保障の権利義務に関する論点の検討

点では，ボルジェト氏の整理は，あるべき我が国の社会扶助（自立支援等）の姿を考える上でも，現代的意義を有していると言えよう【以上について図 11 参照】[275]。

　その点を敷衍する。社会扶助を巡る法律関係は，社会の義務と個人の権利の何れを優先するのか，さらには，それとの関係で他方を否定するのか，はたまた個人権利を承認するにしても個人の義務はどうなのかといった枠組みで展開されてきた[276]。例えば最低所得保障制度（RMI，現在の RSA）が典型であるが，給付に付随する包摂（insertion）が給付の対価なのか，むしろ受給者の権利なのかといった形で，異なる理解が併存してきた[277]。

　このフランス的な議論の枠組みを我が国に応用するならば，伝統的な反射的利益論は，社会の義務であるが故に個人の権利を否定してきたが，理論上は，社会の義務と個人の権利とは常に排他的関係にあるわけではない。それ故，我が国の措置制度の下でも，社会扶助が個人の権利であるとの主張もあり得ることになる。また，社会的債務という連帯主義の考え方からも，個人の権利性が否定されるわけではない。ところが，我が国の社会扶助が歴史的に連帯思想の影響を受けながらも，個人の権利性を承認するに至らなかったことは，フラン

---

(275) 連帯主義は，個人の義務よりも権利を優先させ，個人が社会的義務を果たすために国家は介入する必要があるとの立場に立つ。しかし，フランスにおいても，アングロサクソン的なワークフェアの議論の影響が強くなっている。例えば，2008 年 8 月 1 日の求職者の権利及び義務に関する法律により，失業保険に関して個人別就職計画（PPAE）の策定が義務付けられるなど，給付との交換条件（contrepartie）的な義務が強化される傾向が指摘されている（D. Roman, « Devoir de travailler et protection sociale : d'une problématique de la dette sociale à la question des « devoirs sociaux »», *RDSS*, N° 1/2009, p. 63 et s.）。更に言えば，このような傾向には，社会的排除や失業問題への対応策としての伴走型支援（accompagnement）の一環として契約的手法が広がっていることが関係している（F. Petit, « L'émergence d'un droit à l'accompagnement », *RDSS*, N° 6/2012, p. 977 et s.）。すなわち，給付と一体となった自立支援のための契約について，個人の権利と義務の何れに力点を置くかによって，契約が給付の条件となるかも変わってくることになる。

(276) 2008 年の最低所得保障制度（RSA）の創設に当たり，給付に対する権利と自立に向けた義務の関係が議論となった。これに関連して，政府関係者の中には，自立に向けた義務が受給者の義務であると同時に地方公共団体の義務（更に国家的要請）でもあり，相互性（caractère réciproque）を有することを指摘するものもある（J.-B. Dujo et E. Grass, « la construction du RSA », *Droit social*, N° 3, mars 2009, p. 306）。

(277) E. Alfandari et F. Tourette, *op.cit.*, p. 717

図11　社会扶助のパラダイムの枠組み

	フランス		日本
慈善	社会の義務でも個人の権利でもない	フランス革命の総裁政府時代	恤救規則 （隣保相扶）
社会の義務	社会の義務だが個人の権利ではない	1791年の憲法（第1章） 1848年の憲法（前文第8項，第13条）	救護法 （国の義務）
	社会の義務であるが故に個人の権利である （社会の義務が先行） ＝社会的債務	連帯主義	旧・生活保護法 （国の義務・国民の権利） ⇩
個人の権利	個人の権利であるが故に社会の義務である （個人の権利が先行） ＝債権的権利	1793年の憲法（第21条） 1946年の憲法（前文第5項・第11項）	生活保護法 （国民の権利）

⇕

個人の義務	個人の義務によって個人の権利が正当化される ＝個人の義務は受給要件	ワークフェア
	個人の権利に対して補完的に個人の義務が課せられる ＝個人の義務は受給要件ではない	最低所得保障（RSA）受給者への自立支援（CASF.L.262-27 et s.）

（資　料）M. Borgetto, « L'articulation des droits et des devoirs dans le champ de la protection sociale », *RDSS*, N° 1, 2009, p. 5 et s. を参考に筆者が作成

スと異なる特徴である。

　戦後になり，生活保護に関する限り，法律上も権利性が認められるようになる。しかし，それには生存権保障という憲法上の裏付けがあるにしても，権利に即した実定法の規定なしには実現しえないことも意味する。このことは，フランスの社会扶助が憲法規範性を承認されながらも，債権的権利であって実定法の媒介を必要とすることと軌を一にする面がある。つまり，プログラム規定説に立つなら，生活保護法が保護請求権を具現化する規定（第2条，第7条等）を設けることにより，実際にはその権利性が担保されているのである。その一方で，個人の権利であっても個人の義務の問題が消えるわけではなく，ワーク

第5章 社会保障の権利義務に関する論点の検討

フェアのような給付要件でないにせよ、補完的に自立促進が問われる背景には、個人の権利と裏腹の関係で個人の義務の問題が存在していることがあると言えよう。

以上を結論的に言えば、連帯の枠組みの下で、社会の義務であるが故に個人の権利が否定されないのは当然として、更に憲法上の債権的権利（我が国の場合であればプログラム規定としての生存権）と一体となることにより、個人の権利であるが故に社会の義務であるという形で社会扶助の権利性が補強されることになる。

（2） 個人給付化による権利性の強化

反射的利益論の根底には、社会扶助の補足性と国民の請求権という2つの問題が潜んでいることは、既に述べたとおりである［第4章3（2）］。このうちの補足性は、国民の社会扶助に関する請求権が認められたとしても、残る問題である。ただし、補足性も含め連帯に由来する規範は、上位規範としての生存権保障との関係では、下位規範であり、それを実現するものである。従って、本書が社会扶助が拠って立つ個人の利益を重視するならば、補足性は生存権保障と整合的に解釈されるべきことになる[278]。

これに対して、措置に関する請求権の問題は、現行制度では理論的に決着したというよりも、社会保険化や個人給付化という立法技術により実際的解決されてきているのが現状である。しかも、現在でも、ラストリゾート（最後の拠り所）としての措置制度は、福祉各法には残されている。そうであれば、反射的利益論について、ここで連帯の観点から整理をしておく必要があると考える。

これを考える糸口は、個人の義務と個人の権利は、それぞれの根底において一般利益（公益）と個人の利益（私益）が関わってくることにある。その点では、反射的利益論を巡るこれまでの議論は、結局のところ、各制度の趣旨や比重が

---

[278] 阿部和光『生活保護法の法的問題』（成文堂、2012年）38-40頁は、生存権保障・国家責任・最低生活保障の各原理は、生存権の内容を生活保護法の基本原理として確認的に具体化したもので、補足性原理に規範的に優位し、補足性原理は他の基本的原理との関係で内在的制約を受けることを指摘する。

個人の利益の保障にあるのか，一般利益にあるのかの識別の問題であり，反射的利益論（の公定解釈）は一般利益に依拠した考え方に立っていることになる[279]。その結果，一般利益が前面に出る場合には，個人の利益に根差した権利性が否定されることになる。確かに措置義務と言われるように，少なくとも行政にとって義務と解釈する以上は，それを根拠付けるだけの一般利益が存在していることになると考えるのが自然である。

しかし，理論上は，一般利益も個人の利益も併存可能で，一般利益の存在が個人の利益の存在を否定する根拠にはならないはずである。むしろ，個人の利益を重視しつつも，一般利益との調和を如何に確保するかが問題となる。実際，フランスのみならず，我が国の生活保護には，個人の権利の実現が強くにじみ出ている[280]。同時に，生活保護の場合には，緊急保護の規定が存在している。このことからすれば，生活保護は，措置制度と同じように一般利益の実現という性格も有していると考えるべきであろう。そうであれば，措置制度の場合にも，対象者の「福祉の増進」を法の目的とする以上は，元来，一般利益のみならず個人の利益も目的としているという理解も可能なはずである。

ところが，現実の制度では，措置制度の枠内で一般利益と個人の利益の整序は実現するには至らなかった。このため，実際には，措置制度とは別途「個人給付化」された制度が導入され，従前の措置制度も例外的に並存することになった。このうちの「個人給付化」された制度の場合には，その言葉自体が個人的利益の保障を優先することを示唆しており，その立法政策上の現れが申請権や選択権ということになる【図12参照】。このことは，措置制度に付随する反射的利益論の問題も立法的に解決したことを意味する。つまり，公益を重視

---

(279) 和田英夫「反射的利益論」『法律時報』41巻2号（通巻478号）89頁（日本評論社，1969年）

(280) 生活保護は居宅保護が原則であるが，「これによることができないとき，これによっては保護の目的を達しがたいとき，又は被保護者が希望したときは」（第30条），収容保護ができることになっている。この点，小山進次郎・前掲注(79)では，「被保護者の立場を能う限り尊重する建前に立ち条文の表現も具体的で明確であるように」したこと，さらに収容保護は「被保護者が希望したとき」となっていることに関連して，「収容保護の決定は被保護者のために行われるものであり公益のために行われるものでもなく」と解説されている（434-435頁）。

第 5 章　社会保障の権利義務に関する論点の検討

図 12　法体系の発展から見た措置制度

○戦前からの法体系の発展から見た場合，福祉各法の法律構造は多様化し，申請主義による個人給付化が給付の権利性を明確化する傾向が見て取れる。
○具体的には，戦前の職権主義と反射的利益論の枠組みではなく，個人給付化された社会扶助の下での申請主義と権利の枠組みが登場し，その場合の措置は，例外的・補完的な役割に限定されることになった。

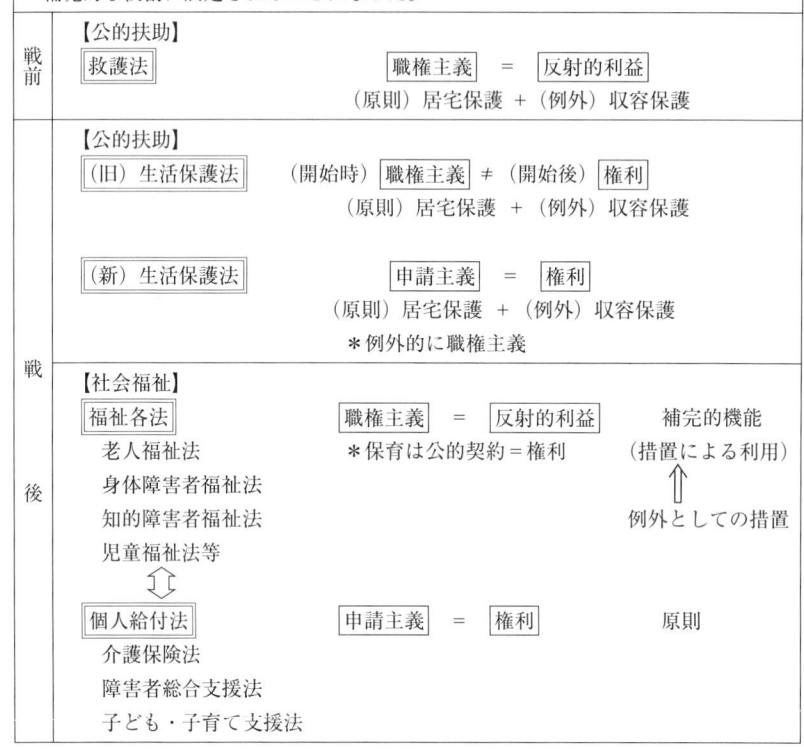

戦前	【公的扶助】 救護法　　　　　　職権主義　＝　反射的利益 　　　　　　　　　（原則）居宅保護　＋　（例外）収容保護
戦後	【公的扶助】 （旧）生活保護法　（開始時）職権主義　≠　（開始後）権利 　　　　　　　　　（原則）居宅保護　＋　（例外）収容保護 （新）生活保護法　　　申請主義　＝　権利 　　　　　　　　　（原則）居宅保護　＋　（例外）収容保護 　　　　　　　　　＊例外的に職権主義 【社会福祉】 福祉各法　　　　　　職権主義　＝　反射的利益　　　補完的機能 　老人福祉法　　　　＊保育は公的契約＝権利　　（措置による利用） 　身体障害者福祉法　　　　　　　　　　　　　　　⇧ 　知的障害者福祉法　　　　　　　　　　　　　　例外としての措置 　児童福祉法等 　　⇩ 個人給付法　　　　　　申請主義　＝　権利　　　　原則 　介護保険法 　障害者総合支援法 　子ども・子育て支援法

するなら，職権によってでも給付を行うべきことになり，それが例外的事態を念頭に残された措置制度である。それに対して，私益を重視するなら，申請主義や個人の権利を基礎に置く制度が必要となるが，それが原則的な給付形態としての個人給付化ということになる。

　翻ってみると，フランスにおいては，拠出を伴わない給付について「帰属による連帯」という概念に裏付けられた実定法（法典）上の規定を通じて権利性を認めているが，我が国の場合には，個人の利益を重視した個人給付化という

法技術が「帰属による連帯」の権利性を確保する手段になっていると言えよう。換言すれば、「帰属による連帯」の本質として反射的利益論が必然ではなく、社会保険によらずとも権利性を高めることは可能である。我が国の場合であれば、個人給付化という法技術が付与されることにより、帰属による連帯の権利性が明確化され、その限りにおいて、貢献による連帯と帰属による連帯の何れであっても権利性は確保し得ることが明らかになったと言える。逆に言えば、フランスの債権的権利と同じように、社会扶助の権利性が明確化されるには、法理論とともにそれに相応しい立法技術が必要ということでもある[281]。また、財源保障という点でも、個人給付化は、財源の枠内で給付を行うことになりがちな措置制度の論理を転換し、理論上は、財源枠とは関係なく個人に権利を付与し、給付に必要な財源は確保しなければならないというパラダイム（義務的経費化）への転換を可能にすることになる。

（3） 社会扶助のパラダイム転換

以上の社会扶助の個人給付化の流れは、パラダイム転換であった。そのことを意識しつつ、議論を整理する。

まず、我が国の社会福祉を顧みると、権利論との関係では、措置制度及び反射的利益論を抜きにその歴史を語ることはできないことは、既に述べたとおりである。介護保険を始めとする各種制度における個人給付化は、措置制度との関係で、また、それとの比較あるいは、それを乗り越えるものとして議論されてきた。

この点、フランスにおいては、主観法化（subjectivisation）、すなわち給付等に対する被治者の公権（droits publics subjectifs des administrés）の強化として、社会扶助の権利性も議論されてきている[282]。その場合の国民は行政に従属する存在（統治客体）ではなく、公役務へのアクセスやその活動に対する権利の

---

[281] 戦前の救護法における反射的利益論も、法律の明確な規定というよりも公的救護義務に関する解釈によるものであった。逆に戦後の生活保護法は、申請権を規定するなど、生存権を具体化する規定を設けるなど、立法技術が権利性の明確化に寄与している。
[282] 被治者の公権を真正面から扱った著作としては、N. Foulquier, *op.cit.*
[283] P. Delvolvé, *op.cit.*, pp. 6-19

第5章　社会保障の権利義務に関する論点の検討

承認,あるいは行政訴訟における個人的状況（利益等）の考慮要素への取り込みを通じて,権利の源泉としての主体（sujet）性を強めることになる[283]。

振り返ると,フランスにおいても,かつて客観法の反射としての反射的利益論は存在するなど,必ずしも国民の社会保障に対する権利が認められやすい法状況にあったわけではなかった。それにも関わらず,社会保障の権利性が明確化されてきたのは,憲法規範の下での各種法典等での権利性の明記のほか,その実効性を担保するための手続規定,権利救済規定等の存在であった。

その上で我が国の反射的利益論を振り返るなら,既に述べたように権利を実現する手続規定（申請権・選択権）を欠いていたことが大きい。これに対して社会保険は,給付が定型化されているのに加え,個人給付として裁定等の手続規定や権利性を謳う規定も具備しており,これが社会保険の方が措置より権利性が強いといわれる本当の理由に思われる［次の3参照］[284]。社会保険における保険料の拠出を権利性の根拠にすることは,一見正しいようであるが,既に述べたように,社会保険の拠出・給付の牽連関係は,実際には希薄化している場合も多い。見方によっては,拠出と給付の法的関係は切断されており,単に給付の要件（給付を受ける地位）として拠出が規定されているとの少数説が登場する背景も,ここにあると言えよう。

その点では,社会保険でなくとも個人給付化により,権利実現に必要な手続規定を設けることで権利性を明確化することは可能である。このことは,フランスにおいて被治者の公権の議論が,個人の権利の様々な徴表に着目しながら,公役務に対する個人の権利性を確認してきたことに通じるものがあると考える。

結論的に言うなら,連帯を拠り所とする「個人の権利⇒社会の義務」という図式の下で,個人給付化のように,それに相応しい立法技術が具備されてこそ,権利は内実を備えたものになると言えよう。こうした権利性という点では,社

---

(284) このような議論は,フランスでも存在する。すなわち,社会保険のように権利と書かなくとも,それを否定する者がいないことからすれば,社会扶助の場合にも,「に対する権利（droit à）」と規定されることが重要なわけではなく,重要なのは,債務者を確定させ,必要な財源を確保し,債権者に関する明確な基準を設け,その権利実現の手段（訴訟等）を付与することであるとされる（E. Alfandari et F. Tourette, Action et aide sociales, *op.cit.*, p. 111 et p. 124）。

会保険において連帯が果たしたのと同じように，社会扶助においても，連帯は適切な立法技術と相まって権利性を強化する役割を担うことになる。

◆ 3 ◆　社会保険の権利性

（1）　社会保険の権利義務関係

　社会扶助と比べるなら，貢献による連帯を基礎に置く社会保険は，拠出と給付の牽連性が明確であることから，理論的に盤石であり，その権利性に疑問の余地はなさそうである。さらに，実定法上も，例えば我が国の厚年法（第33条），国年法（第16条），健保法（第61条）及び国保法（第67条）の場合には，給付を「受ける権利」として明確に規定している。フランスの社会保障法典においても，社会保障がリスクに対して保障を行う制度であることを謳った（L.111-1）上で，各種給付に対する権利（droit aux prestations 又は droit à la prestation）という形で権利性を明確にしている（例えば，疾病保険に関するL.161-33，年金に関するL.161-17-2，外国人適用に関するL.161-25-1，L.161-25-3等）。

　もちろん，社会保険の権利（受給権）の発生機序は制度によって違いもある。ただ，年金のように裁定行為を必要とする場合であっても，抽象的には権利は発生していると理解されている。その場合の行政庁の裁定は，権利の発生要件の存否や金額等を公権的に確認するものである（最判平成7年11月7日民集49巻9号2829頁）。

　確かに社会保険の拠出と給付の牽連性は，日仏何れの場合も契約関係の給付・反対給付のような明確な対価性ではないのも事実である。そもそも，社会保険の法関係は，契約とは理解されておらず，契約法的な論理を貫徹することは実定法の構造上も困難である。しかし，その一方で社会保険の場合にも，拠出と給付の牽連性が存在し，そのことが人々の意識（例えば，こんなに掛金を納めたのに，これしかもらえないといった意識）にも合致していることからすれば，貢献による連帯の「牽連性」にも某かの規範的意義がある可能性もある。

　従って，社会保険の場合には，社会扶助のような権利性の有無そのものより，貢献による連帯という点で，拠出と給付の牽連性に関係して，その規範的意義や権利性の限界を明らかにしていくことが重要となる。そこで，本書では，以

第5章　社会保障の権利義務に関する論点の検討

下のように，社会保険の権利性に関して問題となる論点について，特に焦点を当て検討を行うことにする。

（2）　保険料拠出を巡る連帯の射程と限界

既に保険料の上下限について，両国の制度を概観したところである［第4章2・3参照］。仮に応能負担原則の下で貢献による連帯を貫徹するならば，政策としては，保険料の上下限を設けないのも選択肢である。

それにも関わらず，日仏何れにおいても，保険料の上下限が一定範囲で存在している点で，両国は奇しくも共通する。このうち下限については，低所得であっても負担能力相当以上の拠出を求める点では，貢献による連帯（保険原理）が前面に出てくる。つまり，生存権保障に必要な水準の給付を確保するためには，負担能力から見て高めの負担を求められることが起きるわけである［本章1（3）参照］。

ただし，給付面を併せて考えると，負担は生存権保障を実現するためであり，また，場合によっては，等価交換（対価関係）を超える給付を受けることもある（つまり，対価関係から見れば低目の保険料である）ことから，必ずしも制度として妥当性を欠くとは言い切れない。

とは言え，低所得層の負担が議論を喚起するのも事実である。典型的には，我が国の国保であり，生活保護水準以下の低所得層にも保険料を課すことの是非が問題となったりする。視点を変えると，これは生存権保障と連帯（貢献による連帯）との規範衝突である。我が国に限って言えば，この問題は，これまで貢献による連帯に帰属による連帯を加味することによって対応されてきたと言えよう。例えば，国保の保険基盤安定制度，国年の保険料減免や高率の国庫補助等である［給付の最適水準の関係で本章1（3）参照］。

この保険料の下限に関して日仏で異なるのは，被用者保険の保険料軽減・減免制度の有無である。フランスでは，失業対策の観点から保険料免除が存在するのに対して，我が国の場合には，低所得者対策としての側面を有する保険基盤安定制度が存在する国保と異なり，被用者保険には保険料免除が存在しない[285]。もちろん，協会けんぽへの国庫補助があるが，これは被用者健康保険の制度間の財政力格差を念頭に置いたものである。あえて言えば，給付との牽

連性が希薄な被用者健康保険においては，被用者年金と比べて保険料の下限が低く設定されており，結果的に保険料負担が軽減されることになる。このことは，軽減分が保険料財源全体で補填されることになるものの低額の保険料拠出は存在しており，依然として職域連帯の枠内での貢献による連帯ということになる。これに対して，フランスが国民連帯の観点から保険料軽減分を公費でもって補填しており，帰属による連帯によって対応しているのとは異なる。

次に上限の場合には，高額所得層にとって，拠出水準が負担能力に比して低く抑えられることからすれば，そこには貢献による連帯の限界が存在していると言える。とはいえ，フランスの疾病保険については，既に上限が撤廃され，日本の場合にも，被用者医療保険の上限は年金より高い水準に設定されている。この点は，同じ社会保険でありながらも，被用者年金の場合には所得比例の要素が強く，医療保険の現物給付の場合には所得比例でないこととも関係している。つまり，仮に我が国の場合もフランスのように上限を撤廃するか，更に引き上げるなら，等価交換でないにせよ存在する拠出と給付の均衡が崩れる（過大な負担か過大な給付が発生する）可能性がある。留意すべきは，我が国の医療保険の場合には，高額療養費制度を通じて，患者の一部負担にも応能負担の要素が入っており，結果的に拠出と給付の両面で応能負担の要素が見られることである。

結局のところ，貢献による連帯の限界に関しては，多分に立法政策的な要素があり，限界点を一律に決定することはできないであろう。しからば，この保険料の上下限が全面的に立法政策に依存するかと言えば，そうではない。貢献による連帯であるが故に，拠出と給付の牽連性が確保されることはもちろん，負担と給付の両面において生存権保障の要請が働くことから，生存権を脅かす負担や逆に生存権保障に不必要な給付は，少なくとも社会保障としては回避すべきことになる。

---

(285) 戦前の職員健康保険においては，低所得者である標準報酬1級の被保険者について，事業主が標準報酬2級相当の保険料を全額負担（保険料金額を超過する場合は，当該金額が上限）する制度があった（第76条）。また，健康保険法にも，低所得者の保険料の事業主負担割合を引き上げ，結果的に被用者の負担が軽減・免除される規定があった（第73条）。いずれにせよ，これは事業主負担の軽減ではない。

第5章　社会保障の権利義務に関する論点の検討

以上を踏まえ，最低限言えるとすれば，保険料の上下限には，受益とかけ離れた負担は求めないという考え方が根底にあることである。逆に言えば，受益に必要な負担は，生存権を侵害しない範囲で求めるということでもある。このため，上限が撤廃されている場合であっても，保険料は比例保険料であって，所得税のように累進的ではないことからすれば，貢献による連帯である限りにおいて，受益との関係で無制限の負担は許されず，受益性の存在が必須となる。また，下限に関しては，生存権との規範衝突が起きる場合には，帰属による連帯を加味することなどによる解決が必須となるわけである。

（3）　財政調整を巡る連帯の射程と限界

社会保険の連帯の射程と限界を考える上で，それが端的に現れるのが財政調整であろう(286)。そして，財政調整が職域間連帯や国民連帯に根差した貢献による連帯の仕組みであることは，既に述べたところである［第4章2（1），3（1）参照］が，それが貢献による連帯である以上は，観念的であるにしても，牽連性という点で拠出側の保険集団にとって某かの受益が存在することが求められる。しかも，負担と受益の牽連性を考える場合，保険料の拠出に対する給付の関係と異なり，拠出金の場合には，被保険者個人等に対する直接的な現金や現物による給付ではないことから，受益は観念的である【図13参照】。

図13　負担と受益の関係

(社会保険の拠出と給付の牽連性と比べると，拠出金の場合には，受益が給付でないだけに牽連性は観念的である。)

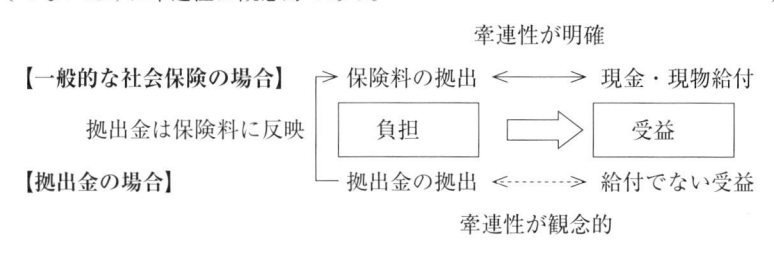

牽連性が明確

【一般的な社会保険の場合】　　保険料の拠出　⟷　現金・現物給付

拠出金は保険料に反映　　　　　負担　⟹　受益

【拠出金の場合】　　　　　　　拠出金の拠出　⟵┈┈⟶　給付でない受益

牽連性が観念的

---

(286) 我が国においては，社会保障制度審議会の「社会保障制度の総合調整に関する基本方策についての答申および社会保障制度の推進に関する勧告」（1962年）の中で，社会保障の財政調整（プール制）の導入の必要性の理由として，社会連帯の思想が挙げられている。

そこで以下では，このような問題意識から，財政調整の規範性に焦点を当て，その射程と限界について論じることにしたい［平等権との関係については，本章4参照］。

ところで，日仏両国とも示し合わせたわけではないにもかかわらず，財政調整が存在している。制度の一元化又は財政の一体化が実現すれば，財政調整の余地がないことからすれば，財政調整は，両国が抱える制度の分立がもたらしたとも言える[287]。とりわけ，自営業者と被用者という二大集団の関係が重要である。フランスにおいても，被用者制度とは別に自営業者制度が存在しており，両者の稼得形態の違いもあり，その調整を一層困難なものにしている。

両国の制度の調整方法には違いがあるが，被用者と自営業者間の調整が頭数調整に限定されるなど共通点も多い【図14参照】[288]。調整の技術的方法は捨象し，調整の共通点を最大公約数的に言えば調整の最小化に向けてのモーメン

---

[287] フランスにおいて「制度（régime）」は，財政調整の単位となることから，法学的にも重要な概念である。そもそも制度とは，①加入や給付が行われる集団に関する規則という意味で法規的概念（conception statutaire）から捉えるのか，②社会保険を運営する管理組織という意味で組織的概念（conception organique）から捉えるのか明確でないが，財政調整も含めた再分配機能に制度の本質があるとするなら，制度とは一定の集団内で再分配的な所得移転を行う法規の色彩が強いことになる（J.-J. Dupeyroux et al., Droit de la sécurité sociale, op.cit., pp. 205-207）。我が国の制度一元化の議論でも「制度」が登場するが，概念の捉え方によって「一元化」の意味も変わってくるであろう。また，拠出金によって運営される制度（例えば，旧老人保健制度や基礎年金制度）は，同一制度内の財源調達方法が拠出金ということであって，やはり財政調整とは異なることになる。

[288] 医療の場合，加入者の年齢構成及び所得の格差を頭数調整及び所得調整により補正するとするなら，次の算定式が得られる。制度の細部は別として，日仏を通じて，これが財政調整の基本となっている。

拠出金（－の場合）・交付金（＋の場合）
＝Σ（全国平均の年齢別医療費×当該保険者の年齢階級別受給権者数）－Σ（全国の総医療費／全国の総所得×当該保険者の各被保険者の所得）

これに対して，加入者の年齢構成の格差のみを頭数調整で行うとすると，上記式は次のように変形することができる。

＝（全国平均の1人当たり医療費×当該保険者の受給権者数）－

$$\left(\frac{\text{全国平均の1人当たり医療費} \times \text{全国の受給権者数}}{\text{全国の被保険者数}} \times \text{当該保険者の被保険者数} \right)$$

＝［当該保険者の受給権者数－（全国の受給権者数／全国の被保険者数）×当該保険者被保険者数］×全国の1人当たり医療費

第5章 社会保障の権利義務に関する論点の検討

図14 日仏の財政調整制度の比較

社会保険を大きく自営業者を含む地域保険及び自営業者制度のグループと被用者保険及び被用者制度のグループに分けて、そこで展開される財政調整を分類すると、年齢構成の歪みを調整する頭数調整と所得格差に起因する財政力の歪みを調整する所得調整となる。被用者間では、所得調整が行われるのに対して、自営業者も含む場合には、頭数調整に限定されることが多い。また、日本の場合には、自営業者を含む場合の財政力格差の是正に、調整交付金等の公費が投入されるのが特徴である。

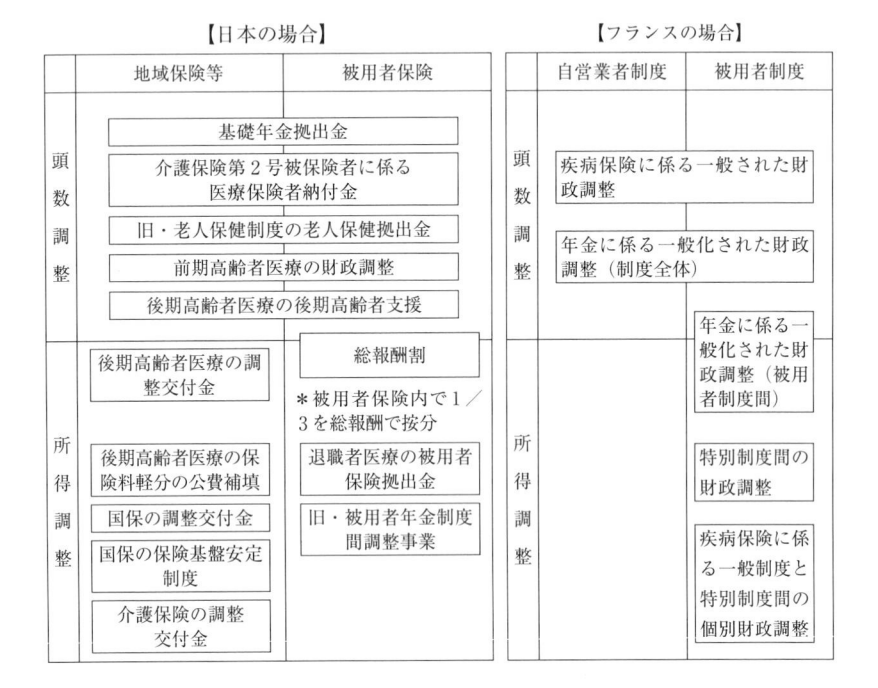

	【日本の場合】			【フランスの場合】	
	地域保険等	被用者保険		自営業者制度	被用者制度
頭数調整	基礎年金拠出金		頭数調整	疾病保険に係る一般された財政調整	
	介護保険第2号被保険者に係る医療保険者納付金				
	旧・老人保健制度の老人保健拠出金			年金に係る一般化された財政調整（制度全体）	
	前期高齢者医療の財政調整				
	後期高齢者医療の後期高齢者支援				
所得調整	後期高齢者医療の調整交付金	総報酬割 *被用者保険内で1/3を総報酬で按分	所得調整		年金に係る一般化された財政調整（被用者制度間）
	後期高齢者医療の保険料軽分の公費補填	退職者医療の被用者保険拠出金			特別制度間の財政調整
	国保の調整交付金	旧・被用者年金制度間調整事業			疾病保険に係る一般制度と特別制度間の個別財政調整
	国保の保険基盤安定制度				
	介護保険の調整交付金				

タムが常に働くことである[289]。このことを連帯との関係で敷衍することにしたい。

まず、財政調整の本質は、保険集団を跨いで展開される貢献による連帯である点にある。このため、拠出に伴う負担は保険料に跳ね返り、最終的には個人

---

[289] 財政調整は、詰まるところ財政に影響を及ぼす年齢構成の違い、所得格差、保険料と給付の仕組みの違いをどう扱うかによって異同が生ずる。

3 社会保険の権利性

に負担が帰着する。この場合の拠出は，保険料と同じように租税とは異なる徴収金であるはずであり，さもなければ租税法律主義の適用が問題となってくる。逆に言えば，財政調整の場合には，租税と異なり，拠出について貢献による連帯に特徴的な拠出と受益との牽連性が問われることになる。このことは，我が国で言えば，各種拠出金の受益性が旧老健拠出金の登場以来常に問われてきたことを見ても，明らかである。フランスにおいては，財政窮迫制度への財政調整による支援が国庫負担の肩代わり（付け替え）ではないかが問題となってきており，これとも軌を一にする問題である。

　なるほど，社会保障はリスク分配や所得再分配を通じて（生活維持）自己責任原則の修正・例外として機能している。しかし，それだけで制度の全てが正当化されるわけではなく，財政調整の場合であれば，貢献による連帯に即して設計される必要がある。この点，通常の保険関係であれば，個人が拠出と給付の当事者となるのに対して，財政調整の場合には，保険集団（保険者）が当事者となって拠出と受益の関係が発生することになる。言うならば，職域間連帯又は国民連帯に基礎を置く貢献による連帯の仕組みである。また，連帯の契機が個人で対応できないリスクの社会化であったことは冒頭述べた［第2章参照］が，その前提としては，自己責任原則がある。財政調整の場合にも，その前段階として，自己責任としての自助努力が保険者に問われることになる。

　かかる連帯の特質から，財政調整は，
　　a．調整の範囲や程度に関して，自己責任原則による制約を受けるのに加え，
　　b．貢献による連帯に内在する受益性の観点（拠出する以上は，直接の給付でないにしても，拠出者にとって某かの受益が見出されることが不可欠という意味）からも制約を受ける

ことになる[290]。

　ここでは，各保険者を自律的な責任主体として捉えた場合に発生する自己責任原則とそれとの関係での貢献による連帯の限界を画する規範という意味で，

---

(290) このような財政調整の発想自体は，協会けんぽの都道府県単位保険料率にも見られる。すなわち，財政調整ではないものの，都道府県単位保険料率は，年齢構成及び所得水準の歪みを年齢調整及び所得調整した上で，それでも残る地域差を保険料率に反映させる形で設定される。

第5章　社会保障の権利義務に関する論点の検討

両国の調整方法と共通性から抽出される原則を試論として以下のとおり提示することで，まとめとしたい。

① 部分調整原則

個々の制度の自律性を否定するような完全な形での制度間調整ではなく，部分的な調整に止まることが常である[291]。この背景の一つとしては，給付条件が良いために財政が悪化しているような貰い側の制度を基準に調整することは，貰い得を生むことになり許されないことがある。また，そうでなくとも，過大な調整に対しては，出し側の保険者の抵抗感が強いといった現実的理由もある。従って，財政調整の対象となる制度の間に給付条件等の差がある場合には，共通の基礎を有する部分に限定して調整を行うなど，最大公約数的な調整手法が採用されることになる[292]。ここには，制度の自律性と一体のものとしての自己責任原則の存在がある。

② 無帰責性原則・比例原則

①とも関係するが，自己の責に帰する支出の増大等は調整の対象から除外されるのが常である（無帰責性原則）。そうでなくとも，負担との比例関係から，平均的な給付を大きく上回る部分は調整から除外される傾向がある（比例原則）。換言するなら，標準的・平均的な給付を前提に財政調整が行われることになる[293]。こうした仕組みは，医療に関する限り，保険者に医療費適正化努力を促すインセンティブになる。

---

[291] フランスの一般化された財政調整等では，最も給付水準の低い制度を基準に調整が行われる。このほか，日本では旧老健拠出金の老人加入率上下限のような制度があるが，フランスでも，疾病保険の個別財政調整制度における調整範囲の上限がある。また，現行の前期高齢者医療制度の場合には，前期高齢者加入率の下限（1％）が設けられているほか，負担調整基準超過保険者の持ち出し額の再調整制度（義務的支出に対する拠出金割合が5割超の部分を全保険者で再配分）が存在する。これは，持ち出し額の著しく過大な保険者への支援であるが，結果的に調整部分を圧縮する効果があることになる

[292] 被用者と自営業者では，所得捕捉に差があることから，その面での共通の基盤に欠けることになる。

[293] このような発想は，我が国の旧老人保健拠出金の調整対象外医療費に見られる。現行の前期高齢者医療制度の財政調整でも，調整の基礎となる給付費は全保険者の平均給付費であるが，著しく1人当たり給付費が高い保険者の基準超過部分（全国平均の1.52倍超の部分）は調整対象外となっている。

③ 段階調整原則

①及び②の結果ということにもなるが，現実の財政調整は，一挙ではなく段階的にしか調整は実現しないことが多い[294]。つまり，調整には制度当事者の理解が必要であり，段階的にしか実現しないことになる。これは経過措置の問題として捉えられるが，別の側面では既得権保護の問題に通じる原則である。

以上の原則をわかりやすく言えば，全部は調整しない，極端は調整しない，そして，一気には調整しないということになる。仮に完全調整を連帯の理想とするならば，現実は不完全調整に止まり，しかも，調整の仕組みを複雑なものにするが，それは意図的というよりも，複雑な調整制度によってしか錯綜する利害の調整はできないことに起因すると言えよう。また，これは財政調整が貢献による連帯を媒介に自己責任原則を超える負担の転嫁・割当を制度化したものであり，連帯に負担という強制的な側面があると同時に，連帯には何らかの受益性が求められることの表れでもある。

なお，本書では，財政調整を連帯の観点からのみ論じているが，保険者論の観点から言えば，完全調整は各保険者の自助努力という意味での自律性を阻害する面もあることになる。また，財政調整は制度の一元化・一体化とも関係しており，利害対立にも関わらず，財政調整がなくならない背景には，自律的な主体として保険者が存続するための代償という面があることになる。

(4) 給付を巡る連帯の射程と限界

1) フランスにおける既得権の処理

社会保険の権利性に関して，それが最も鮮明に現れるのが既裁定年金等の既得権保護のである。この場合，既得権とは，法律の時間的抵触に関わる問題であり，旧法の適用によりある者の財産に組み入れられた権利であって，新法の適用によっても侵害できないものを意味する[295]。社会保障は，人生という不

---

(294) 調整制度の導入が段階的に行われることは，我が国では経過措置のような形で一般的であるが，フランスでも近年の財政調整の縮減は段階的に実施されている。
(295) R. Cabrillac (dir.), *Dictionnaire du vocabulaire juridique 2014*, Lexis Nexis, 2014, p. 192

第5章 社会保障の権利義務に関する論点の検討

可逆的な時間の流れの中で人々が接点を持つことになる権利であることから，既得権の問題は，今後の社会保障の行く末を考える上でも重要である。

我が国では，既得権保護は，主に既裁定年金の引下げの限界を巡る財産権保護の問題として議論されてきた。これに対してフランスでは，既得権保護は，法の一般原則としての不遡及（non-retroactivité）原則，不可逆的歯止め（cliquet anti-reour）や法的安定性（sécurité juridique）等の問題として議論されてきた[296]。これら既得権の議論を敷衍すると，

① 法令に基づき創設された公序としての性格を有する社会保障においては，被保険者等は契約ではない法的地位に置かれていること，
② 行政の可変性（mutabilité）の原則に照らしても，法律とはいえ，法秩序の常態化を発生させる既得権を承認することはできないこと，
③ 法律には即時的効果（effet immédiat de la loi）があり，法律は遡及効を有しないのが原則であること，
④ しかし，刑罰等を別とすれば，この不遡及原則は憲法的価値を有するものではなく，十分な一般利益上の必要性等があれば，遡及効を認めるべき場合があること，
⑤ 遡及効に関する裁量は，一般利益に基づく遡及の目的と程度を考慮して判断されること，
⑥ 不遡及原則以外に既得権が認められる法の一般原則としては，法的安定性の原則等があるが，その適用は例外的・限定的であること

となどが，その要諦である。従って，一般利益が優越する限りで，不遡及原則等に基づく既得権保護も絶対的なものではないことになる。

このようなフランス的論理構造において特徴的なのは，同様の問題について，欧州人権裁判所が社会保障給付に財産権を承認するほか，EU司法裁判所が正

---

[296] 拙著・前掲注(17) 216-298頁
[297] 判例としては，社会保障給付の財産権保障を認めた欧州人権裁判所の1996年9月16日判決（CEDH, 16 septembre 1996, *Gaygusuz c/ Autriche*），正当な信頼の原則を承認したEU司法裁判所の1962年4月6日判決（CJCE, 6 avril 1962, *De Geus en Uitdenbogerd / Bosch*）がある。拙著・前掲注(17) 222-231頁，267-274頁参照

3 社会保険の権利性

当な信頼（confiance légitime）の原則を承認しているのに対して，フランスの裁判所は，これら欧州の司法機関の判断とは距離を置いている点である[297]。実際，憲法院は個人の財産権を認めず，社会保障に対する既得権（droits acquis）や不可侵性（intangibilité）を否定している[298]。

いずれにせよ，既得権保護の問題には連帯が密接に関わる。フランスの議論を参考にすれば，民間保険のような財産権保護が及ぶか否かは，連帯に基づく制度か否かに係っている。フランスの場合，公的な社会保険である基礎制度以外に賦課方式化している補足年金制度，労働協約等に基づく失業保険や福利厚生制度（prévoyance），共済制度等の多様な制度が存在する。しかも，これら制度においては，その基礎が労働協約等にあるため，契約的な財産権保障の問題も含め既得権保護が基礎制度以上に問題となり得る。この点に関して，フランスの年金関係の判例等は，連帯に基づく制度としての性格が強ければ強いほど既得権を認めない傾向がある[299]。

その点で典型的なのは，憲法院である。拠出制年金（基礎制度）の所有権的性格を否定し（連帯の組織を理由に人権宣言第17条の所有権の適用を否定したDécision n° 85-200 DC du 16 janvier 1986），補足制度でさえも既裁定年金の既得権を否定している（如何なる憲法規範も既裁定年金の不可侵性を保障するものではないとしたDécision n° 94-348 DC du 3 août 1994）など，上記法の一般原則による保護（それさえも限定的）を別とすれば，憲法規範に基づく既得権保護には否定的である[300]。これに対して破毀院の場合には，裁定により年金が確定するという前提に立ちながらも，正面からその不可侵性を承認するのではなく，裁定によって確定した権利内容か否かによって個々に判断する傾向にある（確定した権利内容であれば，新法令の適用が排除される）[301]。

このような傾向は，補足制度に関する破毀院の態度にも見て取れる[302]。つ

---

(298) Décision n° 85-200 DC du janvier 1986（拠出制年金の所有権適正格を否定）; Décision n° 94-348 DC du 3 août 1994（退職年金の受給権の不可侵性を否定）
(299) 拙著・前掲注(17)310-313頁，337-344頁，377-416頁，497-517頁
(300) 拙著・前掲注(17)217-231頁
(301) 拙著・前掲注(17)252-254頁
(302) 拙著・前掲注(17)337-344頁

まり，年金の支給により権利行使が開始するが，賦課方式の下でポイント制を採用する補足制度にあっては，既に確定している点数（ポイント）の切り下げは許されないとしても，制度の均衡維持のため連帯拠出金等の負担を退職者に求めることや点数の価値の変更は許されるとする（Cass. soc., 23 novembre 1999, n° 97-1890 等）。もちろん，給付条件の変更は無制限ではなく，受給者に対して差別的であってはならず（平等原則），達成すべき目的との関係で最も侵害の程度が少ない方法によるべき（比例原則）とされる（Cass. soc., 31 mai 2001, n° 98-22510）。

これに対して，3階部分の年金である付加的年金の場合には（確定拠出型の場合はもちろん確定給付型であっても），破毀院は，既裁定年金のうちの基本的部分及び制度変更時点の年金水準について不可侵性を認める傾向がある（Cass. soc., 17 mai 2005, n° 02-46581 等）[303]。つまり，裁定後の年金受給者の権利は，基本的に不可侵性を有しているが，年金の再評価（スライド）ような場合に限り改廃が許されることになる。

逆に言えば，公序ではなく契約的性格が優越すれば，既得権保護が及ぶ可能性が高く，更に共通ルールとしてのエヴァン（Evin）法（1989年12月31日法）の下で受給権保護の問題が処理されることになる[304]。

フランスの既得権保護の議論を最大公約数的に整理すれば，既得権を認めない場合の徴表として，以下の点を抽出することができる。

① 賦課方式等を典型として，保険数理的な拠出と給付の対価関係（給付・反対給付均等の原則）に修正が加えられ，所得再分配等による財政均衡が必要となること（連帯の仕組み）
② 強制加入に象徴されるように，法令又は労働協約等に基づく一定の保険集団を指定し，その永続性を前提に同一の規律を画一的に適用すること（連帯に基づく集団性）
③ 労働協約等の形態をとる場合であっても，法令上の規律（大臣認可等）に

---

(303) 拙著・前掲注(17) 501-514 頁
(304) 拙著・前掲注(17) 397-415 頁

服したり，公役務の任務が付与されるなど，私法（契約）的性格に修正が加えられていること（法規的性格）

2) フランス法を参考にした既得権保護の処理

我が国において既得権の問題は主として，

① 憲法第29条の財産権保護（財産権アプローチ）(305)
② 憲法第25条第2項の向上・増進義務（生存権アプローチ）

の枠組みで議論されることが多かった。

このうち，財産権アプローチの場合には，財産権としての既裁定年金と期待（権）に止まる未裁定金との間で保護に差が生じるという難点も抱えていた。このため，年金受給世代の保護には厚い反面，若年世代の格差問題をバランスよく解決することにはならなかった。

さらに，財産権アプローチの場合には，財産権の保護が及ぶ射程が問題となってくる。この点，欧州人権裁判所の1996年9月16日判決（CEDH, 16 septembre 1996, *Guygunsuz c/Autriche*）が重要である。同判決は，拠出制給付である失業保険への加入を条件に失業給付切れ後に支給される緊急給付について財産権を認めているが，この給付自体は無拠出制であることから，裁判所は，財産権であるためには拠出との関連性は重要でないと判示している(306)。そうであれば，我が国の場合にも，拠出制の年金のみならず無拠出制の各種給付も含めて社会扶助に対して，果たして財産権としての保護が及ぶかが問題となる。しかし，そこまで財産権保護を及ぼすのは，一般的な理解ではなかろう。ましてや，生存権アプローチに立てば，保護の範囲は既裁定年金に限られない広がりを持つはずである。このため，財産権的アプローチの場合よりも，生存

---

(305) 最高裁は，老齢年金のみならず障害基礎年金に関しても，保険料拠出との牽連関係を理由に被害者の得べかりし年金を逸失利益と認めるなど，年金の財産的性質を承認している（最二小判1999年10月22日民集53巻7号1211頁）。
(306) X. Prétot, « La protection sociale est-elle solubre dans le droit de propriété ? », in *Drôle(s) de droit(s), Mélanges en l'honneur de Élie Alfandari*, Dalloz, 1999, p. 163 et s.

第 5 章　社会保障の権利義務に関する論点の検討

権アプローチは，既得権保護の射程が明確でなくなる嫌いがあると考える。

　何れの立論であっても共通するのは，保障者としての国家と被保障者としての国民という一方向で国家対国民の関係を捉えることである。実際には，社会保障は国民の負担により成り立っていることから，国民は受給者であり負担者でもある。フランス法のアプローチを参考にするなら，連帯概念は，職域・地域及び国民の何れのレベルであっても，構成員の相互関係として社会保障を捉えることから，負担者の財産権や生存権が脅かされる程度まで受益者のために負担を求めることは連帯の限界を超えることになる。すなわち，貢献による連帯は，国家の陰に隠れていた負担者としての国民を顕在化させ，その者の財産権や生存権も視野に入れた議論を可能にする。また，実際の既得権保護の処理は，給付と負担との関係できめ細かな配慮が必要となるが，その点でも負担をも射程に取り込んだ連帯が有用性を有すると思料する(307)。

　ただこの場合，既得権問題が負担者と受給者との貢献による連帯の関係性の中で処理されることになることから，受給者にとって既得権が常に保護されるとは限らないことにもなる。その一方で，受給者にとって有利な制度改善も，財産権ではなく集団内の富の配分の問題（受給者への富の分配）として，連帯に基づく判断枠組みで処理し得ることになる。例えば，既裁定の給付（年金）であっても，財産権として確定するわけではないことから，連帯の枠組みの中で給付改善（例えば，物価スライドを上回る賃金スライドによる年金改定）が可能ということになる(308)。その点で，連帯は受給者に有利にも不利にも作用することになる。そして，このような視点は，世代間の公平性の確保が求められるようになった現在，重要性を増していると言えよう。

　例えば，フランスでは，2013 年の社会保障財政法により創設された自律の

---

(307) 財産権的アプローチでは説明困難な事例として，年金の 1985 年改正（改正法付則第 94 条）の際に特別一時金（国民年金に任意加入していた障害年金受給権者等が対象）が支給されているが，これは既裁定年金でない。また，既裁定年金の場合にも，権利保護方法としては，①従前の給付水準の維持，②従前の実質額の維持，③従前の名目額の維持，④給付実額の引下げなどが考えられるが，如何なる選択をするかという点で，受給権者のみならず現役の負担者を意識した均衡論（連帯）が存在している。

(308) 拙著・前掲注(17)342 頁

ための付加的連帯拠出金（CASA）である。これは，高齢者介護のための財源として年金に対して0.3％の率で賦課される拠出金である。仮に既裁定年金の既得権を認めるとしても，別途年金に課税することで，既裁定年金の切下げと同等の効果が発生する。我が国でも，過去の公的年金等控除の見直しが議論となってきた。やはり，既得権保護の問題は，負担面も含めた社会保障財政全体の連帯の在り方として考える必要性が高まっているように思われる。

　以上まとめるなら，強制性や法規性を有する社会保険の場合には，貢献による連帯の規範という意味で，既得権保護に象徴される有利・不利の問題を超えるものとして，拠出者（拠出）と受給者（給付）との均衡が要請される。つまり，受給者のみならず拠出者の財産権や生存権との均衡の上で給付の水準が設定されることになる。そして，それは集団としての制度の維持・存続に必要な範囲で権利（既得権）の制約という形で表れることになる。これを財産権との関係で言えば，既裁定年金等の財産権としての性格は，連帯との関係では希薄化することになる。

◆ 4 ◆　連帯による平等権保障

（1）　連帯と平等権の関係

　近年，格差・貧困問題が注目されるようになっており，社会保障における平等概念の重要性も増している。また，社会保険における，財政調整や保険料・一部負担の問題には，連帯のみならず平等権（公平性）の保障が関係してくる。特に我が国では，厳しい財政状況の中で，保険料や一部負担が問題となることが多いが，これも公平性の観点で議論することが可能である。言うなれば，乏しきを憂えず，均しからざるを憂うといった状況の出現である。そうであれば，平等権保障との関係で連帯を検討することには，現代的な意義があることになる。フランスに目を向けると，憲法院の判決の半分近くが平等原則（principe d'égalité）に言及しており，そのことに照らしても，平等権保障との関係は法的に重要である[309]。

　この点，まず指摘すべきは，連帯と平等とは性格を異にする概念であるが，相互に密接に関係しており，対立的というより補完的であることである[310]。

173

つまり公役務（フランス）や給付行政（日本）といった呼び方は区々であるが，社会内部の連帯の発現である社会保障は給付やサービス等を通じて実現され，それらは所得再分配効果を有することから，生活条件等の平等化の仕組みでもあることになる[311]。ただ平等原則は，おそらく法規範の中でも最も強力なものであるだけに，それと連帯との関係を改めて整理し，連帯概念の必要性を平等原則との関係で再確認することは重要である[312]。

なるほど，社会保障の多様な問題の多くは，平等，更に伝統的な形式的平等と実質的平等の両概念を駆使することで処理可能であろう（例えば，応能負担原則に基づく保険料や一部負担の水準）[313]。実際，フランスでは，等しく扱うべき場合には等しく，別異に扱うべき場合には別異にという形で，実質的平等も含め平等原則を活用することで問題が処理されてきている[314]。我が国でも，憲法第14条の平等権に関連して，相対的平等（同一の事情と条件の下では均等に取り扱うこと）やそれと重なり合う比例的平等（各人の事実上の差異と法上の取扱いとの間に比率の均等が存することを要求すること）といった概念を駆使する

---

[309] F. Mélin-Soucramanien, « Le principe d'égalité dans la jurisprudence du Conseil constitutionnelle. Quelles perspectives pour la questions prioritaire de constitutionalité ? », *Cahiers du Conseil constitutionnel*, n° 29, 2010 (http://www.conseil-constitutionnel.fr/conseil-constitutionnel/root/bank/52731.htm 〈最終アクセス2014年12月2日〉). なお，我が国においては，平等「権」と平等「原則」を明確に区別する考え方もあるが，本稿では互換的に使用している。両者の関係については，芦部信喜『憲法学Ⅲ人権各論(1)』（有斐閣，1998年）17-20頁参照。

[310] 以下の平等原則の詳細は，拙著・前掲注(17)156-166頁を参照。

[311] R. Lafore, « L'égalité en matière de sécurité sociale », *RDSS*, N° 3 2013 , p. 381

[312] 平等原則は歴史的に国務院により確立されてきたが，憲法院も1973年の判決（Décision n° 73-51 DC du 27 décembre 1973）以来それを承認している。

[313] 伝統的な平等概念としては，①法規範の前の平等（l'égalité devant la règle de droit），②法規範における平等（l'égalité dans la règle de droit），③法規範による平等（l'égalité par la règle de droit）の3類型が有名である（E. Aubin, *op.cit.*, pp. 100-104）。それによれば，①は形式的平等という点で，全ての者に同じ法令を適用することであり，外国人適用の関係で問題となる。これに対して，②は実質的平等という点で，個人の状況の違いを法適用に当たり考慮することを許容する。つまり，同じ状況にある者は同様に扱うべきであるが，異なる状況にある者は別異に扱うことは，平等概念に反しないことになる。さらに，③は積極的差別により実質的平等を確保することを許容する。この平等概念は，平等に衡平概念を持ち込むことにより，機会の平等を保障するものである。

174

4 連帯による平等権保障

ことにより，合理的な差異を許容することで問題の処理が行われてきた[315]。その点では，あえて連帯を持ち出さなくとも社会保障法としては十分ということにもなる[316]。

　これは，平等原則が持つ我が国でも，憲法第14条の平等権に関連して，相対的平等（同一の事情と条件の下では均等に取り扱うこと）やそれと重なり合う比例的平等（各人の事実上の差異と法上の取扱いとの間に比率の均等が存することを要求すること）といった概念を駆使することにより，合理的な差異を許容することで問題の処理が行われてきた[317]。確かに，平等原則は，規範導出的な機能（規範的原理）があり，社会保障も含め活用の余地が大きい概念である。ただ，平等原則から直ちに実質的平等を実現する国の法的義務が生ずるわけではなく，実質的平等の実現は国の政治的義務に止まるという指摘もある[318]。そうであれば，発想を変え，平等原則と連帯を対立的に捉えるのではなく，平等原則に連帯を介在させることで，連帯の側面からも平等原則の具体的妥当性や規範的役割を高めることもあり得る[319]。

　また，利用者負担について言えば，そもそも利用者に負担能力の差が存在し

---

(314) 拙著・前掲注(17)156-166頁。デュギー氏の表現を借りるなら，「この平等は，全ての人間が法律によって等しく保護されなければならなず，負担が算術的に均等ということではなく，比例的でなければならない。人間の数学的平等を実現しようとすると，不平等を生み出す強い危険がある」ことになる（L. Duguit, *Traité de droit constitutionnel*, Tome Ⅲ, Ancienne Librairie Fontemoing, 1923, p. 593)。また，リーディングケースとなった憲法院の1986年1月16日判決（Décision n° 85-200 DC du 16 janvier 1986）によれば，「類似の状況に対して異なる規律を適用することを平等原則は禁じるが，追求されている目的に応じて，異なる状況に異なる規律が適用されることは，いささかも妨げられることはない」とされる。さらに，「異別取扱が法律によって構築される法目的と直接的関係を有する限り，立法者が一般利益を理由に平等から逸脱することは，平等原則に反しない」(Décision n° 96-375 DC du 9 avril 1996) ことになる。

(315) 芦部信喜・前掲注(309)20-22頁

(316) 国務院の報告書（1996年）は平等原則を取り上げ，福祉国家の構築において平等原則がそれだけで経済的な実質的平等を実現するものではないが，それに向けての進歩が可能であるとの気運を醸成したとの評価に立ち，累進税率も連帯ではなく衡平（équité）と関係する積極的差別（discrimination positive）で説明している（Conseil d'État, *Sur le principe d'égalité*, La documentation française, 1996, p. 79 et s.)。

(317) 芦部信喜・前掲注(309)20-22頁

(318) 芦部信喜・前掲注(309)7頁

第5章　社会保障の権利義務に関する論点の検討

ているのであれば，負担もその点を考慮して分配するのが連帯とも整合的ということになる。具体的には，社会保険の場合であれば，負担能力を考慮して貢献による連帯の範囲（拠出と給付の牽連性を無にしない範囲）で負担が設定されることになるし，社会扶助の場合であれば，帰属による連帯の補足性とも整合的な応能負担原則で設定されることになる。

このほか，平等原則には，連帯に内在する集団の非構成員を排除する傾向を是正する機能がある。例えば，社会保障の外国人適用の問題である［第3章2(3)参照］。フランスの高齢者連帯手当（ASPA）の前身に当たる国民連帯基金からの付加手当の原案が外国人適用をEU及び二国間条約の締結国の国民に限定していたことが，適法滞在に関する限り平等原則に反すると憲法院は判示している（Décision n°89-269 DC du 22 janvier 1990）［第4章2(1)参照］。このことは，我が国の判例が外国人適用を否定する理由として連帯を挙げていることからすれば，平等原則が連帯の排他性を是正する規範として作用する可能性を示唆するものである。

さらに，平等原則と連帯及び衡平（équité）との関係も重要である。無償の公役務を例にとると，無償であることで利用者はサービスへのアクセスの平等を保障されるが，その財源が税（特に累進性による所得税）であるならば，かかる状況は衡平や連帯の原則にも適合的ということになる[320]。ただし，憲法院は，衡平の規範的価値を否定しており，法令の規定の動機にはなるにしても，それによって合憲性を議論することはできないことになる[321]。

---

(319) 例えば，高齢者雇用に関する憲法院の判決（Décision n° 89-257 DC du 25 juillet 1989）は，積極的差別が平等原則を侵害するどころか，却ってそれを確保するものであることを指摘するが，その根底には被用者間の連帯の考え方が存在している。

(320) M. Borgetto, « Égalité, solidarité ... Équité ? », *Le préambule de la constitution de 1946*, PUF, 1996, p. 269

(321) Décision n° 2003-483 DC du 14 août 2003（年金改革法案第3条「被保険者は，その過去の職歴及び加入する制度の如何に関わらず，年金に関して衡平な取扱を受けるべきである。」との規定に関して，憲法院は，年金の最低保障，寡婦等の給付改善等を内容とする年金改革の動機ではあっても，それ自体は規範的価値を有しておらず，その違憲性を有効に議論することはできないと判示している。）

（2） 連帯と平等の規範的意義

ここまでで平等権が社会保障にとって重要なことを確認した。さらに，社会保障のより込み入った問題についても，連帯と平等の相互関係（作用）の枠組みで議論することが可能である。ロマン氏（D. Roman）の表現を借りるなら，①平等による連帯（la solidarité par l'égalité）と②連帯による平等（l'égalité par la solidarité）の枠組みである[322]。前者が社会保障サービス（現物給付）を無償又は均一負担で提供することで連帯を確保しようとするのに対して，後者は負担に所得再分配の仕組みを入れることで平等を確保しようとする。言い換えれば，前者が応益負担に，後者が応能負担に親和的であり，それぞれ形式的平等，実質的平等の枠組みでも議論ができよう。

重要な点は，何れのアプローチも連帯の概念に包摂され，連帯の概念の下で平等が議論できることである。例えば，不平等の是正を考える場合，社会保障サービスを低廉又は無償で提供（前記①）するなら，結果的に低所得者にもサービスが均霑されるが，更に連帯による平等（前記②）を加味するなら，それは応能負担ということになる。

このことを，利用者負担の問題に当てはめてみたい。まず，帰属による連帯（社会扶助）の場合には，補足性の原則に照らしても，応能負担が自然であるが，同時に，これは連帯による平等を実現していくことにもなる。これに対して，貢献による連帯（社会保険）の一部負担の場合には，伝統的には応益負担であったことからして，平等による連帯が重視されていた。ところが，近年では，高額療養費や食費等の負担に見られるように，応能性を強めている。このことは，負担が増大することで，平等による連帯のみでは対応できない状況が生じてきており，連帯による平等がより必要となってきていると理解できよう。

なお，平等原則との関係では，次の点は注意を要する。すなわち，応能負担が常に平等原則に反しないわけではなく，それが恣意的でないことはもちろんとして，公役務の目的に即して事前的かつ明確に規定されることが必要とされる[323]。また，貢献による連帯の場合，過度の応能負担は，拠出と給付の牽連

---

[322] D. Roman, *op.cit.*, pp. 96-107
[323] M. Borgetto, « Égalité , solidarité … Équité ? », *op.cit.*, p. 252

第5章　社会保障の権利義務に関する論点の検討

性を弱めることから問題があることにもなる。

　同様の議論は，保険料等の負担や保険者間の財政調整でも展開可能である。例えば，社会保険料は，応能負担原則等により修正が加えられるが，同じ状況（所得，家族構成等）にある者に対しては，同一の保険料，すなわちラロック氏の言うところの「単一保険料（cotisation unique）」が適用される[324]。これは被保険者相互の貢献による連帯の反映であると同時に，平等原則（平等による連帯）にも適合的であることになる。さらに，既得権保護の関係では，連帯に根差した制度の場合，その持続可能性の確保のため既得権の制限（世代間の連帯による平等という点で前記①）が行われるとするなら，それは比例原則とともに平等原則による制約（前記②）を受けることにもなる。

　このほか重要な点は，平等を連帯により実現する場合，連帯の有り様に関連して，如何なる選択をするかである。その点で興味深いのは，社会保障サービスにとって，必須とも言える医療の扱いである。我が国の医療保障は，最終的には社会保険の中では国保，そして生活保護の医療扶助によって担保されている。これに対して，フランスの場合には，1999年7月27日の法律により社会保険の枠組みの中で創設された普遍的疾病給付（CMU）が最終的な医療保障制度であり，これにより社会保障の一般化（généralisation）が実現されている[325]。社会保険と社会扶助の何れの枠組みでもって，医療へのユニバーサルな保障を実現するかは，多分に立法政策の問題であるが，平等を連帯により実現する（連帯による平等）という点では共通する。

　さらに，フランスの社会事業・家族法典が規定するように，貧困及び社会的排除対策は，「全ての者の基本権（droits fondamentaux）への効果的アクセス」を保障するものである（L.115-1）が，これもまた平等原則に対応している。このことからすれば，連帯が触媒となり平等の実現を促進し，それが連帯につながるという一種の好循環こそが，連帯が有する規範的な意義として指摘できよう。

　以上要するに，社会保障の負担問題には，平等による連帯と連帯による平等

---

[324] 清水玄『社会保障論』・前掲注(59)124頁, 181頁；P. Laroque, « Le plan français de sécurité sociale », op.cit., p. 14
[325] Droit social, n° 1/ 2000 の普遍的疾病給付に関する特集を参照。

の二つの側面があり，貢献による連帯及び帰属による連帯の実現に支障を来さないよう，両方の側面バランスを確保する制度設計が求められることになる。

◆5◆ 小　括

　本章では，規範としての連帯の内在的本質及びその意義について，フランス法を参考に検討した。この結果を簡単にまとめることにしたい。
　第一に指摘すべき点は，生存権保障の一環としての社会保障から見ると，連帯は，上位規範である憲法の具体化や補強のための下位規範として機能していることである［本章1参照］。それは，フランスにおいて，1946年憲法前文（第11項）の生存手段の保障と連帯との関係に相当する。
　中でも，連帯は，我が国において，生存権保障としての最低水準及び最適水準の確保を如何に具体的制度に反映させるかという問題に関して，給付と負担の均衡に配慮しながら，貢献による連帯と帰属による連帯を組み合わせることで一定の解を提示している。また，社会保険中心主義の結果として生じる無年金・無保険等の法の欠缺問題に対しても，国民連帯や帰属による連帯による保険料軽減・補助等が補完的機能を果たすことになる。つまり，生存権というプログラム規定の具体化に方向性や制度設計の拠り所を付与する点に，連帯の一つの意義があることになる。
　その上で，次に指摘すべき点は，社会保障（特に社会保険）にとって，異なる連帯類型と連帯原理を如何に適切に組み合わせるかが肝要ということである［本章3参照］。この点は，上記の水準論との関係で言えば，無拠出制の給付や第三号被保険者等の問題で顕在化することになる。見方を変えれば，社会保険の不可欠の要素である牽連性は，権利性の付与という点で規範的意義を有するが，一方で，牽連性の縛りがあるために議論を複雑化させるマイナス面があることになる。その典型が，保険料の上下限の問題である。とりわけ，低所得層との関係で，貢献による連帯（具体的には，保険料拠出）をどこまで求めるかは重要で，生存権に基づく最適水準の保障という別の要請も踏まえた制度上の工夫が必要となる。逆に，年金等の既得権保護に関しては，連帯は権利性の付与という側面よりは，給付に対する負担の均衡の確保という形で，生存権保障や

第5章 社会保障の権利義務に関する論点の検討

財産権保護とは異なるアプローチを可能にすることになる。

また，社会保険の牽連性とは，言い換えれば，拠出に対する給付という受益の存在である。この受益性は，上記の水準論の関係のみならず，財政調整の場で特に問題となる。この点，財政調整の場合に限定的・段階的な調整しか行われず，それさえも利害対立を招きがちな所以も，この受益性に問題に起因することを指摘した。

これに対して，帰属による連帯である社会扶助の場合には，牽連性の問題は発生しない。しかし，権利性に関しては，社会保険とは別の意味での困難が存在しており，それが指摘すべき3番目の点である［本章2参照］。すなわち，帰属による連帯も，貢献による連帯と比べて権利性に遜色はないはずであるが，現実には，反射的利益論やワークフェアの議論のように，その権利が制限的に理解されてきた嫌いがある。この点，帰属による連帯は，生存権保障や生存手段の保障という憲法規範と相俟って，社会の義務から個人の権利としての社会扶助へのパラダイムの転換を促してきた。それに加え，帰属による連帯の場合には，それを具体化する実定法の在り方が重要であり，我が国に関しては，社会保険化や個人給付化のような立法技術により権利性の基盤が強化されてきた。もちろん，一般利益（公益）の実現という措置制度の役割は残されており，必要な場合には措置を発動するという制度の積極的側面は，より純化されることになった。

最後に指摘すべきは，平等原則の重要性である［本章4参照］。もちろん，応能負担のような社会保障の原則が，連帯のみならず平等原則（特に実質的平等）との関係で処理される点で重要なのは言うまでもない。しかし，平等と連帯は，それ以上の関係性を有していることを指摘した。つまり，社会保障の負担問題等を処理するに当たっては，平等による連帯と連帯による平等を適切に組み合わせることが重要ということである。

以上，連帯の規範的意義を検討したが，連帯は社会保障の実施主体の面からも重要であることから，その点を章を改めて論じることにしたい。

◆第6章◆　社会保障の主体に関する論点の検討

　前章の分析は，連帯が社会保障の受給権との関係で規範として如何なる意義を有するかという検討であり，いわば典型的な作用法上の論点を論じてきたことになる。これに対して，本章では，連帯の特質である「集団」性に着目することにより，社会保障給付の実施主体やサービスの提供主体の側面から連帯の意義を論じることにしたい。つまり，生存権保障としての社会保障が如何なる実施主体によって担保され，そこに連帯が如何に関わるかの検討である[326]。

◆1◆　連帯の根底にある集団性

　各種連帯類型が連帯の集団性に由来することについては，既に述べたところである［第2章3（2）参照］。そこで，ここでは，まず集団性が如何に社会保障の主体の在り方に関わるのかを論じることにしたい。

　連帯は，一定の集団に属する個人と当該集団との関係性，更には，このような集団内部を超えて集団同士の関係性に発生の契機がある。その点で，連帯は集団性を本質（essence institutionnelle）とする概念である[327]。そして，エヴァルド（F. Ewald）氏が指摘するように，社会法の特徴の一つは，孤立した個人を対象とするのではなく，集団，階層，社会的職種類型といった現実的な存在に着目した「集団の法（droit des groupes）」であることにある[328]。

　このような連帯は，結果として社会保障において集団が法主体として位置付けられることにもつながる[329]。しかも，当該集団は受動的ではなく積極的な主体として，社会保障にとって重要な役割を演じることになる。ギュルヴィッチ（G. Gurvitch）的な理解に立つなら，集団又はその構成員である個人は，国家による施策の受動的な受益者ではなく，自ら社会権を創造・実現していく主

第6章　社会保障の主体に関する論点の検討

体であり，これが正に社会法の本質とも言うことができる［第2章3（2）参照］(330)。

　その一方で，連帯は独立した個人を前提としつつ，その相互依存関係を規律

---

(326) 前章が社会保障の作用法上の論点を扱ったのに対して，本章では組織法上の論点が俎上に上ることになる。ただし，本書での組織法の捉え方は，行政法で論じられる「行政組織法」とは，必ずしも一致しない。例えば，公共組合である健康保険組合，公法人である協会けんぽ，特殊法人である日本年金機構等は，行政組織法の枠組みや概念の中で論じることも可能であるが，社会保障の重要な担い手である社会福祉法人，医療法人等の法人となると，それ自体として通常は行政主体性を欠き，行政組織法の射程を超えるであろう。もちろん，社会福祉法人に対して福祉の措置委託がなされ，仮に当該法人の施設内で事故が発生した場合には，本来，地方公共団体等が行うべき事務に関して，当該地方公共団体が有する公的な権限を委譲されることにより，施設長が公権力の行使に当たる公務員とされることがある（最判一小 2007 年 1 月 25 日民集 61 巻 1 号 1 頁）。ところが，医療保険，介護保険等の社会保険で多用される指定制度に基づき指定を受けた施設等となると，当該施設等によって提供されるサービスを公権力の行使の一環と捉えることは難しいであろう。本書においては，行政の内部関係に関する法である行政組織法において，「『法』が行政機関の行為規範（行動規範）として，果たしてどのように機能するか，ということが，重要な関心事を成している」（藤田宙靖『行政組織法』（有斐閣，2005 年）14 頁）のとは異なるアプローチをとる。すなわち，下位規範としての連帯を基底として生存権保障を如何なる主体によって実現していくのかという観点から組織法を論じることになる。従って，この場合の組織法とは，社会保障の実施体制や枠組みといった意味で使用されることになる。その限りでは，行政の内部関係という意味での組織法ではない。以上を換言するなら，社会保障の法関係の片方の当事者は，国民（住民，個人）であるとしても，もう片方の当事者は，必ずしも国や地方公共団体等の行政主体ではなく，多様な主体が社会保障の担い手となっていることから，連帯という切り口でもって社会保障の組織化に関する規整を考えることになる。

(327) M. Hecquard-Théron, « Du sens du terme dans les textes juridiques », in (dir.) M. Hecquard-Théron, IFR Actes de colloques n° 6, Solidarité(s), Perspectives Juridiques, presses de l'Université des sciences sociales de Toulouse, 2009, p. 227-228

(328) エヴァルド氏の指摘する社会法の特徴は，この他に①不平等な関係性（従属関係）に着目した「不平等の法（droit des inégalités）」であり，②社会的集団を抽象的・哲学的ではなく現実的に捉える「社会学を基礎とする法（droit à base de sociologie）」でもある点にあり，1898 年の労災補償法は労働者と使用者という集団に着目し，不平等な関係性を補償するための法ということになる（F. Ewald, L'État providence, Grasset, 1986, pp. 451-452）。

(329) 伝統的な公権論に関して言えば，社会法の特徴は，必ずしも法人のように組織された集団ではないものも含め，個人ではなく集団が積極的主体（sujets actifs）として位置付けられ，その集団的利益が保護されることにあり，その点でも社会法には集団性（caractère collectif）があることになる（N. Aliprantis, op.cit, pp. 162-163）。

する点において，現代社会の個人主義とも親和性を有する。法的にも，双務契約を典型とする貢献原則や交換原理に依拠する資本主義社会にあって，自律した人間像を措定し，その間の関係を規律する連帯には，現代的意義がある[331]。

さらに，社会関係の規律としての連帯は，空間軸や時間軸で捉えられる様々な集団において発生することに，その特徴の一端が見て取れる。例えば，最も基礎的な集団としての家族による家族連帯に始まり，職域・地域レベルでの職域・職域間連帯や地域連帯が存在するほか，これら集団を包含するものとしての国民国家レベルでの国民連帯，更には欧州共同体（EU）のような共同体間連帯や国家間の国際連帯（第三世代の人権）まで外延は拡大するほか，時間軸でみると世代内連帯と世代間連帯という切り口も存在する[332]。

その中でも社会保障は，極言するなら，あらゆる人々を対象として，その人生や生活を通じた全ての社会的リスクを射程に置いてこそ，その名に値する制度となる。このことが，生存権保障としての労働法との違いでもある。要するに社会保障とは，集団「全体のための仕組み（mécanisme d'ensemble）」である[333]。そして，社会保障の場合には，給付やサービスが提供される集団内部において，等価交換原則を超える権利・義務関係を内包することから，如何なる集団を措定するかが制度設計の要諦となる。

社会保険の関係で言えば，フランスにおいて第二次世界大戦後に制度の一般化を目指しながらも，職域又は同業同種に基礎を置く特別制度や自営業者制度

---

[330] G. Gurvitch, *La déclaration des droits sociaux*, 1946, rééd. Dalloz, 2009, p. 36, pp. 58-65, p. 75 et p. 79

[331] 社会保障が対象とする労働者（被用者）や生活者に関して措定する自律的人間像と現実の制度における従属概念との間には乖離が存在する。例えば，社会保険が前提とする労働者（被用者）の場合，使用者（事業主）との間の使用従属関係が制度に内在する。また，社会扶助の場合，障害者，高齢者等は福祉により保護すべき対象として捉えられてきた嫌いがある。それ故，社会保険の場合であれば，保険給付を通じて経済的に使用従属性を修正する機能があり，社会扶助の場合であれば，対象者は自律的主体として社会に参加することが重要となる。障害者基本法が，障害者が「基本的人権を享有する個人」（第3条）であると規定する意義は，この点にもある。連帯概念は，自律した人間像を措定しており，現代の社会保障法性の潮流にも則していることになる。

[332] M. Hecquard-Théron, *op.cit.*, p. 227

[333] X. Prétot,« L'Etat et la sécurité sociale … », *op.cit.*, p. 801

第6章 社会保障の主体に関する論点の検討

が存続したのも，また，現在に至るまで制度の一元化が実現しないのも連帯の集団性が関わる。しかしながら，両国とも社会保険のセーフティネットを国民全体に均霑しようとする点では共通する。その際，社会保障が依拠する職域・同業同種等の集団の自律性を尊重しつつも，そこから漏れる階層を如何に取り込むか（社会保険の集団性）が問題となる。例えば我が国では，国保及び国年が社会保障を均霑化するための受け皿となったが，これは，国や地方公共団体が直接保険者として運営に乗り出すことを選択したことを意味する。これに対して，フランスが被用者制度である一般制度を普遍的疾病給付（CMU）や最低保障年金の主たる受け皿とした点は異なるものの，依拠すべき何れかの集団を必要とする点において，両国に違いはない。

社会扶助についても，「帰属」による連帯という概念が象徴するように，何らかの集団への帰属が連帯の前提となっている。そのことが典型的に表れるのが，フランスの社会扶助における救済住所地（domicile de secour）の概念である［第4章2(2)参照］。現在でこそ，社会扶助の実施義務を負う地方公共団体決定のメルクマールとしての意味合いしか有しないが，歴史的には，救済の対象者が帰属する集団を決定するという意味では，帰属による連帯と親和性を有する概念であり，その根底には地域連帯や国民連帯が存在していると言えよう。我が国の場合にも，生活保護が住所地主義を原則とするなど，住所が法適用上の重要性を有している。現在，社会保険（国保，介護保険）や社会扶助（生活保護，障害者総合福祉法等）で一般的になった住所地特例ではあるが，元々は生活保護の制度であり，その根底にも住所と結び付いた地域連帯的な発想（隣保相扶）がある。

ただし，注意が必要なのは，連帯が集団性を重視するあまり，集団の非構成員を制度から排除することにならないようにすることである。この点，我が国の判例が外国人適用を否定するための理由として連帯が援用されたことを思い起こしたい［第3章2(3)及び前章4参照］。現在，日仏両国を通じて，適法滞在外国人等への社会保障の適用をアプリオリに排除していない。さらに，フランスにおいては，非正規滞在外国人であっても3か月超の滞在期間を有すれば，国家医療扶助（AME）の受給権が保障されている（CASF.L.251-1）[334]。このことを踏まえれば，旅行者のような短期滞在を別とすれば，外国人も集団の非

構成員ではなく，むしろ連帯に必要な集団の構成員という理解も可能であろう。

◆2◆ 連帯による多様な当事者関係の形成

　社会保障は，日本の生存権保障やフランスの生存手段の保障といった憲法規範の実現を目指す制度である。そのことは，社会保障が単に一定の集団により自発的に組織化され，自主的・自律的に運営されるのではなく，国家の関与の下で某かの統制に服するという点で公法的性格を帯びることの所以でもある(335)。このため，連帯類型に依拠して自然発生的又は自発的に組織化された集団も含めて，憲法規範の下で，それと整合的に各種実施主体を如何に組織化するかという主体の問題が，社会保障にとって重要となってくる。その際，国家と国民との間には，多種多様な集団が存在しており，社会保障制度は，特定の集団を選択し，それを生存権保障の枠組みに組み込むことになる。従って，連帯に根差した各種集団を通じた生存権保障の実現を肯定する限り，責任主体としての国家と権利主体としての国民という二当事者関係（国家に対する国民の請求権）を論じるだけでは，十分とは言えないことになる。しかも，集団の自律性と国家の関与は，時に対立的でもあることから，社会保障の組織化には，

---

(334) 非正規滞在が医療扶助受給の阻害事由とならないことは，国務院も認めるところである（CE, 17 décembre 1999, n° 199347）。一方，憲法院は，国家医療扶助が非正規滞在外国人に3か月超の継続的・安定的滞在の要件を課していることが1946年憲法前文第11項の健康権の保障に違反するとの訴えを退けている（Décision n° 2003-488 DC du 29 décembre 2003）。その理由として憲法院が挙げるのは，社会事業及び家族法典が，非正規滞在外国人にも，生命に関わるような緊急医療を別途保障していること（L.254-1），そして，異なる状況を別異に扱うことは平等原則に反しないことである。

(335) 公法の概念を巡っては，公法・私法の区別の有用性を否定する説も含め，様々な見解がある。行政裁判所制度を採用するフランスでは，依然として公法・私法の区別は重要である。一般的な定義によれば，公法（droit public）とは，国家，すなわち公権力を組織し，並びにそれと個人，その他の国家及び国際機関との関係を規律する規範の総称である（R. Cabrillac (dir.), *Dictionnaire du vocabulaire juridique 2014*, Lexis Nexis, 2014, p. 198）。本書は，フランスとの比較法であることから，公法概念を使用している。具体的には，社会保障の場合には，憲法規範の実現を目指して，特別な作用のみならず組織が設けられていることに着目して，公法概念を使用している。フランスの概念に則して言えば，一般利益（公益）の実現を目指して，公権力に関する特権が付与されることに公法の特徴を見出すことができる。

第6章　社会保障の主体に関する論点の検討

何らかの規整が必要となる。

　この点，フランスの社会保障法は，歴史的に見ると，連帯に根差した多様な主体により社会保障が展開されてきており，その際，次のような形で公法的性格と実施主体との折り合いをつけてきた。

　第一は，私法人による公役務の遂行である［第4章2（1）参照］。つまり，フランスにおいては，公役務の直接的な遂行や公施設法人による遂行以外に私法人への委任による実施形態が存在する。ところで，20世紀初頭，フランスの社会扶助及び社会保険の制度の原動力となったのは連帯であり，それと同時に実現手段としての公役務であった。ただ，既に共済という自律的な組織が社会保険の担い手として厳然として存在しており，そのことと公役務との折り合いを付ける拠り所こそが民間組織による公役務の管理という考え方であった。かの有名な1938年5月13日の国務院判決（CE, 13 mai 1938, Caisse primaire « Aide et protection »）が私法人による公役務の遂行を是認したことは，社会保障の実施主体の多元化を不可避的にする前兆でもあったと言える[336]。

　第二に，フランス的表現を借りれば，社会扶助における統治者と被治者という一方通行の枠組み（社会の義務故に反射的利益）からの転換である［第5章2参照］。この我が国の措置制度等には適合的であったパラダイムが，フランスでは「国民の権利」故に「社会の義務」に転換することにより，利用者の権利を強化する方向に作用することになる［第4章2（2）参照］。このことは，最低所得保障制度における伴走型の支援のように，利用者のニーズに応じて多元化した社会保障の担い手が登場する契機ともなる。

　以下では，こうしたフランスの状況も踏まえながら，我が国の社会保障の実施主体に関して論じることにしたい。

（1）　社会保険の場合

　公法的色彩が強い我が国の社会保障法であるが，フランスのみならず我が国

---

(336) このような捉え方については，D. Renard, « Service public et protection sociale, La construction politique d'une notions juridiques 1903-1938 », *in* (dir.) S. Decreton, *Service public et lien social*, L'Harmatan, 1999, pp. 53-76

2　連帯による多様な当事者関係の形成

でも，保険者自治の議論が元々存在してきた[337]。それに加え，近年では，我が国でも，医療保険の協会けんぽや年金の日本年金機構の登場に見られるように，これまでの政府管掌保険を柱とする制度体系とは異なる状況が出現している。つまり，日本年金機構（特殊法人）や協会けんぽ（特別の法律により設立される法人）のような公法人が，委任・委託又は保険者として社会保険の担い手となっている。地域レベルでも，高齢者医療制度における後期高齢者医療広域連合のような普通地方公共団体とは別個の保険者が登場している。さらに，今後は，国保の都道府県単位化により，市町村とともに都道府県が共同保険者となるなど，保険者概念も変質してきている。しかも，サービス提供の局面では，医療や介護の地域包括ケアシステムのように，多様な主体（ステークホルダー）の参加・協働が必須の改革が進められようとしている。それだけに，我が国の社会保険制度にとって，国家責任による生存権保障と多様な当事者関係（特に保険者の自律性）との折り合いをどうつけるのかが重要となる。

　ここで，まず確認すべきは，歴史的に社会保障法は，本質的に公法である社会扶助はもとより，労使自治に基礎を置く金庫制度を採用するフランスの社会保険も含め，日仏何れにおいても公法的色彩を強めてきたことである。この動因となったのが，日本の場合には，戦前の公権論や戦後の生存権保障であるのに対して，フランスの場合には，連帯と結び付いた公役務概念であった。何れの場合であっても，最終的な実施責任は国家に帰属することには違いはない[338]。

　さらに，社会保障は，それが権利の実現のためには法律の媒介を必要とする債権的権利（プログラム規定）であることから，国家の積極的関与（法令）の下でその実現・向上が図られることにも公法的色彩増大の理由がある[339]。とり

---

[337] このような点を論じた著作としては，江口隆裕『社会保障の基本原理を考える』（有斐閣，1996年）179-210頁，新田秀樹『国民健康保険の保険者』（信山社，2009年），島崎謙治・前掲注(85)がある。

[338] フランスの公役務に即して言えば，公役務の最終責任は国家に帰属するが，その直接執行まで要求されるわけではなく，公役務の任務の決定権が留保されている限りにおいて，国家の監督の下で他の主体に執行を委ねることは可能である（X. Prétot, « L'Etat et la sécurité sociale . . . », op.cit., pp. 807-808）。これを我が国に当てはめるならば，生存権保障としての社会保障は公役務であり，国家の責任の下で国以外の主体による公役務の実施も許容されることになる。

187

第 6 章　社会保障の主体に関する論点の検討

わけ，一般化（フランス）又は皆保険・皆年金（日本）という遠大な理念の下で社会保険の適用拡大を進めた両国においては，戦前の国際労働機関（ILO）の社会保険条約が原則とした国家以外の保険者による自律的な制度管理（典型的には，組合主義）は，特に戦後において後退せざるを得なかった[340]。

　その一方で，社会保障は給付法（給付行政）の形態をとることが一般的である。このため，いわゆる規制行政のように非対称的な権力関係，つまり伝統的な行政権の行使による公法関係の修正を伴うものであった。この点では，社会保障法，とりわけ社会保険立法は，公法と私法とは異なる社会法としての固有の特徴を有していると言えよう。

　例えば，政府管掌保険であっても，政府の事務の全てが本来的な行政権の行使としての行政事務（①）になるのではない。むしろ，これ（①）と保険者としての保険制度の管理運営に関する保険者事務（②）とに観念上は分けることができよう。典型的には，保険の適用，資格管理，徴収，決定・給付等の一連の事務は，保険者事務（①）であり，保険者が政府であるか否かに関係なく実施すべき本源的な事務である。ただ，保険者が政府以外の公共組合等（健保組合等）であったとしても，強制加入や保険料の強制徴収といった公権力の行使が認められていることに鑑みるなら，これら保険者は，行政組織法上の公権力の主体でもあることになる[341]。これに対して，保険給付等の処分に対する審査請求や指導・監査等は，国家的公権の発動として行政事務（②）に分類され

---

(339) L. Gay, *Les « droits-créances » constitutionnels*, Bruylant, 2007, p. 9, p. 274, p. 280, p. 284, pp. 358-p. 340, pp. 646-648（債権的権利（droit-créance）とは，何かを請求する権限であり，積極的性格を有する国家の債務，すなわち積極的な行為又は給付の義務に対応する。社会保障制度の基礎となる 1946 年憲法前文第 11 項等の個人の権利を公役務により実現するためには，その方法の選択に立法府の関与が必要である。憲法院の判例（Décision n° 97-393 DC du 18 décembre 1997 等）に即して言えば，連帯に関する憲法上の要請を立法を媒介として実現することになる。その結果として，社会的権利の実現に関しては，立法府に裁量が発生することになる。ただし，憲法上の保障に関して，その最低限の措置を不当に侵害する場合には違憲となり得る。）
(340) 拙著・前掲注(17)40-59 頁
(341) 健保組合及び国保組合は，公共組合の一種であり，強制加入及び事業執行における公権力の付与の面で行政主体性を有するとされる（塩野宏『行政法Ⅲ〔第 4 版〕行政組織法』（有斐閣，2012 年）112-113 頁）。

よう。なお，保険医療機関の指定等の保険医療組織の問題は，本来保険者が医療機関等との間で自主的に取り決めるべき事項のように思われる。実際，指定行為が公法上の双務契約と解されており，措置制度のような行政行為ではない。しかし，指定等は，保険者ではなく厚生労働大臣が行う事務であり，そこには処分性もあることからして，保険者事務と行政事務の両方の性格を有するとも考えられる[342]。

　この点が重要なのは，旧政府管掌健康保険の改革により，保険者が政府から協会けんぽに移管されたり，日本年金機構に年金業務が委任・委託されている場合であっても，公権力の行使に深く関わる滞納処分の場合には，認可のような形で国等に権限が留保される（例えば，健保法第180条，国保法第80条）ことである。ところが，フランスにおいては，社会保険が公役務の遂行であると理解されているものの，保険料の強制徴収等も国ではなく保険料の徴収機関が行っている。これは，公権力の行使に関する特権が金庫等の公法人や私法人にも付与されていることに起因する。いずれにせよ，日仏両国を通じて，社会保障法が持つ公法的色彩を端的に示すものである[343]。

　このように，公法的色彩を強めた社会保険であっても，保険者事務という点で通常の行政権の行使とは異なる特徴（大半が非権力的行政という点はもちろんであるが，保険財政の管理のほか保健福祉事業など保険者機能と密接に関わる事務を自律的に実施）を有しており，それは連帯に根差した保険者機能を抜きに説明することは困難であると言えよう。つまり，連帯は集団性を特徴とする概念であり，職域・地域・国民を切り口に連帯を国家責任の下で制度化したのが社会保険であると理解するなら，そもそも社会保険制度において多様な当事者の

---

[342] この点が顕在化するのは，柔道整復施術療養費である。当該療養費は国・都道府県と柔道整復師団体との受領委任協定により現物給付化が図られているが，その前提として保険者から国・都道府県への契約の委任が行われる。保険医療機関等の指定は法定の制度であるが，根底には保険者から国への委任に近い発想があると思われる。

[343] 日本年金機構は，保険料や保険給付に関して，事業主への立入検査等の権限が厚生労働大臣からの委任により付与されている。さらに，2013年の健康保険法等の一部改正により，保険給付に関する厚生労働大臣の事業主への立入調査等に係る事務が協会けんぽにも委任されることになっており，我が国でも保険者の公役務遂行の担い手としての性格が強まっている。

第6章　社会保障の主体に関する論点の検討

関与は何ら国家責任と矛盾しないことになるわけである。むしろ，国家とは異なる法人格を付与された能動的主体として，保険者が保険者機能を発揮していくことが，職域連帯や地域連帯等の実現にも資することになる。

なお，フランスにおいて，金庫制度を維持しながらも，社会保険が時代と共に公法的色彩を強めた（étatisation）。これに対して，我が国が政府管掌保険に象徴されるように当初公法的色彩が強かったものが協会けんぽが創設されたり，日本年金機構に業務が委任・委託されたりしてきており，主体が多様化している点で対照的である[344]。

（2）　社会扶助の場合

社会保障の多くの制度が社会保険化し，それ以外の制度にも多様な主体が参画するようになった現在，社会保障を国家対国民の二当事者関係のみで理解することは難しくなっている。このような傾向は，社会扶助にとっても無縁ではない。社会扶助の場合には，地域連帯又は国民連帯を基底として帰属による連帯を実現手段として制度化されることから，最終的な制度の実施責任が国又は地方公共団体に帰着することにおいて，日仏に違いはない。また，政府管掌保険等であっても，政府等とは別の保険集団の概念が別途存在する社会保険と異なり，国又は地方公共団体が直接的かつ第一義的な実施主体であることが社会扶助の特徴でもある。

極言するなら，社会保障の最終的な責任主体は国・地方公共団体であるが，特に社会扶助にあっては，第一義的な実施主体も国・地方公共団体ということ

---

[344] 健康保険に関して，それを本来的に国が行うべき事業であるとの理解の下で，健保組合をして，その代行法人として捉える代行説があった（詳細は，島崎謙治・前掲注(85) 268-270頁を参照）。そもそも，法律の建て付けとしては，政府管掌が原則で健保組合が例外とはなっていなかった。現在，健康保険の保険者が協会けんぽと健保組合となったことで，我が国の社会保険全体としては，政府管掌を原則的形態とする色彩は，以前にも増して薄れていると考えられる。この点を本書の立場で述べるなら，如何なる集団を保険者としようとも，下位規範である連帯に依拠する集団は，上位規範である生存権保障の実施主体として公法的な規整に服すると同時に，場合によれば行政権の行使の一翼を担うことにもなる。それ故，例えば国保の「保険者たる市町村又は国民健康保険組合は，保険給付等に関する処分を行う関係では，行政庁として規定されているものということができる」（最判一小1974年5月30日民集28巻4号594頁）ことになる。

になる。とはいえ，連帯と公役務が結び付くことにより社会保障の充実が図られてきたフランスでは，それは連帯実現のための公役務の遂行主体として多様な主体の参画と協働により実現している面がある。社会保険の実施主体として金庫制度が存在していることは，夙に知られているが，社会扶助や社会事業分野においても社団（association）が重要な担い手になっている。考えてみると，社会保険においては，労使が金庫制度の屋台骨を支えてきたが，この当事者としての労使は，社会的パートナー（partenaires sociaux）とも言われる。社会扶助の場合にも，国家管理的本質を有する政府の一方的・垂直的な介入ではなく，契約（contrats）やパートナーシップ（partenariats）を通じて，平等な当事者の水平的な動員が社会的排除のような社会保障の行き詰まりを打破する可能性を持っている[345]。言うならば，社会扶助のパートナーとしての社団等の民間組織による公私協働である。

　更に歴史的に見ても，本書の冒頭で述べたように，社会保障（社会扶助）と慈善事業のような民間活動は密接に関連してきた。このため，現在においても，非営利組織が果たしている役割には大きなものがあり，制度的には，非営利法人のみならず営利企業の参入も禁止されているわけではない[346]。現在，社会扶助を担う民間組織としては，①共済，②企業委員会，③1901年法に基づく社団，④営利企業，⑤基金（fonds de dotation）がある[347]。こうした多様な組織の参入を可能にしている法的概念としては，「一般利益及び社会利益の任務」の遂行がある（CASF.L.311-1）。この結果，社会扶助の場合には，公役務の遂行としての病院と異なり，民間組織は，一般利益等の実現という観点から，公的支援の下で事業を実施することになる[348]。もちろん，一般利益等の実現を目的として公費投入がなされる制度である以上は，民間組織の活動も野放しの参入ではなく，そこには規制等が存在することも当然である［第4章2参照］。

　我が国においても，社会福祉分野の社会福祉法人，医療分野の医療法人のよ

---

[345] J. Damon, *L'exclusion*, PUF, 2014, pp. 76-77
[346] E. Alfandari et F. Tourette, *Action et aide sociales, op.cit.*, p. 225; M. Borgetto et R. Lafore, *Droit de l'aide et de l'action sociales, op.cit.*, pp. 106-108
[347] E. Alfandari et F. Tourette, *Action et aide sociales, op.cit.*, p. 226
[348] M. Borgetto et R. Lafore, *Droit de l'aide et de l'action sociales, op.cit.*, p. 213

第6章　社会保障の主体に関する論点の検討

うに民間主体が重要な役割を果たしているが，時として，公的責任と公私協働が対立的に捉えられる嫌いがある。その点では，特段の主体規制を設けず，公私協働により社会扶助や社会事業が遂行されているフランスとは事情を異にしている。

とりわけ，社会福祉分野においては，戦後のGHQ占領下で公私分離原則が掲げられ，社会福祉法人が措置委託を通じて，措置制度という「公」的制度に深く組み込まれると同時に，補助金との関係では，社会福祉法人制度を始めとする規整を通じて「公の支配」を担保することで，公私分離原則等を回避してきた[349]。この点は，1951年制定の社会福祉事業法では，事業経営の原則として，①責任転嫁の禁止，②民間社会福祉事業の自主性の尊重，③民間社会福祉事業の独立性の維持を規定する（現行61条1項）と同時に，民間事業者への福祉サービスの委託を妨げるものでないことが入念的に規定されている（現行61条2項）ことからも理解できる。

現在，我が国でも，社会保険の分野では，医療保険の実施主体として健保組合のみならず協会けんぽが登場したことにより，国以外の法人が中心的役割を担うようになっている。確かに，社会保障の最終的責任を国家が負うことは当然として，実際の事務の実施主体に関する限り，社会扶助分野も含め，それが必ずしも行政自体であることの必然性は乏しくなっており，時間は要するものの，その方向に向かっている[350]。その証拠に，いわゆる福祉8法改正につながる福祉関係三審議会合同企画分科会が1989年に取りまとめた「今後の社会福祉のあり方について（意見具申）」では，福祉サービスの供給主体に関して，

---

(349) 公私分離原則は，憲法89条の「公の支配」の問題も絡み合うことで，民間への施設整備費補助にも影響を与えてきた。例えば，1950年制定の新生活保護法では，保護施設への補助が極めて効果的であることに加え，公立の保護施設が不足している場合に限って補助することができることが規定された（74条）。しかも，補助対象である公益法人には，憲法89条の公の支配との関係で，各種義務が課せられた。同様の規定は，1951年の児童福祉施設法の改正でも導入され（56条の2），ようやく施設整備費補助が導入されることになった。なお，社会福祉事業法により社会福祉法人制度が創設されたのは，1951年である。
(350) 1986年の社会福祉関係の機関委任事務の団体委任事務化より前は，老人福祉法を別とすれば，公立施設優先規定が置かれていた（身障法18条2項，精神薄弱者福祉法16条2項等）。

公・民又は両者の協働方式による多様な福祉サービスの展開の必要性が強調されている。

　このことは，社会福祉の事業規制にも影響を及ぼす。行政による統制方法としては，主体規制と行為規制が考えられるが，我が国の社会扶助では，伝統的に主体規制に加え行為規制を課すことが広く用いられてきた。例えば，憲法第89条の公の支配に属しない慈善への公金等の支出禁止規定との関係もあり，社会福祉の措置制度の下で設置等の設置主体を社会福祉法人等に限定するとともに，最低基準等を設け運営についても規制を行うのが典型である。見方を変えるなら，社会福祉法人等は，公的責任で実施される措置の委託のための受け皿機関としての役割が大きかったことになる。

　これに対して，フランスにおいては，公役務概念や一般利益等の実現の観点からも，多様な行政の執行方法が導入されてきており，それら役務の遂行主体は公法人に限定されていない[351]。むしろ，行政契約等を活用するなど，多様な主体が普通法外特権を付与されることにより，一般利益等の実現に積極的な役割を果たしてきた。例えば，強制徴収を含め保険料の徴収は民間法人が担っていることである。また，最低所得保障制度（RSA）について言えば，自立のための伴走型の支援（accompagnement）に関して，国，県，雇用局（Pôle emploi）等の雇用関係機関，家族手当金庫等の社会保障金庫，市町村社会事業センターとの間で協約を締結することになっている[352]。

　我が国においても，措置制度と一体の仕組みとしての措置費で賄われるサービス・施設に対しては，措置の受託義務が課せられる（老福法第20条等）など，

---

[351] 公役務は，一般利益の実現を目的として公法人により遂行される場合が典型だとしても，公役務が常に公管理を意味するわけではなく，更に私法人が活動する場合にも，行政契約や認可等の行政行為が無くとも，一般利益に照らした活動の重要性から行政が監督権を行使し，場合によれば財政支援を行っているような私法人の活動も公役務性が付与されることがある（S. Saunier, « Solidarité et services publics », *op.cit.*, pp. 263-270）。この点，我が国では，健保組合をもって国の代行機関と捉える代行説があった（島崎謙治・前掲注(85)268-271頁）が，フランス的理解に立つなら，むしろ健保組合も公役務の一端を担っていると理解すべきであろう。

[352] P. Morvan, « La loi généralisant le RSA (L. n° 2008-1249, 1er décembre 2008) », *op.cit.*, p. 190

第 6 章　社会保障の主体に関する論点の検討

これら主体は特別な法律関係に置かれることになる。このことの意味は，本来的に禁止行為ではない社会福祉の事業の場合，措置制度等の規制に服さない限り基本的に自由である（例えば，特別老人ホームに対する有料老人ホーム，保育所に対する無認可保育所）が，一度社会福祉事業として認可等を受けたなら特別な権利義務関係に置かれるということである。

さらに，個人給付化された社会扶助のサービス提供主体に対しては，サービス提供拒否の禁止という形での応諾義務が課せられることがある（例えば，子ども・子育て支援法 35 条等）。これは，利用者とサービス提供主体との関係が契約であったとしても，サービスは，公役務遂行の一環として提供されることから，契約内容や方法等に公法上の規整が及ぶことによる。

このような法関係は，本書に即して言えば，帰属による連帯に関する国・地方公共団体の責任の一端を公役務の遂行という形で公益性の高い社会福祉法人等が担うことを意味する[353]。従って，多様な主体の社会扶助への参入は無条件ではなく，連帯の責任の一端をこれら事業者にも運営面でそれに見合った責任が発生することになる。

以上要するに，主体規制と行為規制により制度運営の適正を期すことは，伝統的な社会扶助の姿ではあるが，フランスがそうであるように，多様な主体の協働による社会扶助の実現という点では，それに相応しい行為規制を用意し，主体規制の比重を下げることも一つの選択肢であると言える。逆に言えば，多様な主体の参画を進めるのであれば，生存権保障を確かなものとするための行為規制の役割は高まることになる。

◆ 3 ◆　小　活

本章では，まず社会保障の実施に当たっては，制度が依拠すべき何らかの集団の存在が必須であり，その場合の集団は連帯の集団性故に連帯類型と密接に

---

[353] 措置制度に関してであるが，社会福祉施設運営改善検討委員会の「社会福祉施設の運営をめぐる諸問題についての意見」（1981 年 6 月 15 日）は，「現行の措置制度のもつ意味は，…最低限度の生活を保障する国の債務を遂行すること」であると述べており，公役務の遂行を想起させる記述である。

関係してくることを述べた。その上で、生存権保障又は生存手段の保障との関係から、公法的な色彩が強い社会保障においても、責任主体である国家による給付やサービスの直接執行は、必然ではないことを述べた。実際にも、我が国に関する限り、近年、社会保障の給付やサービスの提供主体の多様化が進む傾向にある(354)。その結果として、サービスや給付の提供を特別の主体に限定する主体規制の役割や主体による区別の妥当性は低下することになる。

　この点、社会保険の場合であれば、保険者等の多様化したステークホルダーが職域連帯や地域連帯等に即して、如何に自律的に保険者機能を発揮していくかがむしろ重要となっている。実際のところ、健保組合や国保組合以外にも、協会けんぽや日本年金機構のような主体が登場してきており、従前のような政府による直接執行（政府管掌保険）の場合と異なる状況が生じてきている。また、社会扶助の場合にも、多様な主体の参画と協働を如何に実現し、国民連帯や地域連帯の実を挙げていくかが重要となっている。措置制度の下での社会福祉法人への措置委託も、公私協働の一つの姿であったが、社会保険化や個人給付化というパラダイム転換により、今まで以上に多様な主体の参画と協働が可能となってきている。

　フランスでは、伝統的に多様な主体による公役務等の遂行が許容されてきた。この点、フランスのような多様な主体の参画と協働による社会保障の実施の問題は、最終的な国家責任の下で連帯を如何に組織化するかということに帰着する。我が国に関して言えば、生存権保障の連帯による組織化の問題である。その際、社会保険・社会扶助を通じて、連帯は、家族、職域・地域、国民といった形で、低次の集団から高次の集団に向かって連帯の連環が働くことになる。そして、最終的には、国民連帯によって国家が最終的な保障責任を負うことになる。このような連帯相互の優先関係の考え方は、かつてオーリウ氏が「友愛は私的及び自発的な相互扶助が欠ける場合に発動される」と述べていることと

---

(354) 社会保障の法主体の多様化に関しては、『社会保障法研究第4号』（信山社、2014年）の中で、石田道彦「医療法人制度の機能と課題」3-21頁、原田啓一郎「社会福祉法人」23-49頁、倉田賀世「NPO法人」51-70頁参照。フランスの公役務との関係では、原田氏が社会福祉法人制度の向かうべき方向として、「任務（mission）を通じた支援と税制の優遇」の組合せを提唱している（46頁）。

第6章　社会保障の主体に関する論点の検討

も共通する[355]。

　今後，社会保障において，主体の多元化が進むとするなら，そこから生じる多様な法律関係を整理・体系化していく上で，その基礎をなす連帯は有用性を持つと言える。つまり，連帯に基づく法関係は，国家対国民といった二当事者関係ではなく，一定の権利義務に服すること条件に多様な主体の参画を許容する多様な当事者による法関係である。そして，このようなパートナーとしての主体の多様化の進展は，我が国にとって現実的な動きでもある。具体的な制度に即して例を挙げれば，

① 職域・地域連帯等に根差した社会保険であれば，当該集団の構成員による制度運営の関与（例えば，国保における国民健康保険運営協議会の当事者としての住民，協会けんぽの三者構成による運営委員会における被保険者・事業主代表等）

② 地域連帯に根差した社会扶助であれば，地域福祉の観点からの住民参加（例えば，子ども・子育て3法における地方子ども・子育て会議における保護者等のステークホルダー）

が注目される[356]。

　ところで，連帯の集団性は，地域連帯の一環としての住民参加という形で重要性が増している。時あたかも，1991年の地方自治法の改正により地縁による共同体が「認可地縁団体」（第260条の2）として規定されるなど，社会保障関連制度でも住民参加の受け皿は拡大しているように思われる。そして，このことは，逆に地方分権時代の社会保障にも影響がフィード・バックされ，地域レベルでの多様な主体や分野での連携・協働が進むことになる。

　このような集団性を総括するなら，連帯は，社会の様々な集団の関与を許容し，それらの相互作用の中で各集団に積極的な意義・役割を付与する概念と言

---

[355]　M. Hauriou, *Précis de droit constitutionnel, op.cit.*, p. 108
[356]　社会保険の場合には，2014年の高齢者医療確保法の改正により，保険者及び後期高齢者医療広域連合による保険者協議会が法定化され（第157条の2），今後は，都道府県の医療計画の策定に当たり，保険者（保険者協議会）からの意見聴取が求められることになる。このことは，主体多元化の側面からも捉えることができよう。

えよう。また，社会保障の主体の多様化とは，「公」対「私」，「官」対「民」という伝統的な当事者関係に連帯に依拠した「社会」の要素が介在することにより，生存権の実現を担う公・官の私・民への開放が進むと同時に，生存権保障の必要性からの私・民への公・官の関与が強まること（詰まるところ，公・官と私・民の相互浸透）を意味することになる。

◆第7章◆ 日仏の比較分析の総括と我が国への示唆

◆1◆ 比較分析の総括

(1) 総括の進め方

　総括に当たり，第2章から前章までの分析によって得られた結論のうちポイントとなるものに絞って，ここで確認しておきたい。

　まず第2章（基本概念としての連帯の意義）では，（社会）連帯には多様な類型（職域連帯，国民連帯，地域連帯等）が存在しており，その場合に各類型の連帯を規定・規律するのは集団性であることを提示した。この点は，歴史的に新たな法分野として登場し，しかも保険者や労働組合を始めとして，国家以外の諸集団がステークホルダーとして重要な役割を演じる社会法において重要である。

　次の第3章（連帯概念の歴史的な生成発展）では，フランスで法的な概念に昇華した連帯が第二次世界大戦後の社会保障を構築するための基礎概念となったのみならず，連帯は我が国にも戦前から普及し，我が国の社会保障制度にとっても重要な概念となってきたことを提示した。その点で，両国の社会保障制度は，社会保険及び社会扶助の技術的類似性に止まらず，その基本部分においても共通の基礎を有することになる。

　その上で第4章（社会保障法の基礎としての連帯）では，現実の社会保障制度を連帯でもって分析する道具概念として貢献による連帯と帰属による連帯を提示し，日仏両国の制度を大きく社会保険と社会扶助とに分けて比較分析を行った。その結果として，次の点を確認した。

（社会保険）

・社会保険は，拠って立つ連帯の違いを反映して制度が分立する傾向にある。

その中にあって，両国を通じて，被用者保険のように職域連帯を基礎に置く制度が重要な位置を占めている。自営業者については，我が国では，地域連帯に根差した市町村国保が最後のセーフティネットとなっているのに対して，フランスの場合には，地域保険はなく，同業同種という一種の職域連帯に根差した自営業者制度によって対応が図られている。

・社会保険における拠出と給付の牽連性は，両国の制度を通じて維持されており，貢献による連帯が制度の基本となっている。その際，給付部門によって異なるが，保険料の上下限を始めとして，報酬比例の要素が現在に至るまで残っている。また，貢献による連帯の特徴としての受益性は，保険集団内に止まらず，保険集団を越えて展開される財政調整の場面でも問題となる点は，両国で共通である。

・この貢献による連帯を原則にしながら，国民皆保険・皆年金（日本）又は一般化（フランス）を実現しようとした帰結として，必然的に無保険・無年金の問題が発生する。これについて，我が国では，社会保険の中に帰属による連帯としての公費投入等で対応する一方，それでも対応しきれない場合（典型的には，生活保護や年金関係の各種給付金）に社会保険法とは別制度が設けられている。これに対して，フランスの場合には，社会保険法の枠内に無保険者・無年金者を取り込もうとする傾向が強い。このため，我が国の制度では，帰属による連帯が制度に組み込まれているにも関わらず，「拠出なければ給付なし」といった形で貢献による連帯が制度内で強く出るというアンビバレントな状態を生じさせている。

（社会扶助）

・社会扶助は，両国を通じて，国民連帯又は地域連帯に根差した制度であり，帰属による連帯を基礎に構築されている。社会扶助に地域連帯の要素があることは，制度の適用に当たって住所地特例（日本）や救済住所（フランス）が問われることからも首肯される。

・両国共通して社会扶助の最大の特徴は，補足性の原則にある。この補足性の原則は，各種連帯間の階層性を推認させる原則である。つまり，社会扶助が拠って立つ連帯（地域連帯・国民連帯）は，自助努力や自己責任原則，

更には家族連帯との関係で劣後することになる。
- とは言え，帰属による連帯であっても，社会扶助に対する権利性が否定されるわけではない。その点で，措置制度の問題は，反射的利益論もさることながら，権利実現という点で職権主義や裁量性等の問題が関わっている。フランスの場合には，法律レベルで権利性を明確にする規定が盛り込まれる傾向にあるが，我が国の場合には，給付の個人単位化や申請権等の手続的権利を規定することで権利性の明確化が図られてきた。それ故，社会扶助における立法技術の重要性には，社会保険以上のものがあることになる。

さらに第5章では，社会保障の権利義務に関する論点を取り上げ，特に連帯が生存権保障やその実現にとって如何なる規範的意義を有するかを分析した。重要な点は，次のとおりである。

- プログラム規定説を前提とした場合には，生存権保障にとって，立法の在り方が決定的に重要となる。その点で，連帯は，上位規範である生存権に対する下位規範として，制度設計を領導する概念としての意義を有する。このことは，フランスの1946年憲法前文の生存手段の保障（第11項）と，それを立法を通じて実現する概念としての連帯との関係を見ても首肯される。
- とりわけ，生存権保障にとって最低水準と最適水準を如何に組み合わせるかは，重要課題である。その点に関して，連帯は，各種連帯類型に即して貢献による連帯と帰属による連帯を組み合わせることにより，社会保障の水準設定を領導する概念として機能している。
- 社会保障の権利性を考える場合に，水準とともに権利を如何に実現するかが重要である。特に対価性を欠く社会扶助にあっては，措置制度と不即不離の関係にある反射的利益論を乗り越えることが求められる。その点で，連帯は，社会扶助を巡る権利・義務関係において，社会の義務から個人の権利にパラダイムを転換する原動力となり得ることを提示した。つまり，帰属による連帯は，社会扶助に対する個人の権利を強固なものにする。この結果，社会の義務だが個人の権利ではないというパラダイム（例えば，反射的利益論）から，最終的には個人の権利である故に社会の義務であるというパラダイム（例えば，個人給付化）に制度の枠組みが転換すること

が可能になるわけである。
・これに対して，社会保険の権利性の方は，法令上も権利と規定されるなど，まず問題になることはない。むしろ，貢献による連帯との関係で，保険料拠出や給付の射程とその限界が問題となる。具体的には，貢献による連帯である以上は，無制限の保険料負担や給付を求めることはできず，財政調整の場合であれば，受益性が常に問われることになる。その一方，給付面では，既裁定年金等の既得権も絶対的なものではなく，拠出者との関係で決定されることにもなる。
・社会扶助及び社会保険を通じて言えることは，社会保険だから（拠出があるから）権利性が強いわけでも，社会扶助だから逆に権利性が弱いわけでもないことである。むしろ，権利性を明確化し盤石にする立法技術が求められることになる。
・このほか，平等原則との関係でも連帯は規範的意義を有している。つまり，社会保障の負担と給付の設定に当たっては，平等による連帯（例えば，定額負担）又は連帯による平等（例えば，応能負担）が重要な役割を果たしている。

この他第6章では，分析の角度を変えて，社会保障の多様な当事者関係や主体の参画・関与にとって連帯が重要な役割を果たしていることを提示した。

以上のような分析は，一言で言えば，分析的（analytique）なアプローチである。すなわち，社会保障制度の歴史的発展［第3章参照］の中で制度を支える法的概念に昇華し，一定の裁判規範性を有する概念として連帯が定着する一方，制度が複雑化し，その結果として複雑に入り組むことになった各種連帯類型と連帯原理を解きほぐすという作業であった。特に第5章及び前章では，上位規範である憲法の生存権保障を実現する社会保障において，その権利義務関係や実施主体との関係で連帯が一定の規範的意義を有することを確認した。

冒頭［第1章2参照］の問題意識との関係で言えば，「社会連帯」という一言では語り尽くせない多様な法関係から成る社会保障制度について，それが各種連帯類型や連帯原理が折り重なることで構築されていることを提示したことになる。その上での話であるが，連帯の全体像を掴むためには，これまでの分析

を統合した総括的（synthétique）な整理が必要となる。

　そこで，以下では，各種連帯類型［第2章3（3）参照］及びその実現手段としての連帯原理［第4章1（2）参照］という議論の出発点に立ち返るとともに，第5章での検討の結果も加味することにより，本書の総括を行いたい。具体的には，連帯が如何に作用するのかを連帯の本質である集団性に着目して整理することにしたい。そして，そのことが，本書の冒頭［第1章2参照］で述べたように，我が国では忘れがちな連帯の意義を再認識し，制度を強固なものにすることにも繋がると考える。

(2) 集団性から見た連帯の作用

　連帯類型に応じた連帯原理の作用は，それが集団内に止まる場合と，集団を越えて展開する場合とがある。さらに，連帯は，世代間連帯の形で時間を超えて展開する場合もある。このことからして，連帯は異なる位相での多様な作用を有しており，制度を複雑化させる嫌いがあるが，それは決して無秩序なものではない。

　ところが，前章までの分析は，個別制度面から連帯を捉えていたために，社会保障を横串で貫く集団性に即した連帯の秩序体系が見えにくくなっていた。そこで，本書の総括として，連帯の集団性に着目した整理を行うことにしたい。

　まず，これまでの分析から浮かび上がるのは，連帯の射程が共時的又は通時的に拡大するに伴い紐帯が弱まり，そこから様々な制度上の困難が顕在化することである。つまり，集団としての一体性が制度の在り方や水準に影響を与えることになる［生存権保障との関係で第5章参照］。逆に言えば，強制性を伴う連帯にとって，連帯の紐帯の程度や，それを集団性に着目して集団の側から如何に制度化するかが重要ということでもある。

　さて，連帯の集団性に着目した総括の順番であるが，まず集団内の連帯の作用の総括［1）参照］から始め，次に集団間の連帯の作用の総括［2）参照］，そして世代間連帯の作用の総括［3）参照］の順番で進めることにしたい。

1) 集団内での連帯の作用

　説明の便宜上，社会保険と社会扶助に分けて総括する。

第7章　日仏の比較分析の総括と我が国への示唆

① 社会保険の場合

まず，社会保険については，第4章で連帯原理に即して，その権利義務関係を考察したことが関係してくる。中でも，社会保険の必須の要件である保険集団の存在が重要である。実際の社会保険では，職域連帯，地域連帯等の連帯類型に応じて保険集団が構成されることになる。しかし，これだけでは，社会保険が完結した制度として機能しない。それに加えて，連帯原理が必須であり，社会保険の場合には，貢献による連帯が拠出と給付との関係で機能することになる。換言するなら，権利の発生機序の様々な面において，等価交換関係の修正としての貢献による連帯が作用することが，社会保険の特質である。特に負担面において，連帯の規範性が顕著に表れることを指摘した[第4章4（2）参照]。

例えば，適用・徴収についても，個人の意思や意向に関わらず加入義務が発生し（強制加入），保険料の未納に対する滞納処分がある（強制徴収）など，強制性を伴う点が特徴である。これは，給付面において，等価交換関係（自己責任・自助努力）を超える給付が行われることとにより，対価関係が修正されていることの負担面の表れとも捉えられる[357]。すなわち，給付反対給付均等の原則を超える負担が発生する場合があることから，契約自由の原則に代表される意思主義は，負担面において修正され，強制力を伴う形で保険関係が成立することになる。その場合，等価関係ではないものの牽連関係は存在しており，収支相等の原則にみられるように，貢献による連帯に根差した仕組みを通じて集団全体としては給付と負担の均衡が確保されている。ただし，貢献による連帯の要素は，給付によって濃淡（グラデーション）があり，両国を通じて，概ね医療（現金給付），老齢年金，障害年金，医療（現物給付）の順番で貢献による連帯が希薄化していく[第4章4（2）参照][358]。

---

(357) 強制加入の理由として，我が国の健康保険や職員健康保険の立案者は，①社会保険が低所得者に対する事前的な防貧施策であること，②低所得者が事前に自助努力で備える能力・機会に乏しいこと，③逆選択を防止すること，④保険数理的な予測を立て安定的に制度を運営すること等が挙げられている（清水玄『社会保障論』前掲注(59)15頁；長瀬恒蔵・前掲注(192)197-199頁）。

(358) フランスの家族手当の場合には，保険料拠出を前提とせず全国民を対象に給付されるようになっており，そこには国民連帯の要請が存在している（X. Prétot, *Les grands arrêts du droit de la sécurité sociale, op.cit.*, p. 250）。

さらに，貢献による連帯の対価性の修正は，既得権の保護にも表れる。つまり，貢献による連帯における負担と給付の均衡に照らすならば，既裁定年金等の保護も絶対的なものではなく，負担者との関係で給付の引下げもあり得ることになる［第5章3（4）参照］。もちろん，その場合であっても，生存権保障という上位規範との関係では，最低水準のみならず最適水準の確保への配慮が必要となるのは当然である［第5章1（3）参照］。

以上，貢献による連帯が内包する受益性や強制性（公権力の行使）という特質，更には生存権のような憲法規範との整合性に鑑みるなら，それらを担保しながら存続できる集団であることが，保険者には求められることになる。もちろん，保険者は政府（政府管掌保険）に限定されるわけではなく，多様な主体の参画が見られることが保険者自治の観点からは重要である［第6章参照］。ただ，如何なる場合であっても，加入者間の連帯が強固で，かつ，憲法規範の要請を充足できる財政基盤を有する集団であることが，まずは保険者として必要となる。フランスが職域連帯を基本に保険集団が構築され，我が国が職域連帯に加え地域連帯や国民連帯に依拠しているのも，そのような要件が前提にあってのことになる［次の2）参照］。

いずれにせよ，保険集団が職域連帯や地域連帯に依拠し，集団が限定的であればあるほど，社会経済の変化や加入者の属性等の影響を受けやすいという意味での脆弱性を有することになる。この結果，生存権保障又は生存手段の保障という憲法上の要請を当該保険集団のみによっては達成し得ない事態も発生することになる。

しかも，社会保険の場合，貢献による連帯の牽連性や受益性との関係では，対価関係は修正されているとはいえ無制限な負担ではないことを確認した［第4章4（2）参照］。つまり，

・保険料の下限に見られるように低所得者にも原則として保険料負担を求める一方，

・保険料の上限に代表されるように，個人の給付（受益）と極端に乖離した負担は求めない

といった形で，負担と給付は限界付けられている。そして，社会保険でありながら，負担に耐えられない階層や十分な水準の給付が受けられない階層を対象

第 7 章　日仏の比較分析の総括と我が国への示唆

にして，国民連帯や帰属による連帯が登場する所以も，ここにある。

　このような社会保険の貢献による連帯の限界を乗り越えるものとして登場する国民連帯や帰属による連帯は，それが保険集団内で展開される場合と保険集団を越える場合とがある。

　まず，保険集団内で帰属による連帯が作用するケースとしては，既に考察したような被用者保険の子育てに係る保険料負担免除等の年金給付への反映が典型である［第 4 章 4（1）参照］。この場合に必要となる免除期間等の財源は，日本の場合であれば，保険集団内の保険料財源全体で分担されることになり，フランスの場合であれば家族手当金庫からの財源移転で賄われる。何れの場合であっても，集団全体で負担を分担することになる。つまり，帰属による連帯は，国民連帯や地域連帯に根差した社会扶助のみならず，社会保険のように貢献による連帯の色彩の強い制度内においても部分的に存在することになる。ただし，集団内での帰属による連帯が実現するためには，集団としてそれ相応の紐帯と財政力が前提となると言えよう。

　次に，特定の保険集団で対応できない事態に対しては，職域連帯や地域連帯等を超えて国民連帯が登場することになる。社会保険の国庫負担等の公費投入が，その典型例である［第 5 章 1（3）参照］。すなわち，国民連帯や帰属による連帯は，社会扶助に限定されるわけではなく，部分的には社会保険制度の中にも組み込まれていることになる。このような例は，他にも失業対策の必要性からフランスで実施されている保険料軽減制度がある。前述［第 4 章 2（1）参照］のように，保険料軽減に伴う財政欠損は公費（国庫）で補填されており，その点では国民連帯の色彩が強い。我が国の場合にも，市町村国保や後期高齢者医療等の保険料軽減は，低所得者対策ということもあり公費が投入されており，これも保険集団で対応できない事態に対する国民連帯の表れと捉えられよう。これに対して，我が国の被用者保険の場合には，そのような保険料軽減制度は存在しておらず，育児休業等の保険料免除に関しては，保険料財源全体から補填することからすれば，むしろ職域連帯の中での帰属による連帯の色彩が強いことは，前述のとおりである[359]。逆に言えば，集団内で対応できるだけの連帯の紐帯と財政力が存在している（さもなければ，必要とされる）ことにもなる。

　以上要するに，一定の連帯類型に依拠しながら保険集団が構成され，貢献に

よる連帯に即して保険関係が構築されるにしても，日本の生存権保障又はフランスの生存手段の保障という憲法規範との関係で，社会保険は公法的色彩を帯び，その結果として，保険集団を越えた国民連帯や保険集団内の帰属による連帯が交錯することになる。とりわけ，この点は低所得者の保険適用及び給付水準確保の場面で顕著に表れる。もちろん，貢献による連帯の範囲内で保険料について応能負担原則を効かせるにしても，それでも対応しきれない状況に対して，公費投入や保険料軽減等の措置が講じられるのも，かかる憲法規範からの要請があってのことである。その点では，制度設計に当たって，連帯類型に応じた保険集団の構成や異なる連帯原理の適切な組合せが肝要であり，最終的には，国民連帯及び帰属による連帯が補完的・補足的に登場することで，憲法規範上の要請が担保されることになると言える。

② 社会扶助の場合

次に社会扶助の場合である。これまで考察した事項の要点をまとめる［第4章4参照］。まず，帰属による連帯である社会扶助は，集団への帰属という事実（例えば，住民としての居住）をメルクマールに権利が発生するものの，それ自体としては自律的な財源調達の手段を欠いている。このため，貢献による連帯と異なり，職域連帯ではなく地域連帯又は国民連帯に即して，地方公共団体又は国を責任主体とすることで制度が構築されることになる。ただし，実際のサービス提供主体は，民間の非営利法人を中心に多様な主体の参画と協働が見られる［第6章2（2）参照］。つまり，社会扶助の場合には，帰属による連帯に基づき，公的な責任主体の下で公費財源により運営されるが，それは民間も含めた多様な主体の参画と協働で実現されることになる[360]。

ところで，社会扶助の場合，権利性の拠り所が帰属であり拠出要件を問わないということは，貢献による連帯のような牽連性と憲法規範との折り合いは問

---

[359] 我が国の育児休業等の保険料免除の場合も，子育て支援の観点から国民連帯として制度化する余地はあるが，その場合には自営業者の育児休業等の扱いをどうかが先決問題となる。また，失業対策の観点から，事業主の保険料軽減を行うことになれば，労使折半原則との関係，軽減対象の事業主とそれ以外の事業主との公平性が問題となる。
[360] 国民連帯及び帰属による連帯に基づく無拠出制の給付の例は，社会保険法にも存在するが，その場合には，社会扶助について述べたことが妥当する。

第7章　日仏の比較分析の総括と我が国への示唆

題とならないはずである。また，帰属による連帯も貢献による連帯も，連帯原理の違いであって，その間には，本来優劣はない。しかしながら，社会扶助の権利性に関しては，プログラム規定又は債権的権利であるが故に実定法の媒介を必要とすることも手伝って，必ずしも十分その権利性が認識されず，立法にも反映されてこなかったことも事実である［第5章1参照］。とりわけ，我が国では，既に述べた反射的利益論の関係もあり，社会扶助の権利性の確立が円滑に進まなかった［第4章3（2）参照］。その点に関しては，個人の権利であるが故に社会の義務であるといった形でパラダイム転換が図られるとともに，実定法上も，個人給付化のような権利性を明確にする立法技術等により，権利性の明確化が図られてきたことを確認した［第5章2参照］。この結果，社会の義務としての側面は，個人給付化の後も残された措置制度に委ねられることになった。要するに，個人の権利と社会の義務の棲み分けが立法により確保されることになったわけである。

　このほか，社会扶助の補足性も，一つの原則ではあるが，それが絶対的なものではないことは，フランス法を参考に論じたところである［第5章1（3）参照］。

　以上要するに，社会扶助の場合には，社会保険のような保険集団としての紐帯や財政力は問題にならない代わりに，帰属による連帯の権利性を如何に具体化するか，そして，そのための立法技術や実定法が重要と言える。その他，社会扶助の集団性という点では，日仏両国を通じて，地方分権の流れから，国民連帯よりも地域連帯の色彩が強くなってきているのが特徴である。このことは，社会扶助において，地域連帯に即した身近な集団を主体とすることの重要性が意識されていると考える。

2）集団間での連帯の作用

　各種連帯類型に対応する集団の内部のみで，貢献による連帯又は帰属による連帯を通じて連帯が担うべき機能が完結しない場合に，集団間の連帯が登場する。その典型は，既に述べた社会保険の財政調整である［第4章2・3］。すなわち，職域間連帯・国民連帯としての財政調整は，同一集団内の貢献による連帯又は帰属による連帯では対応しきれない状況に対して，保険集団を跨ぐ形で

の財の移転である。その点で，財政調整は，集団間で展開される連帯ということができる。この点が，同じ貢献による連帯であっても，集団内で展開される通常の保険料拠出と給付の関係と異なる特徴であり，そのことが財政調整の規範面にも反映されることになる［第5章3(3)］。

　まず，この財政調整の場合にも，集団内で連帯が完結する保険料と同様に，拠出に関して強制徴収規定（滞納処分）が存在するなど，強制的な賦課金としての強制性を有する[361]。しかしながら，日仏何れの場合にも，財政力格差を全面的にならして解消する完全調整ではないことに象徴されるように，受益とかけ離れた拠出は，超過負担と見なされ実際上困難である。ただ，個々の集団にとっての受益が求められる点では，財政調整もやはり貢献による連帯の枠内にある仕組みであると言える[362]。また，財政調整方式に関しては，自営業者集団を含まない被用者集団同士の場合には，集団間の財政調整であっても，頭数調整ではなく所得調整が行われる。これには，保険集団としての被保険者の稼得形態等の面で同質性に由来する集団としての一体性が調整の程度に影響しているものと考えられる［第5章1(3)参照］。

　これまで縷々述べてきた財政調整の困難性は，詰まるところ，それが集団間の連帯であるが故の紐帯の脆弱性とも関係していることになる。なお，次の3)で述べるように，財政調整は世代間連帯とも密接に関係している（つまり，集団間の連帯であると同時に世代間連帯である）ことから，その点も踏まえ総括を行うことにしたい。

3）世代間連帯の作用

　世代間連帯という通時的な側面から連帯を見た場合，連帯が世代という集団を跨いで展開するとともに，それを担う制度が分立しているが故に，問題は複雑化する。つまり，世代間連帯と個々の制度を基礎付ける各種連帯類型が絡み

---

(361) 岡光序治編著『老人保健制度解説——第一次，第二次改正と制度の全容』（ぎょうせい，1993年）226頁。現行の高齢者医療の確保に関する法律について言えば，前期高齢者納付金等（第44条）及び後期高齢者支援金等（第124条）の滞納処分の規定がある。

(362) かつて老人保健制度創設時に，拠出金を巡り受益性が問われ，拠出金の青天井論が問題となっている。

合うことから，利害対立を招くことになる。ただ，その場合も世代間連帯への対応という点で，既に述べたように，日仏両国は顕著な違いを見せることになる［第4章参照］。

　例えば，医療保険制度が典型である。フランスの場合，制度の分立にもかかわらず，高齢者と若年者には同一の制度が一気通貫で適用されており，同一制度の内部で世代間の連帯が貫徹している[363]。とは言え，フランスの場合にも制度間の年齢構成の差は存在しており，それに起因する財政力格差は，一般化された財政調整等を通じて是正されてきたことを確認した［第4章2（1），第5章3参照］。しかし，疾病保険の一般化された財政調整は，前述のとおり既に廃止されており，何らかの形で財政力の弱い制度へ対応が必要となるはずである。その点に関して，実際には，①財政面の統合による制度の一体化，②仮想保険料による事業主負担，③公費投入などにより，財政均衡策が講じられていることは，既に述べたとおりである［第4章2（1）参照］。これに対して，我が国の場合には，高齢者医療制度を独立型とした関係から，公費投入とともに，若年者からの拠出金制度により財政の均衡が確保されることになる。

　このようにフランスの制度の方が，いわゆる突抜型の制度を採用するなど，世代間の連帯が強固のようにも見える。しかし，制度間の財政力格差が存在する以上は，何らかの均衡策が必要になる点において，両国に違いはない。中でも財政調整は，連帯という点で保険集団を超えたより高次の（仮想的）集団における連帯（国民連帯，職域間連帯）として機能しており，拠出という点で貢献による連帯であると理解できる。つまり，財政調整を通じて見えてくることは，社会経済状況の変化等に伴う制度間の年齢構成の歪みから発生する財政の不均衡については，その解決に当たって，世代間連帯を実現するのに適した高次の集団の存在を必要とすることである。

　しかし，我が国の高齢者医療制度や介護保険制度等を巡る各種拠出金に関する議論に見られるように，同一保険集団を超えるが故に，同一集団内の貢献による連帯の場合と比べても受益性の問題が顕在化しやすいことを確認した［第

---

(363) 我が国の場合にも，介護保険が第2号被保険として若年者を取り込み，限定的に給付対象としている点では，同一制度内で世代間の連帯を貫徹させる発想がないわけではない。

1 比較分析の総括

4章3（1），第5章3（3）参照］。この点，フランスでは，高齢者の年齢構成の歪みについては，保険者が財政調整の形で責任を負うべき性格のものではなく，むしろ，国民連帯に基づき国庫補助等の公費で元来対応すべきであり，その負担が保険者間の財政調整へ付け替えられているといった批判が財政調整に向けられていることが注目される［第4章2（1）参照］。

　確かに問題の本質が制度間の年齢構成の歪みの是正という日仏共通の課題であることに照らすなら，我が国の場合も，拠出金を巡る受益性の議論は，職域間連帯や国民連帯のための負担を拠出金という貢献による連帯で対応すべきか，国庫補助等の公費のように帰属による連帯で対応すべきかの問題とも捉えることができる。なるほど，我が国の各種拠出金制度は，連帯を制度に内在化するための知恵ではあったが，フランスにおいて財政調整が廃止・縮小傾向にあることに鑑みるなら，財政調整に極端に依存することの限界もあると言えよう。

　目を年金に転じると，賦課方式は，連帯を象徴する仕組みである。とりわけ，老齢年金は，本来的に世代間連帯の要素を有しており，若年者と高齢者を包含する制度であることにおいて両国に差はない。更に年金の場合にも，医療保険制度と同じように，両国とも制度間での年齢構成の差が存在しており，この歪みが制度間の財政力格差を引き起こすことになる。この制度間の財政力格差について，フランスが財政調整で対応しているのに対して，我が国では国民共通の基礎年金制度が存在することにより，基礎年金拠出金を通じて財政力格差が顕在化しない構造になっている点に違いがあることを確認した［第5章3（3）参照］。ただ，第三号被保険者も含めた調整が行われることで，貢献による連帯（第一号及び第二号被保険者の場合）と帰属による連帯（本人負担でないことを重視すれば，第三号被保険者の場合）が制度内で輻湊し，被保険者集団としての異質性が顕在化すると考えられる。

　以上要するに，如何なる制度形態を取ろうと制度の持続可能性を確保するためには，年齢構成の歪みに起因する財政力格差を世代間連帯に即して是正せざるを得ず，その手段は概ね財政調整，財政・制度の統合・一元化又は外部からの財源補填（国庫負担等）といったものに収斂することになる【図15参照】。そして，これを連帯の集団性に引き寄せて言えば，集団内で対応できない構造上の問題は，財政調整のような仮想的な集団，統合・一元化による新たな集団，

第 7 章　日仏の比較分析の総括と我が国への示唆

図15　世代内・世代間連帯の日仏比較

医療に関して，日本が高齢者医療制度を別建てで創設しているが，その財源には若年世代からの拠出金が投入されている。これに対して，フランスの場合には，一気通貫の突抜型の制度の下で年齢構成の歪みは財政調整によって是正されている。年金についても，フランスが制度分立を背景として，財政調整が行われる。これに対して，日本の場合には，国民共通の基礎年金により自営業者，被用者等を包含した制度が実現しているが，財政的には各制度からの拠出金により賄われている。また，日本では医療・年金を通じて，国庫負担等の公費が投入されることが多いのに対して，フランスの場合には，仮想保険料等の形で財源補填がなされていることが特徴である。

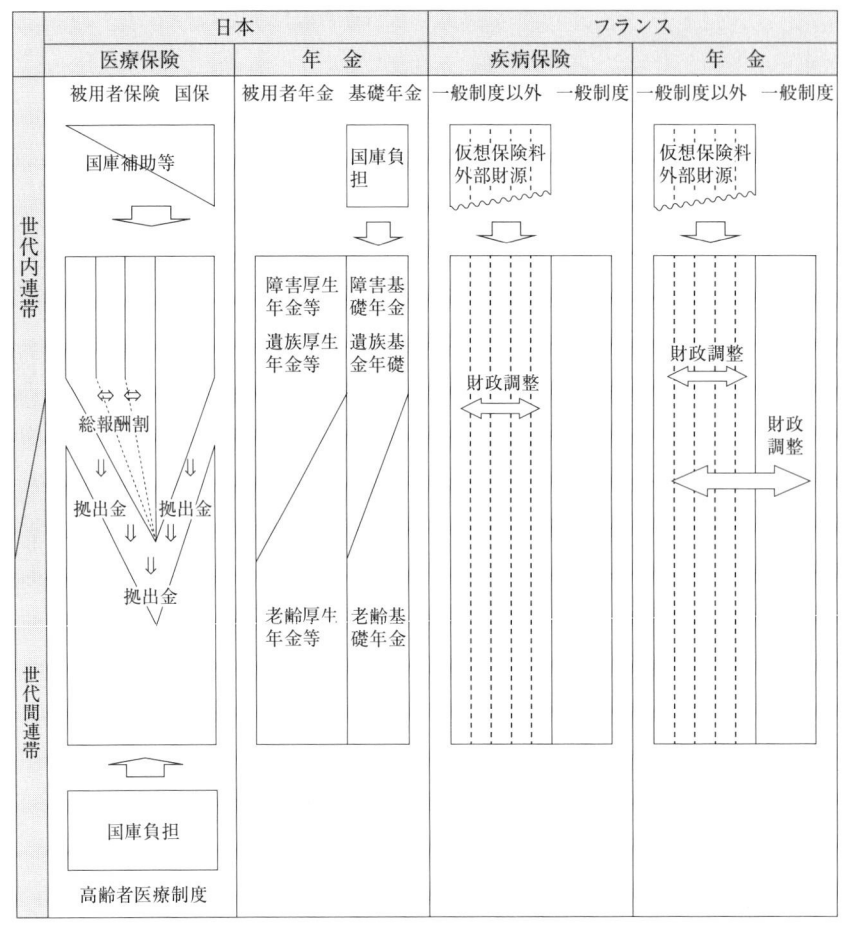

(注) 長生きのリスクとの関係で老齢年金にも世代内連帯の要素がある。その一方，高齢者医療の関係で，医療保険にも世代間連帯の要素がある。

さもなければ財源補填を担う国等の集団のように，より高次の集団によってしか解決し得ないことになる。

このうちでも，利害が対立しがちな財政調整の場合には，貢献による連帯の受益性というロジックに沿った透明で分かりやすい制度作りが重要となってくる。しかし，集団間の貢献による連帯である財政調整によって，世代間連帯のような構造問題を全て解決することには，現実的困難性のみならず仕組み上も限界がある。つまり，職域連帯や地域連帯に基礎を置く保険者が，少子高齢化に起因する年齢構造の歪みや人口減少によるパイの減少という，むしろ国民連帯が担うべき課題を集団間の貢献による連帯という枠内で解決しようとすることの限界である。従って，集団という点では，国民連帯の重要性が高まるのは必定であり，それに依拠した財政・制度の統合・一元化や国等による財源補填が有力な選択肢となってくる可能性もある。

なお，世代間連帯は，上記のような集団同士の関係だけではなく，集団の構成員である個人（受給者）との関係でも重要である。例えば，①社会扶助の親族扶養との関係での補足性の問題や②年金等の既得権の問題は，世代間連帯の在り方にも関わってくる。このうちの既得権であれば，集団内の負担者と受給者とは異なる世代に属することになることから，負担する側の世代への配慮が必要となる［第5章3（4）参照］。また，社会扶助であれば，補足性は，受給者の子や親等の直系親族という異なる世代間での連帯にも関わる問題である［第4章4（2）参照］。もちろん，②の場合には，負担者が保険者という集団であるのに対して，①の場合には，負担者が親族であるという違いはある。しかしながら，社会保障が元々親族扶養の社会化という性格を有する［第2章1参照］ことからすれば，両者は類似する面がある。つまり，①及び②の問題は，一面では親族扶養の連帯による社会化の色彩を帯びることになるわけである。それ故に，問題検討に当たっては，集団内部での世代間連帯の在り方，特に後の世代の負担との均衡が重要となってくると言えよう。

(3) まとめ

前述の(2)は，集団性に着目して，集団内，集団間あるいは集団を越える連帯及び世代間連帯の作用を抽出し，あるべき連帯類型及びそれに適した連帯原

理を導き出す作業であった。結論的には，社会保障制度にとっては，如何に連帯の紐帯を確保し，その集団性に即して，かつ，貢献による連帯と帰属による連帯を適切に組合せながら制度を設計できるかが鍵となる。その際，社会保障の諸課題が小さな集団によっては解決し得ないのであれば，より高次の集団による連帯（究極的には，国民連帯）が補完・代替すること，また，貢献による連帯ではなく帰属による連帯を適切に組み合わせることが必要になる。

◆2◆ 我が国への示唆等

　ここまで連帯について縷々述べてきたが，それは，冒頭に述べた問題意識との関係で言えば，我が国において戦前から継承されてきた連帯概念が単なる理念に止まらず，規範性を有する鍵概念として，現代の社会保障法そして社会保障法学にとっても重要かつ有用な概念でもあることの確認作業であった。そして，連帯に即して，現代の社会保障法を腑分けし，どこまで説明できるか，更にそこから如何なる規範的意義が見出せるかの試みであった。

　これまで連帯概念が辿った生成発展の道程は，決して単線的ではなく，むしろ紆余曲折に満ちたものものであったが，それはフランスにおいても同様である[364]。公役務としての公法的色彩の増大や1946年憲法前文の社会権規定とも絡み合いながら，フランスの社会保障は発展し現在に至っているが，それも一筋縄ではいかない過程であった。

　何れにせよ，両国が異なる歴史的背景を持ちながらも，それぞれ国で連帯が社会保障の重要概念として今なお息づいている事実は重い。もちろん，複雑化し多様化する現代の社会保障を前にして，連帯のみによって制度の全てを語り尽くすことはできないのは，当然である。

　最後に，今後の社会保障のあるべき姿を展望しながら，以上の分析から得ら

---

[364] アルファンダリ氏は，フランスの1953年11月29日の政令により第三共和制以来の「公的救済」が「社会扶助」で転換する際に，それが「人々が期待した革命ではなく，（目覚ましいとはいえ）単なる改善であることが判明した」と述べている（E. Alfandari, *Le droit aux aliments ..., op.cit.*, Tome II, p. 15）ように，法律の発展は一挙に進まないことが多い。

れる我が国への示唆について述べることにしたい。

（1） 持続可能な制度構築に向けた重層的な支え合い

① かつて，社会保険と社会扶助の接近，更に両者が相合・結合することをもって，社会保障の発展として捉えたことを思い起こしたい。つまり，社会扶助を救貧から社会保険への接近，そして社会保険を私的保険から社会扶助への接近として捉えるものである【図16参照】[365]。これは，社会保険の社会扶助化とも捉えられるかもしれない。

図16 社会扶助と社会保険の接近

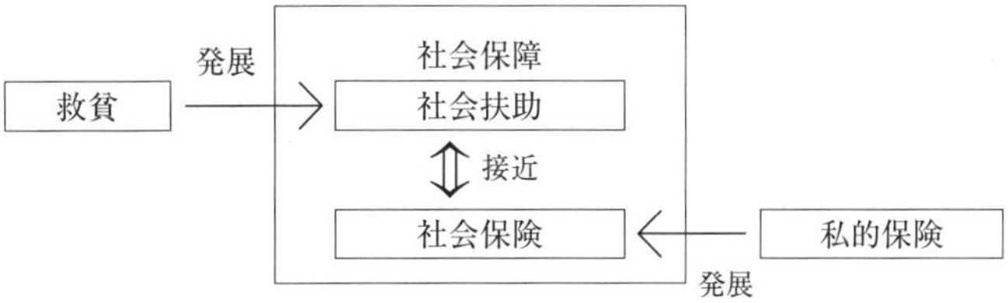

```
              発展    社会保障
     ┌─────┐  →   ┌──────────┐
     │ 救貧 │      │  社会扶助  │
     └─────┘      │    ⇅ 接近 │      ┌─────────┐
                   │  社会保険  │ ←── │ 私的保険 │
                   └──────────┘      └─────────┘
                          発展
```

　この点，一見対照的な社会保険と社会扶助を結び付ける連帯概念もまた，これと類似のアプローチのようにも思われる。しかし，それは社会保険と社会扶助の接近という自然調和的な捉え方と異なり，歴史的な経緯もあり複雑化した現実制度において，貢献による連帯と帰属による連帯という異なる連帯原理（ロジック）が同一の法体系や制度の中で不可避的に混じり合う過程であったことを示唆する［第2章2・3，第4章4参照］。

　このことが，一見すると，社会保険と社会扶助の接近という現象につながるわけではあるが，現実の制度においては，様々な連帯類型及び連帯原理が重畳的に関わって，かかる現象が発生していると捉えるべきであろう。より一般的な表現を借りるなら，これは多様なニーズに応えるための連帯による「重層的な支え合い」ということになる。

　② 人口減少社会に突入し，今後，社会保障に関して財政の視点を抜きにした議論が難しい状況が生じている。このことは，財政調整や既得権保護が典型

---

[365] 塩野谷九十九訳・前掲注(93)106頁

第7章　日仏の比較分析の総括と我が国への示唆

であるが，利害調整に手間取る仕組みが不可避的に増大する予兆でもある［第5章3（3）・（4）］。このような状況にあって，連帯は，給付のみならず負担も射程に取り込み，場合によれば既得権等の権利の制限も是認するなど，集団の構成員間の権利義務関係のバランスに配慮した議論を可能にする概念であることを確認した［第5章3参照］。それ故，将来を見据えた社会保障の構築という点でも，連帯は意義を有すると言えよう。

しかも，各種制度の負担と給付の均衡も意識しながら，最低水準のみならず最適水準を実現するという生存権保障の実現の観点からも，連帯は重要である［第5章1参照］。言い換えるなら，限られた財源の中で社会保障の持続可能性を確保していく上でも，連帯は意義を有することになる。

③　とりわけ，既得権保護に関しては，財産権及び生存権アプローチであれば，抽象度の高い公共の福祉や「健康で文化的」等の概念を駆使することで問題が処理されるのに対して，連帯概念を援用するのであれば，負担との均衡や連帯の在り方という観点での問題処理が可能となることを確認した［第5章3（4）参照］。

その点で連帯は，既得権の保護と持続可能性の確保という，一見すると二律背反で出口のなさそうな議論をブレークスルーする可能性も秘めているのかもしれない。より具体的に言えば，受給権の保護も，負担者の財産権や生存権を脅かすことは許されないことになる。そして，世代間連帯の観点からも，負担と給付の均衡が求められ，それも考慮しながら水準を設定していくことになる［第5章1，本章1（2）参照］。もちろん，このような議論においても，生存権保障が制度後退禁止原則を含むかどうかは別として，社会保障給付の受給権者等の期待利益を考慮して，激変緩和等の経過措置を設ける等の配慮が必要なことは言うまでもない[366]。

④　このような世代間連帯の発想は，既に年金のマクロ経済スライドのほか，介護保険，後期高齢者医療等の若年者からの拠出金等にも見られるところであ

---

(366) 生活保護の老齢加算廃止違憲訴訟の最高裁判決（最三小判2012年2月8日民集66巻3号1240頁，最二小判2012年4月2日民集66巻6号2367頁）も判示するように，裁量権の範囲の逸脱・濫用を招く場合として，①判断の過程・手続における過誤，欠落とともに，②被保護者の期待利益や生活への影響の有無の観点が挙げられている。

216

る［第4章3，本章1（2）参照］。しかし，これらの仕組みの規模が極端に大きくなる場合には，いずれ受益者又は負担者の何れかの側に歪みが生じるリスクが増大するかもしれない。つまり，受益者と負担者の生存権が拮抗し，国家との間で三竦みの身動きできない状況が生ずる可能性さえある。それだけに，様々な連帯に基づく負担が如何なる連帯に拠るのか，明確に示しつつ，各種連連帯のバランスを取るような舵取りが必要となると考える。

（2） 多様な主体の参画と協働

① 連帯は，社会保障の権利性を確保しつつ，国家対国民という二当事者関係を超えた多様な主体による連携・協働を可能にすることから，弾力性と発展の可能性に富んだ概念でもあるとを確認した［第6章参照］。

これまで我が国の社会扶助では，行為規制とともに主体規制（社会福祉法人等の実施主体に関する規制）に軸足を置いた体系が構築されてきた［第4章3（2）参照］。この点，連帯の組織化という組織法の観点からは，公役務や一般利益の概念の下で多様な主体の協働によるサービス提供を実現してきたフランスの体系は参考となろう［第4章2（2），第6章参照］。つまり，主体規制ということでなければ，行為規制を課すことにより，異なる主体のイコール・フッティングを確保しつつ，連帯の実現に相応しい多様な主体の参画・協働を促すことである。

② 従来，生存権保障との関係もあり，国家対国民という二当事者関係で議論されることが多かった社会保障であるが[367]，その射程や当事者関係を広げる意味でも連帯は意義を有することについて述べた［第5章1，第6章2参照］。

確かに社会保障の拡充期には，その財政規模も小さく社会保障の社会経済への影響もさして問題とならなかったが，今や巨大な社会装置となった社会保障においては，単純な仕組みや枠組みで動かすことは難しくなっている。それだけに，生存権保障，それとの関係での連帯という根幹部分を維持しつつ，その実現に向けては多様な手法が求められるようになっている［生存権について第5章1参照］。それ故，不可避的に増大する社会保障を巡る多様な当事者関係，

---

(367) 菊池馨実・前掲注(250)61-62頁

そして広範なステークホルダーを制度の射程外に放擲することではなく，むしろそれを取り込み，国民（利用者）を連帯の積極的推進役に位置付けることが求められよう。特にこの点は，今後の人口減少社会での地域づくりを考える上で重要である。

（3） 連帯による権利性の強化

① 本書では，社会保障を社会保険と社会扶助に分けたが，何れも連帯を拠り所に生存権保障を実現するための法的技術であると捉えられることを確認した［第5章1参照］。巷に流布する言説と異なり，社会保険と社会扶助の何れが権利性が強いか一概には言えない。権利性が強いと言われる社会保険にも，無拠出制給付や国庫負担・補助のように帰属による連帯が溶け込んでいる制度もあるが，だからといって権利性が弱いことにはならない［第4章4参照］。

② しかしながら，国民（利用者）の権利という点では，社会扶助において，その問題が最も顕在化しやすいのも事実である。これまでのフランスとの比較分析で指摘したように，権利性の有無や程度は，措置制度か否かという点もさることながら，申請手続やサービス選択等，利用者の権利実現のための手段や立法技術が重要である［第5章2参照］。さらに，帰属による連帯としての社会扶助の場合には，それをファイナンスする財政が重要であり，財政に給付量を合わせるのではなく，給付量に財政を合わせることを可能にする点で個人給付化は一つの選択肢である［第5章2参照］。その上で真に必要な場合には，職権としての措置を発動することで，措置制度が持っている積極的な意義を再確認することが重要である［第5章2参照］。つまり，個人の権利を前提にしつつ，社会の義務として権利の実現できるような制度設計と運営を目指していくことが必要と考える。

③ 帰属による連帯という点では，社会扶助に係る給付を社会扶助法と社会保険法の何れに規定するかは，両国の制度を見る限り，多分に立法政策上の判断の問題である［第4章2（1）・3（1）参照］。むしろ法的に重要なのは，社会保険中心主義をとる我が国にあって，貢献による連帯の特徴である拠出と給付の牽連性をどの程度維持するかという点にある。

総じて言えば，最後のセーフティネットとしての生活保護を有する我が国は，

フランスと比べても，社会保険に関して「負担なくして給付なし」という原則に象徴されるように，拠出と給付の牽連性を強く保持している［第4章4参照］。その一方でビスマルク型の報酬比例的要素は，厚年の報酬比例部分等を別とすれば希薄化してきていることに鑑みるなら，強固な牽連性の維持が社会保険の至上命題とは言えまい。

確かに「負担なくして給付なし」という意味での牽連性は，国民の納付意識を高め，財源を確保していく上では重要である。実際，現在，社会保険制度が所得税より遥かに多額の保険料収入を確保しているのも，この牽連性があってのことであろう。それだけに，権利性という点でも重要な牽連性を維持しつつ，保険料の拠出意欲を削がないような制度上の工夫（例えば，保険料補助）がますます必要になってくるのではないだろうか［第5章1（3）参照］。

④ 今後の社会保障制度を考える場合，財政調整や，それとの関係での公費投入の在り方は，避けて通ることのできない問題であろう［第5章3（3）参照］。何故なら，少子高齢化と格差問題が相俟って，制度間の財政力格差が拡大することの結果，財政調整にせよ公費投入にせよ，その調整機能の強化が今まで以上に問われるようになっているからである。その際，財政調整の調整規模が大きくなるほど利害が対立することから，透明で公平な制度としていくことが求められる。この点，フランスにおいては，財源構成として職域連帯による保険料拠出と国民連帯による公費投入を意識して，それを峻別していこうという傾向が見られる［第4章2（1），第5章3参照］。これに対して，我が国の社会保険においては，貢献による連帯に忠実な面がある一方で，保険料との関係で各種拠出金と公費とが錯綜する制度となっている［第4章3（1），第5章3参照］。とりわけ，各種拠出金を巡っては，職域間連帯や国民連帯の観点からの拠出であるにもかかわらず，受益性に代表されるような貢献による連帯に即した説明が必要となるため，却って多くの議論を喚起してきた面があるように思われる。このことは，被用者保険制度内であれば，育児休業期間等の保険料免除のような帰属による連帯であっても，関係者に受容されてきたことに照らすと理解できる。

⑤ フランスの場合には，狭い範囲の連帯（職域連帯・職域間連帯）のように財政調整（貢献による連帯）に馴染むものと，より広い範囲の構成員を包含す

第7章　日仏の比較分析の総括と我が国への示唆

る国民連帯に基づき公費財源（帰属による連帯）で賄うべきものとを分け，全体として財政調整は縮小傾向にあることを指摘した［第4章2・4，本章1参照］。このことは，一般社会拠出金（CSG）のように，従来の労使の保険料拠出の原則をも変質させることになっている。そうであれば，我が国においては，公費と拠出金が併存し，各種拠出金が関係者間の議論を先鋭化させる誘因の一つとなっている［第4章3(1)参照］ことに鑑みるなら，まずは職域連帯と国民連帯を区分した上で，それぞれ保険料財源，公費を充てるという形で，連帯と財源論とを結び付けたフランスの議論は，参考になろう。

⑥　実際，最近の高齢者医療制度の独立型の制度体系，年金生活者支援給付金等の無拠出制給付，消費税の増税分の社会保障4経費への投入に見られるように，保険料と公費の負担関係の明確化の傾向が見られる。この点では，単一のロジックや財源でもって社会保障問題を全て解決することは困難であり，今後も同一制度の中に異なる連帯類型や連帯原理が併存する可能性は否定できない。それだけに，連帯類型と連帯原理の違いを認識しつつ，それに相応しい制度構築と理論的裏付けの必要性が高まっていると言えよう。

⑦　その際，社会保険の場合であれば，保険料拠出が必須となる［第4章1参照］が，これは保険料の未納や滞納等の問題を喚起しがちである。これに対して，社会扶助の場合には，帰属による連帯であるが故に補足性の議論を喚起し，それが給付水準や対象者の範囲に影響を及ぼすことが問題となる［第4章2(2)・3(2)参照］。また，社会扶助がスティグマを伴いがちなことも考慮する必要がある。この点，低所得層もできるだけ貢献による連帯の枠組みに包摂するための手法として，保険料補助を活用することで，スティグマのない形で給付水準の引上げを図ることは，一考に値する［第5章1(3)参照］。要は，連帯の類型や連帯原理それぞれの特徴を踏まえた上で，それらに即して，最も相応しい立法技術と財政の仕組みを制度化（典型例が，社会扶助の個人給付化）するかが重要ということになると考える。

(4)　基本的な方向としての国民連帯の強化

①　社会保障制度の建て付けを考える場合，我が国が，生活保護のみならず国保及び国年を受け皿として，国民皆保険・皆年金体制をいち早く実現し，重

層的なセーフティネット体系を構築したことは，フランスが普遍的疾病給付（CMU）や最低所得保障制度（RMI, RSA）の導入までに長い年月を要したことに鑑みるなら，その意義は大きい［本章1参照］。その点では，職域連帯や地域連帯を核にしながら，国民連帯が補完する構造には意義があったことになる。

② しかし，我が国の場合，人類未到の少子高齢化や格差貧困問題など，戦後の社会保障制度の根幹を揺るがす課題に直面している現在，職域連帯や地域連帯のみで難局を乗り切れるかは疑問である。社会経済全体の構造変化に対応するためには，フランスの社会保障がそうであるように，依拠すべきは最も広範な連帯である国民連帯であろう。また，その実現に当たっては負担増論議が不可避であることからして，平等権保障，特に平等による連帯と連帯による平等の実現の視点が，これまで以上に重要となろう［第5章4参照］。既に論じた財政調整を例に取ると，平等権をとことん追求するなら，各保険者に共通の単一保険料率に行き着き，そのためには完全調整が必要となるが，財政調整の原則に照らしても実現困難である［第5章3・4参照］。しかも，財政調整は利害対立を招きがちであり，財政調整への過度の依存は，その財政規模の拡大を考慮しても，困難度を増しつつあるように思われる。しかし，そうかといって，一挙に制度の一元化・一体化を断行すべきかと言えば，職域連帯等に由来する保険者自治の側面や，そのメリットを活かした保険者機能の発揮といった側面もあり，慎重な検討を要する。

③ このような困難な諸課題に直面する現在，我が国の社会保険においては，個別の保険集団を越えた連帯である国民連帯の重要性が増しているように思われる。この点は，社会扶助についても言えよう。例えば，生活保護制度の場合，これまで他法他施策優先と言いながらも，生活困窮者自立支援法等による自立支援の登場に至るまで，実際には，最初で最後のセーフティネットになりがちであった。それだけに生活保護の課題は多く，これまた国民連帯に関わる分野である。大きな方向としては，国民連帯の要素を強化していくことが社会保障にとって必要と考える。

④ より具体的に言えば，低所得者問題や少子化・高齢化等の社会経済の構造変化に関わる問題に関しては，職域連帯を基礎とする貢献による連帯では解決が難しく，国民連帯に根差した帰属による連帯を基本として，消費税のよう

第7章　日仏の比較分析の総括と我が国への示唆

な公費財源をこれまで以上に活用としていくことが必要であろう［本章1参照］。このことが，職域連帯や地域連帯に基づく既存制度を維持していくことにもつながることになる。さらに言えば，サービスを伴う医療保険の場合には，保険者機能の発揮という点で制度分立は一概に否定されるべきでないことからしても，既存制度の維持は重要である。しかし，既に2分の1の国庫負担となった基礎年金制度と異なり，医療保険の場合には，制度が分立し，異なる負担率の公費（国庫負担等）と利害の対立を招きやすい拠出金が輻湊している［第5章3参照］。しかも，医療の質の向上のために，単純に診療報酬を引き上げれば，保険料や自己負担の上昇を招くというジレンマを抱えている。このため，サービスを伴う医療保険にあっては，効率化を進めることは当然であるが，同時に低所得者，高齢者等のように国民連帯に馴染む費用を中心に公費投入を重点化していくことも選択肢となろう。

⑤　この公費という点では，財源確保の問題が重要である。我が国では，高齢者関係の給付の公費負担割合は，他の制度と比べて高いことから，高齢化は必然的に公費の増大をもたらす。この点，フランスが付加価値税（TVA）の一層の引き上げが困難な状況で，賦課ベースの広い税財源として一般社会拠出金を選択してきたことは参考になろう。その際，フランスでは，社会保険法の枠内で国民連帯・帰属による連帯を無拠出制給付や普遍的疾病給付（CMU）の形で内在化していることは，既に述べたとおりであるが［第4章4参照］，その財源としては，一般社会拠出金等の公費が活用されている。そうであれば，我が国としても，保険料より賦課ベースが広く安定的な財源（例えば，消費税）への一層のシフトが選択肢の一つであろう。

⑥　要するに，今後の社会保障給付費の増大に鑑みるなら，日仏ともに保険料財源以外の財源（公費）の比重が高まるのは不可避的になっている。それに関連して言えば，職域連帯の重要性は，今後とも変わらないとしても，それを維持するためにも必要に応じて国民連帯を強め，それに相応しい財源を確保していくことが不可避となってきていると考える［第5章4，第6章1参照］。

（5）まとめ

以上のとおり，生存権を基軸としながら，連帯がそれを補完することによっ

て，持続可能な社会保障を構築していく上で，連帯概念の意義は大きく，そのようなアプローチへの視座を提供するフランス法の意義は，今後とも大きいものと思料する。

とりわけ，フランスのように国民連帯を強化していくことが重要である。その際，財源調達の観点から，如何に貢献による連帯と帰属による連帯を適切に組み合わせ，ベストミックスを達成するかに，今後の社会保障の命運がかかっていると言えよう。

◆3◆ おわりに

ところで，実定法は兎も角として，行政文書等で使用される用語には，実際のところ流行廃れがある。その点では連帯も例外ではなく，時代状況によっても意識の度合いが変わってくるのも事実である。更に言えば，ある立法事実の存在がそのまま現実の立法に結実するわけではない。時代状況の制約の中で，立法事実を立法にまで高めるための法学理論，立法技術等が求められる。

この点，フランスにおいて「連帯」ではなく「友愛」が代替的・補充的に使用されてきたことも示唆に富む。さらに現在では，フランスも含めた欧州レベルで「社会的一体性（cohèsion sociale）」が唱えられることが多いが，これは地域的・社会的な格差是正の推進概念ともなっている[368]。我が国でも，東日本大震災を契機に「絆」が叫ばれるようになった。また，有識者の著作では，「お互いさま」や「分かち合い」等が使用されることもある[369]。これらは連

---

[368] 欧州評議会の2004年改訂後の「社会的一体性新戦略（Une stratégie de cohésion sociale）」では，社会的一体性を「全ての構成員の福祉を確保し，格差を最小化し，そして偏在を回避する社会の能力」と定義している。また，フランスでも，「社会的一体性」のための計画化に関する2005年1月18日法は，その名称の下で，雇用，住宅，外国人等の幅広社会問題に関する措置を盛り込んでいる。

[369] 白波瀬佐和子『生き方の不平等――お互いさまの社会に向けて』（岩波書店，2010年）；神野直彦『「分かち合い」の経済学』（岩波書店，2010年）

[370] 社会的一体性は，連帯と代替的に使用されるが，連帯よりも曖昧な概念であり，集団内で社会的分断やあからさまな対立がないことを意味するとともに，外部的には経済競争のための結集を意味する（S. Saunier, « Solidarité et services publics », *op.cit.*, p. 277）

帯と同義語でないにしても，全く別物と考えるよりは，むしろ何れも連帯とも親和性を有する概念と捉えるべきであろう[370]。

　いずれにせよ，社会保障においては，連帯が鍵概念であることには変わりはない。社会保障制度改革国民会議が平成25年8月に取りまとめた報告書の中でも，例えば年金制度の理解に関連して「世代間の連帯」という記述も見られるところである。

　社会保障法は社会経済の変化との関係で生成発展的性格を有するだけに，「たゆたえど沈まず（*Fluctuat nec mergitur*）」，常に改革の重心を定めることで，ケースバイケース対応でない問題処理が求められている。そのためにも普遍性と柔軟性を有する理論的な拠り所が必要であり，その点では，時空を超えて息づく連帯概念が今後とも果たすべき役割は大きいものと考える。

索 引

◆あ行◆

1946年憲法·················· 80, 82, 136
——前文······························ 28
一般化······································ 55
応益負担·································· 177
欧州共同体（EU）······················ 12
応能負担·························· 112, 177
オーリウ，モーリス（Maurice Hauriou）······ 25

◆か行◆

外国人································ 36, 176
家族連帯··································· 20
企業··· 13
帰属による連帯··············· 46, 50, 126
既得権···································· 167
救済住所···································· 71
給付・反対給付均等の原則············ 46
給付金···································· 104
権利性····················· 77, 148, 159, 218
牽連性···················· 58, 96, 126, 159, 162
公役務··························· 24, 58, 186
貢献原則···································· 51
貢献による連帯···················· 46, 126
公 序······································· 73
合理的裁量論···························· 118
国際連帯···································· 20
国民の権利······························ 186
国民連帯····················· 19, 28, 220
個人給付化······························ 154
個人の権利······························ 149
個人の利益································ 73

◆さ行◆

債権的権利························ 82, 187
財産権···································· 171
財政調整············ 60, 98, 128, 162, 208
最低水準································ 139
最適水準·························· 139, 143
社 会······································· 17
社会的リスク······························· 7
社会の義務······················ 149, 186
社会扶助········· 43, 124, 129, 148, 190, 200, 207
社会扶助法···················· 52, 70, 107
社会法······································ 17
社会保険········· 43, 120, 126, 159, 186, 199, 204
社会保険法······················ 52, 54, 92
社会保障···································· 10
社会連帯························· 17, 31, 110
社 団································ 86, 191
収支相等の原則·························· 46
住所地特例······························ 109
集団性···························· 18, 181, 203
受 益···························· 48, 101, 162
主 体···························· 85, 185, 217
職域間連帯································ 19
職域連帯·································· 19
自律性······································ 56
親族扶養································ 114
正当な信頼······························ 168
制度理論·································· 25
生存権······················ 134, 171, 185, 216
世代間連帯························· 20, 209
世代内連帯································ 20
専門性の原則······················ 71, 88
措置制度························ 115, 152, 155

◆た行◆

対価性······································ 57
補足性···································· 111
地域連帯···································· 20
デュギー，レオン（Léon Duguit）······ 24

◆な行◆

ニーズ原則································ 51

◆は行◆

バルテルミ，ジョゼフ（Joseph Barthélemy）
··· 77
反射的利益························ 77, 115
反射的利益論···················· 115, 152, 154
ビスマルク型······················ 54, 92
平等権···································· 173
不可逆的歯止め························ 168

225

索　引

扶助原理……………………………… 50
不遡及原則…………………………… 168
普通法外特権………………………… 58
扶養法………………………… 73, 88, 111
ブルジョワ，レオン（Léon Bourgeois）…… 23
プログラム規定説………………… 118, 138
併給調整……………………………… 39
ベヴァリッジ型……………………… 54
法的安定性…………………………… 168
保険原理……………………………… 46
保険料軽減・減免…………………… 143, 160
保険料の上下限……………… 68, 105, 160
保険料賦課…………………………… 38
補足性………………………………… 89
ボナール，ロジェール（Roger Bonnard）…… 78

◆ま　行◆

無年金………………………………… 122
無拠出制給付………………… 64, 103
無保険者……………………………… 121

◆や　行◆

友　愛………………………………… 20

◆ら　行◆

ラロック・プラン…………………… 25
利用者の権利………………………… 84
連　帯………………… 7, 16, 72, 109, 134
連帯原理……………………………… 51
連帯主義……………………………… 23
連帯類型……………………………… 19, 51

〈著者紹介〉

伊奈川　秀和（いながわ　ひでかず）

1959 年	長野県生まれ
1982 年	東京外国語大学外国語学部フランス語学科卒業
同　年	厚生省入省
1998 年	九州大学法学部助教授
2001 年	年金資金運用基金福祉部長
2003 年	内閣府参事官
2005 年	内閣参事官
2007 年	厚生労働省社会・援護局保護課長
2008 年	厚生労働省年金局総務課長
2009 年	厚生労働省参事官（社会保障担当）
2011 年	内閣府大臣官房少子化・青少年対策審議官
2013 年	厚生労働省中国四国厚生局長（〜 2014 年）
2015 年	博士（法学）（九州大学）

〈主要著書〉
『フランスに学ぶ社会保障改革』（中央法規出版，2000 年）
『フランス社会保障法の権利構造』（信山社，2010 年）

学術選書
144
社会保障法

✿ ✣ ✿

社会保障法における連帯概念
——フランスと日本の比較分析——

2015（平成27）年 9 月30日　初版第 1 刷発行

著　者　伊奈川秀和
発行者　今井 貴　渡辺左近
発行所　株式会社 信山社
〒113-0033　東京都文京区本郷6-2-9-102
Tel 03-3818-1019　Fax 03-3818-0344
info@shinzansha.co.jp
笠間才木支店　〒309-1600 茨城県笠間市才木515-3
笠間来栖支店　〒309-1625 茨城県笠間市来栖2345-1
Tel　0296-71-0215　Fax 0296-72-5410
出版契約2015-6744-0-01010　Printed in Japan

ⓒ伊奈川秀和, 2015 印刷・製本／亜細亜印刷・渋谷文泉閣
ISBN978-4-7972-6744-0 C3332. P 244/328. 672 b.011 社会保障法
6744-0101：012-030-010《禁無断複写》

JCOPY 〈(社)出版者著作権管理機構委託出版物〉
本書の無断複写は著作権法上での例外を除き禁じられています。複写される場合は，そのつど事前に，(社)出版者著作権管理機構（電話03-3513-6969，FAX03-3513-6979，e-mail：info@jcopy.or.jp）の許諾を得て下さい。また，本書を代行業者等の第三者に依頼してスキャニング等の行為によりデジタル化することは，個人の家庭内利用であっても，一切認められておりません。

社会保障法研究

岩村正彦・菊池馨実 責任編集

◆第1号
- 創刊にあたって〔岩村正彦・菊池馨実〕

【特集】社会保障法学の草創・現在・未来
1. 社会保障の形成期 —— 制度と法学の歩み〔荒木誠之〕

◇第1部 社会保障法学の草創
2. 社会保障法理論研究史の一里塚 —— 荒木構造論文再読〔稲森公嘉〕
3. 権利のための理念と実践
 —— 小川政亮『権利としての社会保障』をめぐる覚書〔尾形 健〕
4. 色あせない社会保障法の「青写真」
 —— 籾井常喜『社会保障法』の今日的検討〔中野妙子〕
5. 社会保険料拠出の意義と社会的調整の限界
 —— 西原道雄「社会保険における拠出」「社会保障法における親族の扶養」「日本社会保障法の問題点 ― 総論」の検討〔小西啓文〕

◇第2部 社会保障法学の現在
6. 原理・規範的観点からみる社会保障法学の現在〔水島郁子〕
7. 社会保障法学における社会保険研究の歩みと現状〔菊池馨実〕
8. 生活保護法研究における解釈論と政策論〔丸谷浩介〕

◇第3部 社会保障法学の未来
9. 対象としての社会保障 —— 社会保障法学における政策論のために〔太田匡彦〕
10. 経済学と社会保障法学〔岩村正彦〕
11. 社会保障法学と社会福祉学 —— 社会福祉学の固有性をめぐって〔秋元美世〕

◆第2号

【特集】社会保障の費用負担
1. 社会保障の財政〔岩村正彦〕
2. 社会保険料免除の意義 —— 老齢年金における拠出と給付の関係〔高畠淳子〕
3. 社会保障と税
 —— 社会保障財源における税の特徴・意義と近年の動向〔柴田洋二郎〕
4. 財政調整の根拠と法的性格〔新田秀樹〕
5. 社会保障給付の一部負担をめぐる法的問題〔橋爪幸代〕

◆研究座談会◆
社会保障法研究の道程と展望 —— 堀勝洋先生を囲んで
 〔堀勝洋・岩村正彦・菊池馨実・島崎謙治・太田匡彦〕

信山社

◆ 社会保障法研究 ◆

岩村正彦・菊池馨実 責任編集

◆第3号
【特集1】社会保障法の法源（その1）
　社会保障法と行政基準〔笠木映里〕
　社会保障法と私法秩序〔嵩さやか〕
【特集2】社会保障の法主体（その1）
　企　業〔小島晴洋〕
【特集3】平等・差別禁止・ジェンダー（その1）
　日本国憲法第14条と社会福祉の関係についての一考察〔山本まゆこ〕
◆立法過程研究◆
　平成24年年金制度改革の立法過程〔和田幸典〕

◆第4号
【特集】社会保障の法主体（その2）
　医療法人制度の機能と課題〔石田道彦〕
　社会福祉法人〔原田啓一郎〕
　ＮＰＯ法人──社会福祉サービス供給体制におけるＮＰＯ法人の位置づけ
　　〔倉田賀世〕
◆立法過程研究◆
　短時間労働者への社会保険適用をめぐる検討経緯と今後の課題
　　〔岡部史哉〕
◆研究座談会◆
　社会福祉法研究を振り返って──河野正輝先生を囲んで
　　〔河野正輝・岩村正彦・菊池馨実・笠木映里・西田和弘・新田秀樹〕

【既刊 1～4号、続刊】

信山社

法律学の森シリーズ

変化の激しい時代に向けた独創的体系書

新　正幸　　憲法訴訟論〔第2版〕
大村敦志　　フランス民法
潮見佳男　　債権総論Ⅰ〔第2版〕
潮見佳男　　債権総論Ⅱ〔第3版〕
小野秀誠　　債権総論
潮見佳男　　契約各論Ⅰ
潮見佳男　　契約各論Ⅱ
潮見佳男　　不法行為法Ⅰ〔第2版〕
潮見佳男　　不法行為法Ⅱ〔第2版〕
潮見佳男　　不法行為法Ⅲ（続刊）
藤原正則　　不当利得法
青竹正一　　新会社法〔第3版〕
泉田栄一　　会社法論
小宮文人　　イギリス労働法
高　翔龍　　韓国法〔第2版〕
豊永晋輔　　原子力損害賠償法

信山社

◆フランスの憲法判例
　　フランス憲法判例研究会 編　辻村みよ子編集代表
・フランス憲法院(1958～2001年)の重要判例67件を、体系的に整理・配列して理論的に解説。フランス憲法研究の基本文献として最適な一冊。
◆フランスの憲法判例Ⅱ
　　フランス憲法判例研究会 編　辻村みよ子編集代表
・政治的機関から裁判的機関へと揺れ動くフランス憲法院の代表的な判例を体系的に分類して収録。『フランスの憲法判例』刊行以降に出されたDC判決のみならず、2008年憲法改正により導入されたQPC（合憲性優先問題）判決をもあわせて掲載。

◆ヨーロッパ人権裁判所の判例
　　戸波江二・北村泰三・建石真公子・小畑郁・江島晶子 編集代表
・ボーダーレスな人権保障の理論と実際。解説判例80件に加え、概説・資料も充実。来たるべき国際人権法学の最先端。
◆ヨーロッパ人権裁判所の判例Ⅱ〔近刊〕
　　戸波江二・北村泰三・建石真公子・小畑郁・江島晶子 編集代表
◆ドイツの憲法判例〔第2版〕
　　ドイツ憲法判例研究会 編　栗城壽夫・戸波江二・根森健 編集代表
・ドイツ憲法判例研究会による、1990年頃までのドイツ憲法判例の研究成果94選を収録。ドイツの主要憲法判例の分析・解説、現代ドイツ公法学者系譜図などの参考資料を付し、ドイツ憲法を概観する。
◆ドイツの憲法判例Ⅱ〔第2版〕
　　ドイツ憲法判例研究会 編　栗城壽夫・戸波江二・石村修 編集代表
・1985～1995年の75にのぼるドイツ憲法重要判決の解説。好評を博した『ドイツの最新憲法判例』を加筆補正し、新規判例を多数追加。
◆ドイツの憲法判例Ⅲ
　　ドイツ憲法判例研究会 編　栗城壽夫・戸波江二・嶋崎健太郎 編集代表
・1996～2005年の重要判例86判例を取り上げ、ドイツ憲法解釈と憲法実務を学ぶ。新たに、基本用語集、連邦憲法裁判所関係文献、1～3通巻目次を掲載。

信山社

◆医事法講座◆
甲斐克則 編

- ◆第1巻 ポストゲノム社会と医事法
- ◆第2巻 インフォームド・コンセントと医事法
- ◆第3巻 医療事故と医事法
- ◆第4巻 終末期医療と医事法
- ◆第5巻 生殖医療と医事法
- ◆第6巻 臓器移植と医事法

医事法六法
甲斐克則 編集

ジェンダー六法〔第2版〕 待望の改訂最新版!
山下泰子・辻村みよ子・浅倉むつ子・二宮周平・戒能民江 編集

ブリッジブック社会保障法
菊池馨実 編　稲森公嘉・高畠淳子・中益陽子

現代フランス憲法理論
山元 一 著

信山社

◆ 学術世界の未来を拓く研究雑誌 ◆

憲法研究　　樋口陽一 責任編集　（近刊）

行政法研究　　宇賀克也 責任編集

民法研究　　広中俊雄 責任編集

環境法研究　　大塚 直 責任編集

社会保障法研究　　岩村正彦・菊池馨実 責任編集

国際法研究　　岩沢雄司・中谷和弘 責任編集

消費者法研究　　河上正二 責任編集　（近刊）

医事法研究　　甲斐克則 責任編集　（近刊）

法と社会研究　　太田勝造・佐藤岩夫 責任編集　（近刊）

最新刊 **法と哲学**　　井上達夫 責任編集

◆ ジェンダー法研究　創刊第1号　浅倉むつ子責任編集
〈特集：ジェンダー法教育と司法〉　待望の刊行！

1 「法の世界」におけるジェンダー主流化の課題〔浅倉むつ子〕／ 2 ジェンダーとロースクール教育〔二宮周平〕／ 3 法曹継続教育とジェンダー〔南野佳代〕／ 4 大学教育におけるジェンダー法学教育の現状と課題〔三成美保〕／ 5 弁護士へのジェンダー教育〔吉田容子〕／ 6 「ジェンダーと法」を教えて―明治大学法科大学院での経験から〔角田由紀子〕／ 7 婚外子差別と裁判・立法・行政〔吉田克己〕

信山社

伊奈川秀和 著
フランス社会保障法の権利構造

岩村正彦 編　丸山絵美子・倉田聡・嵩さやか・中野妙子
福祉サービス契約の法的研究

碓井光明 著
社会保障財政法精義

新田秀樹 著
国民健康保険の保険者

石川恒夫・吉田克己・江口隆裕 編
高齢者介護と家族　民法と社会保障法の接点

松本勝明 著
ドイツ社会保障論　Ⅰ（医療保険）・Ⅱ（年金保険）・Ⅲ（介護保険）

田村和之 編集代表　編集委員：浅井春夫・奥野隆一・倉田賀世・小泉広子・近藤正春・古畑淳・吉田恒雄
保育六法（第3版）

神吉知郁子 著
最低賃金と最低生活保障の法規制

永野仁美 著
障害者の雇用と所得保障

西村健一郎・朝生万里子 著
労災補償とメンタルヘルス

小島晴洋 著
ナビゲート社会保障法

西村 淳 著
所得保障の法的構造

徐 婉寧 著
ストレス性疾患と労災救済

信山社